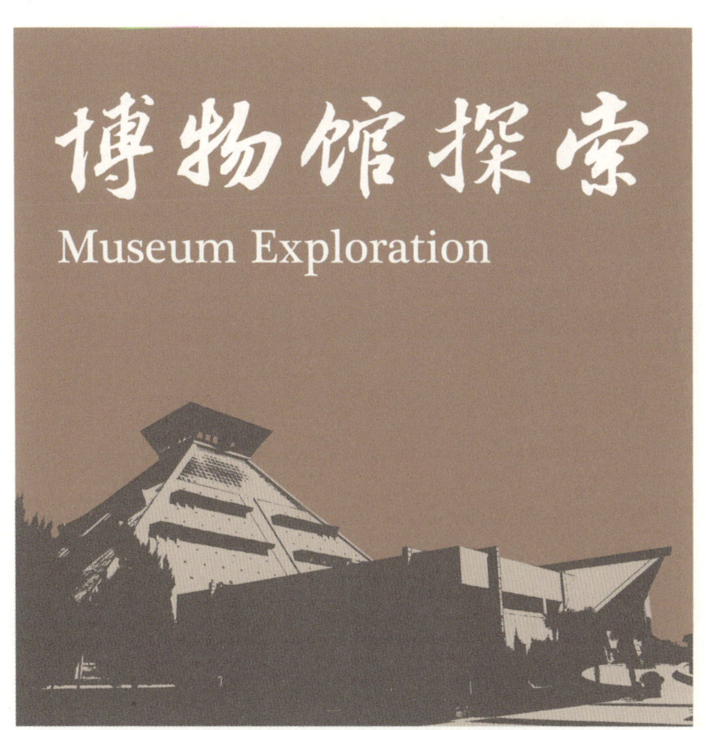

博物馆探索

Museum Exploration

第四辑

河南博物院 编

中原出版传媒集团
中原传媒股份公司

大象出版社

·郑州·

图书在版编目(CIP)数据

博物馆探索. 第 4 辑 / 河南博物院编. -- 郑州 : 大象出版社, 2025. 3. -- ISBN 978-7-5711-2705-3

Ⅰ. G260-53

中国国家版本馆 CIP 数据核字第 2025UH5415 号

博物馆探索　第 4 辑

BOWUGUAN TANSUO　DISIJI

河南博物院　编

出 版 人　汪林中
责任编辑　郑强胜　连　冠
责任校对　任瑾璐　赵　芝
书籍设计　王　敏

出版发行　大象出版社(郑州市郑东新区祥盛街 27 号　邮政编码 450016)
发行科　0371-63863551　总编室　0371-65597936
网　　址　www.daxiang.cn
印　　刷　河南瑞之光印刷股份有限公司
经　　销　各地新华书店经销
开　　本　890 mm×1240 mm　1/16
印　　张　10
字　　数　200 千字
版　　次　2025 年 3 月第 1 版　2025 年 3 月第 1 次印刷
定　　价　138.00 元

印厂地址　武陟县产业集聚区东区(詹店镇)泰安路与昌平路交叉口
邮政编码　454950　　电话　0371-63956290

白玉透雕螭纹珌

西汉

长 7.7 厘米，上宽 5.1 厘米，下宽 6.5 厘米，厚 1.2 厘米

1986 年永城县芒山镇僖山 1 号墓出土

河南博物院藏

目录 | CONTENTS

史学发微

文化遗产与保护

霸陵认知的历史回望

王学理
陕西省考古研究院

摘要：汉文帝霸陵位于白鹿原上，汉唐尽人皆知，并非秘密。宋末元初，陵址的所在逐渐被人们遗忘。受“不起坟”遗训的束缚，陵址就被圈定在凤凰嘴上。只有通过考古发现与利用探测手段，才实至名归。但这一大回环的过程，也为我们考古文物研究提出了不少有益的启示。

关键词：白鹿原；霸陵；南陵；窦陵

一、探求霸陵的直接信息

1966年1月，在白鹿原上江村附近的汉陵区有文物出露，陕西省考古研究所即派员清理发掘。1976年发表简报，随之揭开了社会对霸陵所在位置的关注。[1] 特别是1975年对南陵一组从葬坑的发掘，有犀牛、大熊猫等稀有动物骨骼出土，更引起考古学术界探求这一陵区的兴趣。[2] 江村汉陵从葬坑与南陵从葬坑的发掘与资料公布，掀开了探求汉文帝霸陵的序幕。（图1）

21世纪初，白鹿原上的汉墓被盗墓贼多次疯狂盗挖，大量文物失窃。文管部门从被动开始走向主动。咸阳市文物考古研究所于2001—2005年对西汉帝陵全面展开考古调查与勘探。其中如实录用了原霸陵、南陵的简报材料。[3] 2006—2009年，西安市文物保护考古研究院在霸陵陵区进行抢救性勘探和试掘，发现了江村大墓及多组从葬坑等，为确定霸陵的具体位置提供了重要线索。[4] 2011—2013年、2017年至今，陕西省考古研究院会同西安市文物保护考古研究院对这一陵区展开大范围的考古

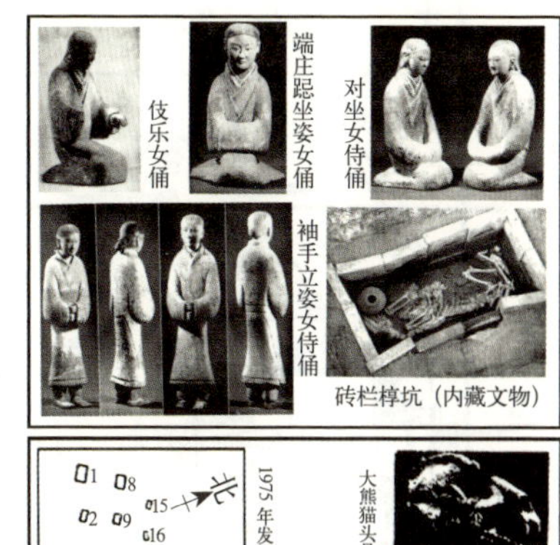

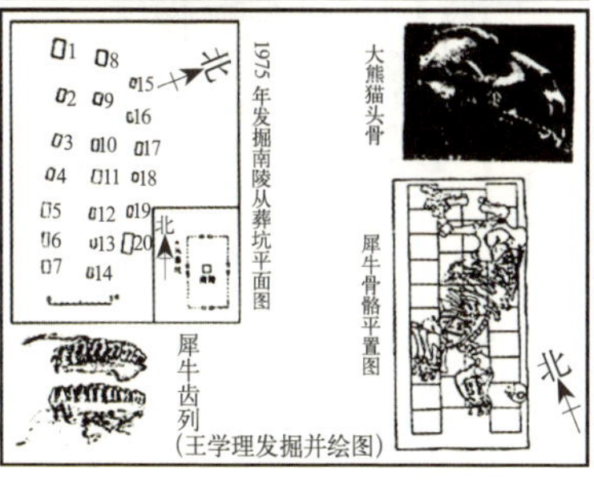

图1　霸陵与南陵从葬坑出土文物图

上图　江村汉陵从葬坑与女侍俑；下图　南陵从葬坑分布与大熊猫、犀牛骨

三、汉文帝营筑霸陵是公开的社会工程，并非秘密，时人尽知其所在

（一）工程量大，七天完不成“穿复土”

汉文帝在位23年，修筑陵墓用了多长时间，史书上没有记载。当他在白鹿原上说“石椁”时，说明霸陵还没有动工。“后七年（公元前157年）六月己亥，帝崩于未央宫。……乙巳，群臣皆顿首上尊号曰孝文皇帝。”（《史记·孝文本纪》）下葬时命郎中令张武为复土将军，光调集京城和附近各县的士兵就有31000多人，用来“藏郭穿复土”。按文帝六月初一咽气到初七完成掩埋计算，总共用了7天时间。那么，仅以填土而论，想来问题不大。但要在这么短的时间里，从前期挖掘墓圹再到填土（即“穿复土”），能完成这样一项巨大的土木工程那是很值得怀疑的。

经最新的考古钻探材料可知：汉文帝霸陵无封土，墓圹坐西北面东南，属于“亚”字形竖穴土圹积炭木椁墓。四条墓道中以东墓道最长，长134.5米，宽9.7～40.2米。墓室呈方形，南北长约74.5米、东西宽71.5米、深27～30米。墓四周有呈辐射状的114座“御府坑”。[13]经我粗略计算，墓室的土方量是159870立方米、四条斜坡道约8437.5立方米，共168307.5立方米。除过墓四周上百个御府坑不计，光“方中”近17万立方米方土在古代无机具、全凭人力的情况下，从挖土、高程运土再到返还填上，如按照《九章算术·商功》“秋程人功”的挖筑定额是3.75m³/（人·日），高程运土定额是2.51m³/（人·日）计算[14]，那么江村大墓方中光挖土一项就需要123年／人，还不要说出土、回填、运土、墓内砌筑、棺椁运输以及安置等事项都未计入。况且在这近200平方米的狭小范围内，是不可能容纳3万多名士兵同时劳作的。既然光一个人挖土需要123年，换个角度看墓圹内同时容纳123人挖土，也得一年时间。所以霸陵的营建绝非7日之功！如果按秦汉礼制，对“不烦民”的汉文帝折半计算，修筑用数年时间也不为过吧！但这毕竟还是猜测。可以肯定的一点是，从挖筑“方中”，到棺椁下葬，再到封闭的“大事毕”，用7天时间是绝对办不到的！

历史事实表明，陵墓工程那是积数年之功才能完成的，像秦始皇陵墓修了36年、汉武帝茂陵修了53年。同样，西汉11代皇帝不论在位时间长短，但封土无一例外地高大。那么，撇开修筑陵墓的土方工程不论，仅从棺椁下葬后（即“已下”），到“复土”完成这一段时间看，对孝子来说是要着大功之服、小功之服的。仅以穿丧服而论，也得36天。如果在特殊情况下，把丧期缩短，穿丧服改成7天（“纤七日，释服”）。那么，3万多名士兵在7天之内完成对霸陵墓葬的填土，大概是不成问题的。既然文献记载言之凿凿，同“穿复土”的实际严重不符，我们只能理解司马迁在这里并没有涉及其他丧葬项目而单就掩埋（“复土”）一项而言，也算得上是一种“实录”。

（二）“不起坟”的霸陵，地面上的标志明显

霸陵在汉文帝生前既已开始陵墓工程，当然也算是公开的“筑寿陵”。有用卵石铺砌的“石围界”，作为陵园的界，是地面最为明显的标志物。其边长约390米，宽1.5米，外侧四面正中有缺口，作为门址。那么，这石围界实际上就是

帝陵陵园的城垣，在这无封土的大墓、窦皇后陵之外，又有东西残长1200余米，南北宽863米的外陵园墙址，这正是帝、后同茔异穴合葬之制的实例。那么，地表上这些尽人皆知的陵园设施，当然算不上什么“隐秘”。

霸陵按文帝遗训，不筑高大的陵冢（即“不起坟”），在棺椁下葬之后，墓圹填土到地面。但为了防止地面水流与雨水积聚漫灌墓室，一定要使填土高出地平一些。因此，在墓穴之上采取加固措施，筑有“四出水道”以泄水。

这一套排水与防护系统在地面上的存在，也成为识别霸陵所在的标识。

（三）“南陵”也称“南霸陵”的由来

霸陵的存在已成为那时的一个坐标、参照物。薄太后比文帝晚死两年，也即是“孝景前二年（公元前155年）崩，葬南陵”。（《汉书·外戚传》）但为什么把薄太后陵称为“南陵”呢？有两种解释，一种如《史记·外戚世家》说“以吕后会葬长陵，故特自起陵，近孝文帝霸陵”。这是相对于渭河北的长陵而称；另一种如《索隐》按《庙记》的说法似乎更清楚一些，即“在霸陵南十里，故谓南陵”。

按后一说法，寻觅霸陵只要由南陵北去十里岂不就是？不过，对薄太后“南陵”这一称呼之外还有一个直接叫“南霸陵”的。像东汉初年卫宏对“西京杂事”注意搜集时，就知道霸陵的具体位置，所以在《汉旧仪补遗》中说“南陵，即文帝薄太后葬之所，亦谓‘南霸陵’，因置县以奉陵寝”[15]。《古今图书集成》也支持卫宏的说法。由此可知，“南霸陵”正是因为北有“霸陵”才有相对的这一说。从本文图1即可看出，当年作者整理“汉陵从葬坑”简报时，已对凤凰嘴系霸陵位置表示了怀疑。在编写“南陵从葬坑”简报时，限于工作条件与想法的矛盾才距江村大墓仅一步之遥！

（四）游霸陵望长安，时人兴味盎然

西汉皇室在霸陵设置有陵园的管理机构，有如令、丞等，而且丞相还得“四时行园”进行检查。

长期以来，人们并没有怀疑霸陵的所在。地势高亢、景色优美的白鹿原给京都人们提供了游览观光的好去处。连北魏时的郦道元在引用《史记》原文时，都称“昔文帝居霸陵，北临侧，指新丰”，他不但明确地说“汉文帝葬其上”，而且说霸陵“上有四出水道以泄水”。他还引用了曹魏时诗人王仲宣（王粲）有“南登霸陵岸，回首望长安”的诗句，这不正是对霸陵所在白鹿原地形地貌形象的刻画吗？他还再次引用了汉文帝“欲从霸西驰下峻坂，袁盎揽辔”的故事。试想，如果当年汉文帝不是站在白鹿原顶的北端，怎么会“临侧”“东指”“西驰下峻坂”呢？同样，正因为霸陵没有封土而设墓葬在平地，为了避免积水灌顶，就有必要垫土隆起，再修筑排水的“四出水道”设施。那么，从以上事例中人们不禁要问：如果郦道元没有亲历亲见，怎么能说得那么清楚呢？如果他们都不登上白鹿原之巅，那回首望长安岂非闭门造车？

（五）盗情时有发生

汉武帝时，就发生过“盗发孝文园瘗钱”的案件。西汉末年，赤眉军对汉室“宗庙、园陵皆发掘，唯霸陵、杜陵完”。（《汉书·王莽传》）为什么霸陵和杜陵能逃过盗挖的一劫呢？恐怕并非赤眉的敬畏怜悯或不知其所在，而是在一帮流寇看来也许不值得或别有原因。

也正因为人们早就知道霸陵“不治坟”，也明白陵墓的所在，所以早年遭到盗掘也并不奇怪。西晋末年，“三秦人尹桓数千家，盗发汉霸、杜二陵，多获珍宝”（《晋书·索琳传》），连晋愍帝都大为惊讶，说“汉陵中物何乃多耶?”更为具体的记述是《晋书·孝愍帝》上有这么一段记载：“六月，盗发汉霸、杜二陵及薄太后陵。太后面如生，得金玉彩帛不可胜记。时以朝廷草创，服章多阙，敕收其余，以实内府。”由此可见，史书上“不治坟”“皆以瓦器”的文字虽是史家的实录，但当文帝瞑目之后，葬礼之侈就由不得他了。或者官方扩大宣传则成了忽悠常人的表面文章。

四、迷惘的产生与破解

（一）遗诏的影响力

后人久久不明霸陵的所在，就是因为受了汉文帝生前一道遗诏的影响。他下令“治霸陵皆以瓦器，不得以金银铜锡为饰，不治坟，欲为省，毋烦民”。特别是在遗诏中还叮嘱：“朕闻盖天下万物之萌生，靡不有死。死者天地之理，物之自然者，奚可甚哀？当今之时，世咸嘉生而恶死，厚葬以破业，重服以伤生，吾甚不取。且联既不德，无以佐百姓……”（《史记·孝文本纪》）在这里，他那唯物主义的生死观和悲天悯人的胸怀跃然纸上，放在今天看来都具有教育意义。但遗憾的是，汉文帝“薄葬”的遗训与事实上的“厚葬”却被考古事实逐步掀开它的面纱。

对霸陵的所在，从前人的“已知”到后人的“不知”，与长达 700 多年之间的历史变故有关。几经兵燹战乱，长安地区的文物古迹饱受摧残。到了元代骆天骧编《类编长安志》一书时，竟不知他为什么把汉文帝霸陵断定在“京兆通化门东四十里白鹿原北凤凰嘴下”？按说，他是安西路（今陕西西安市）人，要写地方志是离不开两宋的宋敏求《长安志》和程大昌《雍录》的。想来大概是由于前人记载粗略的缘故，未能对南北长达 30 公里的白鹿原圈出霸陵的具体位置，也没有过细地筛选文献记载，又特别是受“因山为藏”（《三辅黄图》）的影响，便把今西安市灞桥区霸陵乡毛窑院北的凤凰山（当地人称“凤凰嘴”）当成了霸陵。自此之后，明清皇帝都派员来祭祀、立碑纪念。以讹传讹，陈陈相因，连清代的大儒阮元也都立碑加以保护。（图 4）

（二）以讹传讹

固然唐朝之后，关中变乱迭起，霸陵地面残毁，元人骆天骧不是考古学家无须苛求。但他无视古籍记载，不加辨析，仅以“因山为藏”为据，主观颐指，却是不可原谅的。遗祸代代相传，真乃尽信书不如无书！

图 4　讹传霸陵凤凰嘴

明人何仲默在他的《雍大记》一书中有这么一条记载："元至元辛卯（1291）秋，灞水冲开霸陵外羡门，冲出石板五百余片。"这段记载，使人更加相信霸陵就在灞河之滨。我以为这事实可能发生过，但判断有错。因为霸陵在白鹿原上灞水泛滥不可能冲到原上去。如果说有水冲开墓葬，那只能在灞河两岸的低地上去寻找，但绝不是原上的霸陵。至于"冲出石板五百余片"也是难以置信的夸大之词，因为他说的是"石板"而不是"石片"。至于凤凰嘴下，或是灞河沿岸某处有无古墓发生水冲，以致张冠李戴，那就不好骤断了。

汉文帝的霸陵找到了，那就是白鹿原上江村那个"亚"字型大墓。考古成果也反转了两千年来的误解与误读。"不起坟"并非"以山为藏"，"不得以金银铜锡为饰"也不全属于事实。

---

[1] 王学理，吴镇烽. 西安任家坡汉陵从葬坑的发掘[J]. 考古，1976（2）.

[2] 王学理. 汉南陵从葬坑的初步清理——兼谈大熊猫头骨及犀牛骨骼出土的有关问题［J］. 文物，1981（11）；王学理. 两千年前西安生存过大熊猫吗［J］. 化石，1979（11）；王学理. 汉南陵大熊猫与犀牛探源［J］. 考古与文物，1983（1）.

[3] 咸阳市文物考古研究所. 西汉帝陵钻探调查报告［M］. 北京：文物出版社，2010.

[4] 西安市文物保护考古研究院. 西安文物勘探考古编年（2000～2010）［M］. 北京：科学出版社，2020.

[5] 汉文帝霸陵确认！江村大墓考古重大发现［N］. 考古陕西，2021-12-14.

[6] 1969年，我当了"下放干部"，陕西省考古研究所的牌子也被摘了。1972年我从韩城公安局调回西安，安排在陕西省博物馆、文管会。借机整理白鹿原汉墓和南陵从葬坑简报，为此作了大量勘查与文献梳理。由于恢复秦都咸阳考古并成立工作站，对白鹿原也不能进一步展开主动勘探，只好搁置起来。后来接连去参加并主持秦始皇陵兵马俑、汉景帝阳陵考古，更顾不上白鹿原汉陵考古了。

[7] 王学理. 寻觅汉文帝霸陵路漫漫［N］. 中国文物报，2022-02-11.

[8] 王学理. 从"陵墓近都"到"自成茔域"——国君陵墓同都城关系探索之一［M］// 王学理秦汉考古文选（一）. 西安：三秦出版社，2008.

[9] 马永瀛. 汉文帝霸陵选址研究［J］. 考古与文物，2021（1）.

[10] 中国科学院考古研究所. 上村岭虢国墓地［M］. 北京：科学出版社，1959.

[11] 河北省文物管理处. 河北省平山县战国时期中山国墓葬发掘简报［J］. 文物，1979（1）；河北省文物研究所. 厝墓——战国中山国国王之墓（上、下）［M］. 北京：文物出版社，1996.

[12]《汉旧仪》：秦始皇"使丞相斯将天下刑人徒隶七十二万人作陵。凿以章程，三十七岁。锢水泉绝之，塞以文石，致其丹漆。深极不可入，奏之曰：'丞相斯昧死言：臣所将隶徒七十二万人治骊山者已深已极，凿之不入，烧之不然。叩之空空，如下天状。'制曰：'凿之不入，烧之不然，其旁行三百丈乃止'"。

[13] 陕西省考古研究院，西安市文物保护考古研究院. 汉文帝霸陵考古调查勘探简报［J］. 考古与文物，2022（3）.

[14] 王学理. 秦始皇陵研究［M］. 上海：上海人民出版社，1994.

[15] 孙星衍著，周天游校注. 汉官六种［M］. 北京：中华书局，1990.

策划打通古今

——“驼铃声响：丝绸之路艺术大展”策展手记

李　峰
北京民生现代美术馆

摘要：本文从展览策划角度出发，讨论博物馆创新的实践成果与发展趋势。非同于传统的考古和历史视角，以呈现展品艺术之美的展览策划组织方式，业已走在博物馆展览风向的前端，成为引领博物馆事业创新发展的重要驱动力。文章通过对“驼铃声响：丝绸之路艺术大展”这一现象级展览的分析，总结展览特色所在，指出以艺术的视角进一步凸显文物之美是其拉开与传统展览差异的核心所在。新的理念和方式带来创新突破，给展览带来开放性与可讨论性。文章提出“将思想化为现场，将学术研究转化为立体的展示”及“以当代手法策划古典艺术，打通古今，将艺术之美与文物历史感结合呈现”等创新理念。

关键词：策划；艺术视角；艺术之美；历史感；博物馆创新

2024 年 1 月 12 日，时间跨度上下四千年的“驼铃声响：丝绸之路艺术大展”在北京民生现代美术馆拉开帷幕。在长达半年的展期中，中、美、德、日、挪威等 5 国，14 省自治区，35 座城市，全球百余家各类型博物馆、大学、文博机构遴选出的 500 余组（件）雕塑、绘画、器物、丝织品、复制洞窟、多媒体装置等在 6000 余平方米的超大展厅展出。展览以开放的视野和当代的手法策划古典艺术，将艺术的美感与文物的历史感结合呈现，开一时风气之先，引起社会各界的广泛关注，现就展览策划思路向各界方家汇报讨论。

一家美术馆的文化站位和艺术判断力是其灵魂。能否独立发起、策划并落地实现具有学术价值和现场艺术效果、社会效益的展览项目，是判断一家美术馆能力和行业影响力最为核心的指标之一。从策划“五色斑斓——套色版画艺术四百年”开始探索，经“文明的印记——敦煌艺术大展”5000 平方米临时展厅进一步扩大规模。继此步伐，在捐助人及各级领导的支持下，我提出的“将思想化为现场，将学术化为立体的展示”“以当代的手法来策划古典艺术并打通古今，将艺术之美与文物历史感结合呈现”等理念逐次得到实践。“驼铃声响：丝绸之路艺术大展”成为我们自主策划并完整实践的最经典案例，大展在四个方面拉开了同其他同类型展览的距离。

一、艺术之美的视角

丝绸之路展览无数，考古展、历史展、科技展、服装展、音乐展，等等，各种类型的专题展览不一而足。如何做出特色？毫无疑问，我们要做自己擅长的事，上述领域非我们所长。如何扬长避短？从艺术之美出发。

这不仅将调动起我们既往20余年的积淀，也展现出这家机构一如既往深耕艺术的坚定姿态。实际上，即便单从艺术的角度切入也可谓浩若烟海。如何实现突破创新？如何不再重复地一味堆砌文物、骆驼形象与丝绸？文博机构向有其成法，有着扎实的积淀，但也常遇见展览大纲审批层级过多、展览准备周期过长、展陈方式固定、套路化等问题。大家也希望创新，看到想象力，看到有质量、经得住推敲和时间沉淀、独出机杼的展览。可以说，挑战固然极大，机遇却也悄悄潜伏。为此，我想展览策划在尊重和敬畏学术、内心保持谦卑的同时，需要破除对知识的仰望和过度敬畏，必须大胆立意，勇于树新，必须删繁就简。我明确而坚定的想法是聚焦于文物的艺术之美，回到儿童般的“纯真之眼”，回到人类最初的感觉与感知力。

关于什么是艺术、什么是美，古今中外有无数解释。英国美学家克莱夫·贝尔说艺术是“有意味的形式”，古希腊哲学家柏拉图说“美是理念”。它们概括而抽象，我无力也无欲拉玄奥之词以为大旗，但与其引用普通人难懂的概念与说辞，不如回到人面对物的直觉感受。总之，我们丝路大展策划的落地不是考古展，非同于历史展，更不是文献堆砌。

德国哲学家鲍姆嘉腾1750年首次提出的“美学”（Aesthetic）实应翻译为感觉学，中国古人讲“天地有大美而不言”，这些坚定了我们的想法，但具体要落地，依然千头万绪。“横看成岭侧成峰”，丝绸之路历史太久，路线太过复杂且变动，非只一条，作品更是五花八门，无所不包。展览的策划显然不可能面面俱到。以文学的手法剪裁取意大可借鉴，如写小说般既有浓墨重彩处，也可大量留白，大幅度的起承转合，穿梭跳跃，一如《百年孤独》并非拉丁美洲历史纪实，然而我们感受到那方遥远土地人们的喜怒哀乐，千百年来的坚忍魔幻。艺术之美的角度让我们不再拘泥于作品时代连续，节点性作品是否空缺。吹去层层历史的尘埃，掀开知识泥土的层层覆盖，不同年龄、知识结构的男女老少观众凭借自身最直观的感受力，感觉丝绸之路的优美、沧桑、壮大、完整、破碎，等等。借由艺术，所有人都可轻松进入一种场域和气氛，领略丝绸之路的丰富博厚。

带着这样的立意，我们出发调研。8个月时间，仅我本人便前往35座城市、55城次、超过10万公里考察。在不断商谈及与领导、专家的反复讨论过程中，逐渐形成了以“序”“大地”“人间”“天空”“尾声”等5个篇章组成的展览主体框架构。其中，“序”篇最为核心，它展现了我们的立场和态度——艺术的丝绸之路。艺术的丝绸之路不仅是“绘画之路”“音乐之路”，还是“玉石之路”“小麦之路”“纸之路”，更是“丝绸之路”“信仰之路”。在最终呈现的这一篇章的展览大厅，它们各自均有实物对应，每一作品承载多重意义：

吐鲁番阿斯塔那墓出土唐乐伎屏风绢画→绘画之路／音乐之路／舞蹈之路

伊犁昭苏县北朝时期镶红宝石黄金面具→黄金之路

北朝时期剪纸→纸之路／高科技之路／文明传播之路

吐鲁番阿斯塔那墓出土唐代小麦点心实物→小麦之路／食物之路

和田地区出土玉石→玉石之路

龙门石窟唐代石墓门安思泰造像塔→丧葬之路／民族融合之路

龙门石窟擂鼓台南洞初唐时期石刻宝冠佛→雕塑之路／造像之路／信仰之路

青海吐蕃时期红地团窠对鸟纹锦袍→丝绸之路／图案之路

9件作品疏朗、概括地置于空阔的大堂，序厅的简括一举打破了丝绸之路线路过于繁多、文物过于庞杂带来的眼花缭乱，从而让工作易于入手，观众便于进入观赏状态。展览前期策划完成之后，我读到学者所总结的三重龙门石窟的故事，深有“于我心有戚戚焉”之感：

第一个龙门是宗教的龙门。1500年前北魏迁都洛阳开始开凿龙门石窟，那是佛教、政教合谋的龙门，这可以说是龙门石窟的“初心”与原始样貌。

第二个龙门是文人墨客的龙门。近1200年前，白居易写下“洛都四郊，山水之胜，龙门首焉”，自此吟咏传唱，开启了文人的龙门。在所有的石窟寺中，龙门文人墨迹之丰富独一无二。

第三个龙门是艺术的龙门。1907年法国汉学家爱德华·沙畹（Édouard Chavannes）前来龙门石窟，为其所震撼，他于1909年在巴黎发表《北中国考古图录》，让世人从此看到一个纯粹艺术的龙门。

有三重龙门石窟，也有多重丝绸之路。“大地”“人间”“天空”是展览的主体部分，具体章节、展陈方式都进行了创新，策划团队甚至常常将整个篇章当作一件当代艺术品展示。最典型的是“人间”部分的“百态人生”章节，25组展柜树林般聚于一厅，观众穿行其间如若游鱼，在多角度欣赏文物之美的同时，又似如置身巨大的装置艺术作品之中，喜好古今不同背景的观众均各得其所。大部分观众被第一眼望去的阵势而震撼，进入其中又可细细品味和研究。有专家观展后说，山西博物院黄釉胡人双狮纹扁壶原来除了狮子之外还有大象！这件丝路艺术名作以前多只呈现正面，“游鱼式”观展，左右侧面巧构而成的两个大象得现。其余，柏孜克里克第15窟的复制、首次展出的西安苏孝斌墓垂拱四年山水石刻线画等均将作品打造成装置。至于青州造像更是如此，每件佛像如同一组装置，8组作品集合起来又共同组成一件更大装置，一个冥想体验的空间。

至于结语，它是阐述艺术之美的豹尾：我们用哈佛大学中国艺术实验室的两组装置“洛阳幻城”“永宁绝响”来诉说物质的虚幻与短暂——1500年前“殚土木之功，穷造形之巧”“佛事精妙，不可思议”的世界最高建筑仅仅存在了18年。曾经“京城表里，凡有一千余寺”的洛阳城，“今日寥廓，钟声罕闻”。不仅“城郭崩毁，宫室倾覆，寺观灰烬，庙塔丘墟”，甚至“墙被蒿艾，巷罗荆棘。野兽穴于荒阶，山鸟巢于庭树”，不禁让人心生“麦秀之感”“黍离之悲”。步出多媒体装置展厅，我们以洛阳博物馆藏6件小而美、小而典雅的永宁寺造像，来表达美借由艺术而长久存留。然而，人生不能止于悲戚，生活还要继续。我们以开元十八年大唐盛世的庆城21件穆泰墓彩俑迄今生动无出其右、艺术水平堪称最高的古俑，来呈现时尚、幽默和乐观。

艺术之美又非止华美。无数华丽珍宝的华美背后，是一个又一个绿洲各自的物资产出无法满足其独自生存需要，交换是存活的必须。无尽珍奇的背后，危机四伏，杀戮、抢劫、战争不断潜伏。如何将这些隐藏呈现出来无疑会极大升华展览。此时，所面临的挑战变成如何弥合它们和展品美丽昂贵之间的巨大落差。我们希望观众看展时也有一叹三叠的感受：先为华美的珍宝而赞叹，之后看到古今交通交流的困顿与挣扎，和平与战争，最终领略到展览背后的平和温暖，深切同情，那些无望绝望时的希望，经人生冰冷与残酷之后的诚挚与爱。生活是知其难后依然步履铿锵的坚定，艺术要给人以精神的愉悦，这个展览希望能够静默无言地慰藉心灵，带给人们继续努力、保持明朗意志的勇气。

穆泰墓彩俑旁边，我们在展墙上挖出的长方形视窗，往下探去，观众得以用近乎上帝的视角回望一楼序厅。俯瞰人间，观众于欣喜中无言细思展览的多重味道。

二、古今一体的展览结构

古代文物展品沉淀超过千年，厚重沧桑。现当代艺术虽诞生时间不久，却有着强烈的自我意识、作者意识，展现出活力与富有思考的时代鲜活气息。打破古今的策展理念并非一时冲动，早在20余年前我在读大学和研究生时便曾有此想法，并试图在2010年上海民生现代美术馆的开幕展“中国当代艺术三十年历程（绘画）：1979—2009”中尝试，虽未得但不断有思考和基于真实展览项目的虚拟推敲。

2021年举办的“五色斑斓——套色版画艺术四百年”是我们首次尝试策划跨越古今合一的展览。展览得到南京大学图书馆、中国书店等机构和故宫博物院、中国美术学院等版画专家及各界藏家的支持，当代艺术家更是兴奋不已。套色木刻水印艺术是中华文化对人类文明的贡献，让我们在这一领域至今享有较高地位，当代则展现了艺术家们不拘于技术语言、深入今天社会生活的能量。这初试啼声，一举破除了两个圈层的相对封闭——古籍圈看到丰富新奇与当代大尺幅版画的视觉震撼，当代艺术圈则领略到古代技术的厚度与精雅。“文明的印记——敦煌艺术大展”首次系统性地、大规模地将古典艺术、现当代艺术结合展出，巨大体量的佛像、大小不一的8座洞窟有如装置般给人以强烈的冲击和代入感，它们与现今流行的当代艺术双年展的感受并无本质区别，而其时代却更久远，受众更广泛。现当代艺术版块，常书鸿、董希文等值守敦煌大漠时的创作型作品《奶奶》《云南驮马图》等让观众看到现实生活中的人，人的所行所居，人的生产劳作与精神面貌。当代艺术家的作品，如赵亮《乌海》、张鼎《磷光》、秦琦《诗人与画家》等，更是突破地域和时代，力图展现出人与环境的冲突与共存。艺术家们没有拘于对古艺术的热爱，他们超前思索着人的尊严与未来。

不积跬步无以至千里，“驼铃声响：丝绸之路大展”在古今结合上的学术深挖与独立大胆，是经过两次勇敢尝试之后的水到渠成。“驼铃声响”大展的主体部分基本全部为古代文物或文物的临摹品、复制洞窟，至“天空”板块的最后一个章节“行者圣人”，将古今结合起来。从三楼走下来，到二楼我们又回到第三篇章“天空”的“行者圣人”部分。古代的法显、鸠摩罗什、玄奘，现代的常书鸿、韩乐然，一代一代的付出才有我们今天语言的达雅，艺术的宁和与活力。不仅如此，我们还将一些以新手法表现古代题材的作品纳入展览，如1927年的黑白无声电影《盘丝洞》、动画电影《鸠摩罗什》等。再往前走，一件当代艺术家杨茂源的装置作品“曼陀罗·骆驼”醒目地引领观众走入美术馆的常设展厅。在这里，专门配合大展设立了“礼物”的篇章，丝绸之路的“现代性”不仅体现于早在1000余年前已经创造了横跨不同区域的国际艺术，今天它依然鲜活，激励着艺术家的创造。刘小东、段建宇、王兴伟、旦儿、马轲等艺术家以其或写实或意向的风格，调动油画、影像、行为、装置等多种手法，给古老以回应——今天丝绸之路依然生机勃勃。

这种古今结合的展览结构形成强烈的对比对照，展现出一家场馆文化判断力与审美的专业能力，有着较高的挑战和实现难度。

三、尽量去除展品与观者的中间环节

建立展品和人的直接交流对话，在我看来这是美术馆的核心优势之一。我们希望：

（一）策划但不越俎代庖，替观众观赏

从展品选择到现场呈现策划，我们均有意识地不去过多地直接引用行业专家著述。不让观众被专家的研究所震慑而不敢真实表达自我感受，不让他们被网红的随意解读引导，不由他人代为咀嚼，自己直接尝试酸甜苦辣咸，这是策划的重要出发点之一。引导观众自己直接去看，去体味，而不是传递别人怎么看，怎么感受。为此，我们在展陈现场尽量清除掉过多的作品阐释和言说，观众能够更为聚焦于艺术作品本身，直接体验展品的艺术之美。

（二）展览现场尽可能单纯，尽可能裸展

尽可能不要过多炫目的声光电干扰，去掉不需要的玻璃展柜，尽可能地减少众多展览拥堵一起的大通柜，在保证安全的前提下尽量裸展。

为给作品以充分的空间，策划团队制造出多处展品在所在地都没有的空间距离与环境场景。其中以龙门石窟宝冠佛、青州龙兴寺造像、时轮坛城沙画、柏孜克里克第15窟复制等最为典型。如若全然重复宝冠佛所在的东山擂鼓台南洞，于时间上来说洞窟数据扫描与制作都很紧迫，宝冠佛所在的洞窟千佛又是难度更大的立体雕塑，更重要的是，依原样的复制过于泥古和刻板，比不了我们馆展厅空旷的场景与12米高、裂中缝背屏肃穆而时尚的视觉效果和现场体验。对于青州龙兴寺造像群来说，暗下来的光让造像更突出，每一尊佛像与展台、背屏、作品前的玻璃一起组合起来犹如装置，而所有的装置又共同组成一组更大的装置，让观众得以全身心沉浸其间。

《时轮坛城沙画》由青海夏琼寺而来的公保太等5位喇嘛耗时8天完成。展品基于宗教的信仰，

却又在美术馆的展厅脱离宗教的语境，观众看到的是华美繁复的画面、制作的耐心考究与细致精良，感受到作品背后信仰的博大宏阔。这些作品基于千百年的岁月积淀，作品自身之美让其内在生光，这远非一些在狭窄小圈子内兜兜转转，仅凭外在的赋予意义与硬性加入的空洞形式的艺术所能比拟。

一千个人眼中有一千个哈姆雷特，不同的人有不同的口味，然而作品就在那里，千百年不因外在而改变。美术馆就是要清除令人目盲的五色，令人耳聋的五音，尽可能地让现场干净，让作品独立，互不干扰。我们最大限度缩短作品与人之间的距离，释放作品的开放性，让观众各自感受。我们鼓励观众找寻作品之间的关联，开放想象，探寻作品背后的价值。如果观众能够因看展而有所动作，创造出有价值的作品，那将是我们更为欣慰快慰之事。

四、全方位的调度

（一）对学术的尊重贯穿始终

我们邀请尹吉男、贺西林、李军、陈凌、汪民安等5位不同领域的专家参与项目，他们来自中央美术学院、北京大学、清华大学、浙江大学等知名学府，分别在艺术史与文化批评、墓葬艺术、跨文化研究、考古、哲学研究等领域卓有成就。和通常展览顾问扮演的角色不同，专家们提想法但不干预具体工作。从思想的高度来看待丝绸之路堪称奢侈，从学术的角度进行把关，杜绝可能硬伤，这些无不对保障展览的硬质内核起到重要作用。

我们还同国家、省、自治区、市等不同层级文博主管部门负责人，与各家博物馆负责人，就展览架构进行多轮次汇报交流。展览策划团队与上百家文博机构调研、讨论和勘查，尤其与各家合作伙伴就所涉展品进行了具体的高密度讨论。

非止于口头，我们前往大部分展品的出土地、来源地进行实地考察，亲身感受文物所在的大小环境。在当地，即便有时间的千年之隔，我们依然可以更为真切地设想古人之眼，昔时所想。问题往往回到最朴素、最基本，回到常识：如何制作出这些“艺术品”？材料哪里来？有没有粉本样式？工匠是谁？使用者是谁？出资人是谁？决定最终艺术风格的是谁？

熟悉之后，很多讨论随时随地在进行。我们尽可能挖掘出文物背后鲜活、有温度的故事，有些文物专家熟知，但普通人陌生。有些在保护管理者看来再日常不过，但在公众看来却是从未想到。

我们也深知学者的研究常常基于文献，激荡于大脑，沉淀于文字，立体的展览现场并不是他们研究之初的考虑，也非其所长。如何选择使用材料？如何找对人？如何保持对学术与人的公正之心？无论宏观架构与人的选择，还是一步步微观操作层面，判断力是进行艺术和博物馆工作最难却又是最核心的所在，是办展人和办馆人真正的挑战所在。带着这些去策划，去调研，去实践，其结果和仅仅完成一项任务定会不同。

展览开幕之后学术的工作依然在继续，我们邀请各领域专家进入论坛、讲座等各个环节。“驼铃声响”邀请著名丝绸之路学者荣新江教授进行论坛主旨发言，邀请丝绸研究专家、杭州丝绸博物馆原馆长赵丰等多位业界专家参与论坛。讲座部分，葛承雍教授就其担任总顾问的香港回归二十周年纪念大展“绵亘万里：世界遗产丝绸之路”（Miles upon Miles：World Heritage along the Silk Road 2017.11.29—2018.3.5）的学术立意进行了分享。至于大展所遗憾的缺少丝路精华玻璃器展出，则由著名玻璃器研究专家、考古学者、中央文史馆馆员安家瑶先生的精彩演讲所弥补。此外，我们还邀请云冈石窟研究院院长杭侃，龙门研究院原院长史家珍，敦煌研究院副院长张元林、张小刚，麦积山石窟研究所所长李天铭，新疆吐鲁番学研究院副院长陈爱峰，西安博物院副院长王自力，克孜尔石窟副所长苗利辉，北京大学韦正，陕西师范大学丝绸之路历史文化研究中心沙武田等各大石窟寺、文博机构、学术机构的研究者、管理者与观众进行了不同方式的讲座或交流。我们还与中青年学者保持广泛联系，邀请吕思思、彭慧萍、邱忠鸣、刘婕等就其研究与业内外进行了分享。“文明的印记——敦煌艺术大展”共进行了20场讲座，这对我们的主要合作伙伴、展览经年不断的敦煌研究院来说也是空前未有之事。“驼铃声响：丝绸之路艺术大展”共进行了1次论坛、29场讲座，贯穿于展览始终，涉及壁画、卷轴画、造像、俑艺术研究及石窟寺管理等多个方面。从讲座数量、力度、频次、专家的影响力、所涉研究内容的多样性、持续贯穿展览的周期等方面，都可以说是较为少见的。

不仅如此，我们还尽可能多地邀请与展览和展品相关的不同领域专家学者前来参观提意见。我们希望听到批评的声音，期待学者们的新发现，渴望新的研究成果因这个展览而出现。

（二）设计创新

我们前后邀请7家有过多个相关展览经验的设计团队进行比稿，最终来自上海的“超集组”脱颖而出。由设计师陈超领衔的设计团队高度认同我馆打破古今艺术界限的展览理念，并具有丰富的展览设计案例。更为难得的是，这个团队经常性地与涉展领域学者深度讨论，他们非止执行策展理念，且超越期待，常常提供建设性的意见并具有极强的可落地性。他们做到500组件作品件件展品落位均有手绘、电脑效果图，且现场落地制作出来。最终，经过9人平均每天超过15小时的100多天工作，现场上海调度来70余名熟练工人，加上北京本地临聘工人，如此量大而时间紧迫，通常经验几乎不可能完成的艺术工程才得以按时高质量完成。

我们邀请中央美术学院年轻设计师李文龙、廖柳钧将原有展览门头因材而用，重新设计，将其改造成既有石窟的意向外观，又很时尚新颖。门头内部提供检票、安全检查、存包等实用功能，从而解决美术馆内部空间不足的问题，将更大地方腾让给展品。打出多个窗洞部分解决照明问题，既有几分似光入洞窟，又有几分著名建筑朗香教堂内部的味道。

广州美术学院雕塑专业出身的灯光设计师邵晓明则将当代艺术展览常用的方式使用到大展，对大堂宝冠佛灯光的设计制造出宁静祥和、神秘悠远的效果。平面设计师柴坤鹏则延续了敦煌大展时的主视觉设计，让文明的系列展览平面视觉自成一个小体系。

五、鲜活而非静止不可讨论的展览

某种意义上说，让博物馆、美术馆的作品“活”起来远比如何搜集、聚拢、整理更耗费心神。通常来说，让“标本”活起来的前提在于：

（一）对物理事实的考据与认定

文物证实历史的功能让无数考古学家和历史学家为只字片文遗存的发现激动不已。事实上，文字的发现也确实是让文物活起来最重要的方式之一。有无数的例证让文物找到其归属，它的年代，它的主人，它的功用。有铭文的器物其价值远远高于无文字者，这早已成为业内定论。同样，一幅流传有序的画作，历代题跋让其声名显赫。一件密密麻麻题满文字的碑帖价值甚至可以远远胜过原碑原石。

文字是让文物活起来的重要方式之一。然而对文字的认定与研究却不是美术馆的天然工作，术业有专攻，它理应由考古学家、历史学家，甚至美术史家来完成。没有考古队的前期挖掘、整理和考古报告为基础，后期博物馆工作很难推进。专家们完成文物在历史上的归位——它们是什么、有什么作用、在什么场景之下谁有资格来使用，等等。专家们解决“标本”与时代的关系。

（二）风格变迁的归纳梳理

对于“标准”风格的变迁梳理往往是由考古学家和美术史家来完成。其内在的学术支撑对于考古学家来说是类型学和地层学，对于美术史家往往是图像志的建立与分析。

以上两个前提，无数博物馆、研究机构、专家进行了上百年的工作，“驼铃声响：丝绸之路艺术大展”可以说是站在前人的肩膀之上，将思想、学术研究化为现场，我们的突破口是艺术、审美，是人类最原初的感觉感知。一个懵懂的儿童不知道什么是文字，什么是知识，甚至不知道什么是故事，但他／她看到图像会有感知。

文物展品原本承载的宗教礼拜、丧葬礼仪等实用功用，历代知识的叠加与赋予等等，早已随着使用环境的改变而被剥离。没有人的介入，古寺仅留空壳，艺术只是标本。因为人的到来，丝绸之路作为一个集大漠、雪山、建筑、壁画、雕塑等为一身的变动艺术综合体，重又“活”起来。是人策划，人的欣赏、研究和创作让它重新有了生命的灵动。一代一代的“当代”叠加，让丝绸之路一代又一代沉淀出厚重。

来到现场的观众发现很多“驼铃声响：丝绸之路艺术大展”的与众不同之处。这些观众既包括专业的学者、策展人、美术史家，也包括更多的观赏者、游玩者。起初，志愿者们疑惑讲解不知如何下手。既往按照时间、区域展开、穿插故事的套路不再那么顺手和奏效。与此同时，观众却体会到一种乐趣，即便也有茫然，但不复知识说教的扑面而来，展览能够轻松地进入——无论从哪个篇章、哪件作品开始，都能够愉悦地感受到丝绸之路艺术的丰富华美、新奇神秘。整个展览看下来轻松而收获满满，观众不再是被动地被灌输，而是主动地感知、抓取与寻觅。

以艺术和审美切入，以人的感觉感知力为切入口，让美术馆获得一方独特的天地。在这里，美术馆人得以自由驰骋。由此，我们来到了美术馆工作可能的核心所在——呈现物与人的关系、讨论物与人的没有边际限制的可能性。这里的物，毫无疑问不再是考古之物，它是作为人的感觉寄托所在的“艺术”。由于可以进行讨论，很多时候作为考古遗迹存在功用不明的物品，在美术馆也天然获得了它的自由度，其使用目的、仪式场景等等均可以讨论，可以争议，可以想象。

美术馆不是考据之所、说教之场，而是依仗感觉与审美启发想象力的园地。

六、策展是遗憾的艺术

几乎所有的展览所呈现的均是结果，展览所遇遗憾包括但不限于如下方面：

（一）速度与效益的矛盾

不止一位朋友问起：这个展览准备了多久？大展合作伙伴之一哈佛大学中国艺术实验室的负责人说，在美国减一半文物、一半展览面积需要至少7年，这么大的规模至少需要10年筹划之功。国内文博机构做此类展览一般需要3～5年。我们固然以创纪录的“民生”速度用不到11个月做出如此规模大展，但这是对既往数十年蓄力的一次性释放，一时突击可以，长期不可持续，展览策划有其内在规律和时间要求。同样的情况国内各家博物馆几乎均有遇到，某某城市建城多少年、某某历史文化名人诞辰多少年、某某遗迹发掘多久纪念等等，不一而足。

（二）展览大纲的确定性与展品的不确定性

文物展最核心的部分是展览大纲，它是展览得以成立、得以推进的关键，往往是相关领域专家多年潜心研究的成果。各机构商谈的根本依据是展览大纲，出借机构最希望的是看到完整确定的展览大纲，从而方便开展工作。没有锐意创新的策划和完备的展览大纲，即便均是国宝名作，展览也因散珠不成串而无法成立。但反过来，各馆常展的作品很忙，档期难凑，而不常展的作品要么不为人知，要么经常处于较差的物理状态，这些让展览大纲难以确定。动态调整中，最终的展览面貌和最初的设想往往差异极大。

（三）感知与知识的矛盾

以艺术之美为出发点的展览，往往希望抛弃既往展览满天满地密布的各种展板说明。解释、各类型图示图表、各种辅助说明照片，它们琳琅满目将主要作品淹没其中，将展览变成杂货铺般的堆积。因为建馆时间久，作品收藏日多，这是很多国际知名的博物馆也无法避免的。然而，不得不说，我们精心设计的空无杂物的现场空间也往往引起一些看惯解释说明观众的投诉，即便二维码扫描在旁，即便移动搜索至为方便，很多人依然依赖于积习和既往的观展经验。

（四）创新与抵触

很多博物馆展览专家明确说，我们办展只办我们专业相关的展览，不希望掺杂现当代等其他内容，似乎它们打乱了既有的节奏。稳妥是大部分人的选择，但出彩一定要大胆，一定要有不破不立的锐意进取，新策划、设计、展陈的理念跨界使用，才能创造出奇制胜。当然，创新是基于对既有展览套路的熟知和对新鲜手段的合理利用。

（五）讨好与引导

大众作为集体往往没有判断，在长期审美教育缺失的中国尤甚，精心策划的展览往往会被误读。儿童喜欢甜食，茶酒却是涩辣。以景写情，美景写好心情易，惨景写悲戚易，反之则难，所以“感时花溅泪，恨别鸟惊心”的反写尤其让人印象深刻，艺术感人。相比而言，“驼铃声响”大展便存在讲美过多、展示苦难困顿不够的问题，它不是昂贵与珍罕的堆砌，以美串联展品的背后，深藏对人之关爱，对天地之敬畏，这些很多普通观众未必能够准确捕捉到。

（六）立意与执行

前期讨论时畅想的火花四溅，脑力激荡，让人快慰，充满期待。但是想时容易做时难，临近展览完成时，“怎么是这样”“怎么和我们最早说的不一样”的疑问开始冲击而来。尤其是没有时间参与过多过程的决策者，往往会觉得想法打了折扣或进行了修改：怎么和我最初设想的不一样？谁都知道谁出钱谁说得算。此时，项目接近完成，临时调整让展览陷入被动：决策者认为执行者过于考虑技术，站位不够高。执行者拼命更替或补救，而这些变动决策者认为有损展览或决策者形象，执行者不被理解，内心充满委屈。

误解的背后是项目如何立项，展览如何发起，如何协调专业与决策等问题。文化艺术无论是否从业，大家多半都可明白，都能发表意见。如果是高等数学、航空航天项目，决策者往往会更为尊重专家意见，不会轻易决定细节的技术问题。文化艺术往往被视为金字塔尖的事情，审美虽需提炼但看不出其技术难度。专业人做专业事知易行难。为减少误解与遗憾的产生，一般而言需要执行者放弃宏观的判断与抉择，而决策者需要放弃具体技术细节的干预。

遗憾当然远不止以上几个方面，具体的案例不胜枚举，几乎每个展览都有多个。“驼铃声响：丝绸之路艺术发展”将285窟抬高至4米空中的想法实施至一半，凌晨1点我登上脚手架——他们在疫情中一盼再盼才从河北运来——脚下一阵晃动！拆除！拆除占用了时间，再搭建如果还不行的风险我们已然承受不了，开幕在即！为了施工的安全，这一想法只好连夜取消。此外，洛阳古墓博物馆唐代安国相王孺人墓胡人牵驼壁画与展览题目贴切无比，两馆负责人与团队也均惺惺相惜，却因故擦肩而过，让人无比惋惜。至于克孜尔第38窟的复制，再做我可能会考虑让它窟口就在楼梯处，如此一来更接近原窟高高低低攀爬的现状，二来能调动起观众更为立体的多种感受，这和平地般直接走进去将完全不同。另外，窟内灯光还可设计成全黑，更接近真实洞窟的昏暗，破败与华美的转变就在灯光亮起时。定居于柏林的艺术家黑川良一的光影声音装置震撼新奇，年轻人十分喜欢，能给“驼铃声响：丝绸之路艺术大展”大展以颠覆性感受和全新提示。但是，考虑到空间的分配与公众可能的误解，最终也在将要签合同的时候取消。

惋惜固然让人无奈，遗憾长随于策划。然而，艺术的魅力也恰恰藏蕴于其间，激励行动者不断提升，奔向完美。

七、策划驱动博物馆

展览策划与实施的过程也促使我进一步思考今天的策划方式能够给美术馆界带来的价值。众所周知，英文中美术馆和博物馆是一个词，在中国二者之间区分较大。一般来讲博物馆更古，展示和保管的条件要求更高，美术馆的工作对象则相对年轻，和时代贴得也更近，具有一定的实验性和探索性，更为活跃，更能容错。过去几年我们的工作只能说在某种程度上打破了国内博物馆、美术馆之间的泾渭分明，一些同行也在尝试实现二者的融通与跨界。那么，我们不禁要追根溯源，作为人类文明保存、研究与欣赏的最重要的机构之一，什么是博物馆／美术馆？为什么我们今天需要策划？策划能够带来什么？

我们知道，距今约2300余年前，古埃及托勒密王朝创建者托勒密一世兴建“缪斯神庙”（mouseion，希腊文）献给文艺女神缪斯。它因贡献了museum一词，而曾被一些专家视为今天博物馆的起源之一。但真正的现代意义上的博物馆／美术馆及其运营机制的建立不足250年——一般将1793年8月10日卢浮宫对公众开放这一事件视为现代意义上公共艺术博物馆建立的标志。换言之，如今我们所习惯的出国和外地旅游探访游览博物馆之举不过230余年的时间。对于中国人来说其形成还要更晚，以公认的中国第一座博物馆南通博物苑建立的1905年算起，不过120年。1946年11月成立的国际博物馆协会（International Council of Museums，ICOM）分别多次对博物馆定义进行了讨论和修订。最新的表述于2022年8月24日在布拉格举行的第26届国际博物馆协会大会通过，决议将博物馆的定义表述为“博物馆是为社会服务的非营利常设机构，它研究、收藏、保护、阐释和展示物质与非物质文化遗产。它向公众开放，具有可及性和包容性，促进多样性和可持续性。博物馆以符合道德且专业的方式进行运营和交流，并在社会各界的参与下，为教育、欣赏、深思和知识共享提供多种体验。”在中国，最新的表述出于2015 年国务院颁布《博物馆条例》：“博物馆，是指以教育、研究和欣赏为目的，收藏、保护并向公众展示人类活动和自然环境的见证物，经登记管理机关依法登记的非营利组织。”美术博物馆与自然科学博物馆、应用科学博物馆、技术博物馆的差异巨大，但与历史博物馆、人类学博物馆、民俗博物馆的边界日渐模糊。究其根本，原因或在于进入博物馆的藏品业已失掉原有的功能、存在语境等，历史价值逐渐退让给美学价值。在中国，这种情况更为明显，大部分最有影响力的省、市、县博物馆大量收藏、展出的作品是艺术品。博物馆普遍设有基本陈列，这是美术馆界所缺乏的，它是一家机构的基本盘。

策展（curating）是一个外来词，“如今常用的动词形式to curate和curated等都是20世纪的新造词”。“一开始是指人，如策展人或者馆长（curator），现在常用于指策划行为（curating）”。传统博物馆保管人员的藏品日常保护与研究工作推导出展览，物居其先。当代的策展则强调人的主动性，观念的先行，注重展览的开放与变动性并试图调动观众的参与完成。这其中尤其注重个体，个人化的研究，而非官方自上而下的被动实施。今天策展早已广泛应用到当代艺术领域，对于古典艺术领域虽已开始尝试，但数量远远不够。主动性更大、视野更广阔为策展带来新的可能：

（一）更大可能地盘活藏品

许多文博展览所不关注的非名品、工艺品、丝织品、一般文物，甚至“边角料”，变废为宝被激活。例如此次“驼铃声响”大展展出一块西安出土的唐砖，定级为一般文物，在其所收藏地较少有展出机会。但我们被砖上的一个手掌印打动而选择展出它，使其成为本次展览上与观众互动最多的展品之一。再如新疆出土大量丝、毛残件，经常零碎细琐，但在本次展览里它们因策划而散发出光芒——商朝同期的格子毛布让人看到时尚，纯色搭配汉代残片装入框如同抽象画。

2024年6月1日至7月15日，日本根津美术馆（nezu-muse）推出一个“数字之歌”（Traditional Art with Counting Songs）的展览，将馆藏中名字中含有数字的作品进行梳理展示。西班牙国家当代艺术博物馆（Museo Reina Sofía）曾推出“历史能否倒带?”（Can History Be Rewound?）来讨论其1881—2021年间的馆藏。2024年瑞士巴塞尔艺术博物馆举办了“当我们看见我们：一个世纪以来绘画中的黑人形象”（When We See Us：A Century of Black Figuration in Painting），以此视角，200余件看似无关联的作品与作者跨越地域和代际，让人重新审视过去百年的非洲和非裔艺术家的创作。这些特别的策划理念，注意到馆藏作品的不同角度，让沉睡于库房的作品重新活跃起来。

（二）带来想象力

传统展览从组织方式到主题选择到展览命名都很质朴，如“真彩秦俑展”“敦煌艺术大展：纪念敦煌藏经洞发现暨敦煌学一百年”等。新的策展理念往往从形式到内容都有创新，国际知名的策展人汉斯·奥布里斯特最早在其家中厨房举办展览。曾长期担任汉诺威博物馆馆长（1925—1937）的亚历山大·杜尔纳提出，与大众通常认为的博物馆扮演着淡漠的权威角色不同，博物馆应当是冒险的先驱，他邀请人设计博物馆的展厅，展厅内的展品可以由参观的人自由移动，也就是说观众可以自己策划展览。在美国工作的策展人华特·霍普斯1975年策划了一个名为“36小时”的“临时艺术博物馆”，他邀请公众带上自己的作品，从而办成自己的展览。在中国，先锋的艺术实践策展工作在1980年代已经由杭州的艺术家张培力、耿建翌等人开启，1990年代初广州的“大尾象”工作组继续在街头制作和展示作品。类似的策划案例数十年来不胜枚举，值得文博行业借鉴。

在古典艺术领域，相关的行动也在展开。2016年中央美术学院美术馆的“破碎与聚合：青州龙兴寺佛教造像”从这批造像初发现时的零散破碎状况出发来策划展览。2023年，西安博物院“长安有故里——丝路少年大唐行”通过一件镇馆之宝三彩腾空马的蓝衣少年，以想象的故事串联起大唐长安，有温度，有情怀。展览策划既参考了大量的学术著述，又兼顾文学、美学价值，带给公众焕然一新的观展体验。

（三）激发场馆活力

2024年，艺术家Christoph Büchel大型沉浸式装置《典当铺》（Monte di Pietà）在威尼斯普拉多基金会（Fondazione Prada）展出，艺术家复刻20世纪的典当铺，展品密布其间。这种大胆的策划从这座建筑曾于1834年到1969年作为威尼斯典当行出发，反映如今社会的债务、金融、欲望的交错交织，以大胆的观念颠覆和挑战美术馆与画廊的白盒子审美，反向激活这座美术馆，从而让这座场馆成为本届威尼斯双年展期间最受欢迎的目的地。

1989年，为庆祝法国大革命200周年，“大地魔术师”（Magiciens de la Terre）展览在蓬皮杜艺术中心举办。这一展览一举改变了欧美中心主义的艺术视角，将亚非拉等既往边缘的艺术整体展示，进一步刷新人们对蓬皮杜当代艺术中心场馆活力的认知，且强化其当代艺术全球化、平等化的重要推手的印象。

（四）吸引更多公众参与和关注

2019年年初，日本东京国立博物馆门票观众排队的长龙持续月余，许多中国人选择前往日本去过新年，其原因在于“颜真卿——超越王羲之的名笔”大展的召唤。日本东京国立博物馆精心策划这一展览，他们在大量调用本馆馆藏的基础上，从台北故宫博物院、台东区书道博物馆及私人藏家处商借大量颜真卿原作、同时代之作及受其影响的作品。展览虽仅仅39天展期，但无数游客从世界各地飞往日本参观。类似引起社会轰动的案例今天同样已非鲜见，策划打破了业内与知识的壁垒，除文化工作者、爱好者之外，吸引了大量从不去美术馆的新客。

博物馆／美术馆既是面对人类历史、文化与记忆的储藏间，更是奔向未来的想象力实验室，这就需要主动的策展意识与策展方法。博物馆的这种自觉意识、文化立场与站位，随时体现刷新自我、沟通公众、打破壁垒的功能。系统、有着知识和审美关联的展览非策划无以实现，也只有一个又一个有策划、有主张、有内容的展览才真正组成美术馆。一个好的展览显然不应该是简单的宝物堆砌、知识的堆垒与炫耀，不是再造光影的表面炫目。它不出虚张声势的面孔，不做作，不伪装，带入观众无形走进，无声对话，带来生命的启迪。对于学者来说，可以进行学术的讨论；对于公众来说，能够真切体悟到我们先人生活的环境。更重要的是，凭物以见人，观众看到一代一代先人的目光所及、头脑所思、心灵所感悟。这些毫无疑问都需要新的博物馆经营理念才能够实现，策划是其核心手段。

我们主张，策划应该在文博行业专家搜集、整理、研究的基础之上，把研究化为立体的现场，从而构建艺术公益的宏伟之业。策划驱动博物馆；策划以更为鲜活的方式展现教育公平与知识共享；策划让博物馆／美术馆越来越成为生动的开放大学、开放课堂；策划让博物馆／美术馆成为奋斗者的休息室、冥想厅，让年轻人释放青春热力，让疲劳者放松身心，让忧虑者放空忧愁，让中年或白发苍苍的人喘息、反思与冥想。

很多年来博物馆曾被人们认定为垂垂老矣之所，或清静无为之地，策划打破了这一古板印象，它让人们不再以博物馆内上下数千年的藏品来论断博物馆本身的年龄。放到缩短了的、有文字记录的人类历史长河，博物馆因其策划的活跃而无比年轻。非止于企业社会责任担当与百年老店长远品牌塑造的助力平台，非止于个人荣光的塑造手段、民族自豪的依托，新的策划理念成功模糊了博物馆／美术馆作为艺术与生活的边界。在交界地段，追求永恒的殿堂重返人间。在此家园，穿越时空之物通透明亮，生命闪耀着尊严之光，庄重静穆，平和安宁。

文明在宛

——中华文明探源工程南阳考古进行时

乔保同[1]　王建中[2]
1.南阳文物保护研究院；2.南阳市文化广电和旅游局

摘要：南阳，是地球上最适宜人类生活的地区之一。五六十万年前南召猿人已经在这里繁衍生息，开启了南阳乃至中原文明、华夏文明的序幕。南阳是中原文明探源核心区、文物资源大市。中国社会科学院考古研究所王巍在考察南阳时，深感南阳的历史文化璀璨厚重，挥笔写下了凝结着这座城市的根脉与灵魂的四个大字——“文明在宛”。南阳考古实证了中华民族“百万年的人类史、一万年的文化史、五千多年的文明史”。

关键词：南阳；文明探源；南召猿人；坑南；八里桥

习近平总书记在主持中央政治局第三十九次集体学习时指出：“经过几代学者接续努力，中华文明探源工程等重大工程的研究成果，证明了我国百万年的人类史、一万年的文化史、五千多年的文明史。中华文明探源工程成绩显著。”其间就包括南阳籍考古学家徐旭生、董作宾、郭宝钧在夏、商、周三代考古工作中所作出的巨大贡献。

中国社会科学院考古研究所许宏研究员在《最早的中国——二里头文明的崛起》一书中指出：“说来有趣，中国考古学上的许多重大发现，都出于偶然的机遇，而不是按照既定的学术目的探察所得。然而，二里头遗址的发现却恰恰属于后者，它是历史学家与考古学家在踏查传说中的‘夏墟’时发现的。”[1] 许宏所说的考古学家就是著名古史学家、唐河县人徐旭生先生。（图1）他凭传世文献“摸”到二里头，其中最大的一个启示是，文献中关于古史的传说并非全是无稽之谈，经过系统梳理考证的文献，可以作为我们探索中国早期文明的有益线索。司马迁在《史记·货殖列传》一文

图1　著名古史学家、唐河县人徐旭生先生

中提醒我们："颍川（郡）、南阳（郡），夏人之居也。"这一正史、非传说时代的告诫，不仅为我们探索夏文化、夏王朝指明了方向，而且为我们回溯研究南阳，亦即淮河、唐河、白河、湍河、丹江流域百万年人类史、一万年文化史、五千多年文明史奠定了可靠的基础。

一、南召猿人牙齿化石是"宅兹中国""老家河南"的最早考古学证据

南阳，位于河南省西南部。如果说西周出土的何尊铭文[2]"宅兹中国"的"中国"，是最早出现于青铜器上的文献记录，那么，位于洛邑南200余公里的南阳，就是"中国"南部的一个核心地区。"尔其地势"，南阳是一处西、北、东三面环山（秦岭、伏牛山、桐柏山），南部开口的马蹄形盆地。这里气候宜人，雨量充沛，土地肥沃，资源丰富，具有最适宜人类生存、生活的各类条件。

1978年，南阳地区文物工作者在南召县云阳镇杏花山发现了一枚古人类牙齿化石。[3]后经中国科学院古人类学家吴汝康鉴定，它是一枚属于直立人阶段的青年女性的右下第二前臼齿。伴随出土的中国鬣狗、剑齿虎、肿骨大角鹿等动物化石，不仅证明了其时代为中更新世，与距今五六十万年的"北京猿人"同期，而且还证明了南阳盆地是处于华南和华北的过渡地带。

"南召猿人"的发现，填补了中原地区直立人的空白，它与淅川发现的直立人牙齿化石[4]，以及由此追踪到的湖北"郧县、郧西猿人"，陕西"蓝田猿人"共同组成秦岭地区中国猿人"金三角"，对于进一步上溯"我国有百万年的人类史"中部突破，亦即"中国"突破有重要意义。

2005年6月，中国科学院古脊椎动物与古人类研究所、中国科学院研究生院在河南西峡县跑马岭等地，调查发现并确认8处旧石器地点，获得40余件石制品和少量动物碎骨。[5]2020年，南阳市文物考古研究所又对南阳境内的西峡、南召、淅川等境内开展了旧石器考古调查，并取得重要成果。其中，在西峡境内新发现14处旧石器地点，采集石制品400余件[6]；在南召发现旧石器地点9处，采集旧石器400余件[7]，尤为重要的是在杏花山猿人化石地点的红色黏土层中发现凸刃刮削器、双台面石核、完整石片各1件，在其周围采集石器10余件。由此解决了同一地点、同一时期古文化遗物缺失的遗憾；另外，淅川除了发现数处洞穴遗址外，在马蹬、仓房二镇分别发现一处燧石原料产地。

二、淅川坑南遗址揭开了南阳地区新石器时代早期文化的序幕

1987年，北京大学考古系吕遵谔教授调查了南召县大空山洞穴，并发掘了小空山下洞与上洞遗址。在大空山2号洞虽未发现古人类化石和文化遗物，但发现了少量鹿、羊化石。从堆积物颜色、胶结度以及石化程度看，它的地质年代为晚更新世。在上洞发现旧石器130件，其原料主要系空山河床上砾石，岩性主要为石英、石英岩、岩浆岩。石制品以石锤直接打击法为主。伴生动物化石有牛、鹿、最后鬣狗、野猪、普氏野马、转角羊、犀牛、方氏鼢鼠等。地质年代为更新世晚期偏晚阶段，考古年代为旧石器时代晚期，距

今约 50000 至 12000 年。下洞发现石制品 55 件，材料来源、岩性、打制手法同上。少见动物化石。其时代同上。[8]

值得一提的是，这一时期的小空山生态环境较之五六十万年前杏花山生态环境发生了很大变化。从洞穴堆积的灰色和黄色遗迹看，干旱寒冷的冰期气候尚未完全退出南阳，草原已经消失，丛林也不复存在。洞穴地层中虽未见人类化石，但遗下的文化遗物，如：形状不固定、厚刃，用以砍斫、砸击的砍砸器；两侧边平行的细长石片，用以切割、剥削的刮削器；器体末端细削锐利，用以掏挖、挑剔的尖状器等，数量之多，打制技术之进步，反映了当时石器工具的进步及与人类密不可分的关系。

在南阳，距今约 10000 年的史前遗址，当属位于淅川县马蹬镇吴营村坑南遗址，这里临近老鹳河和丹江两河交汇处。2010—2021 年，中国科学院古脊椎动物与古人类研究所和中国科学院研究生院科学考古系等联合，对坑南遗址发掘面积 2700 平方米。[9]

遗址属基座阶地，面积约 25000 平方米，海拔 164 米，相对高度 20 余米，其上堆积有 2.5 米的土状堆积。在第③和第②层中发现褐色夹砂陶、红褐陶、灰陶片 21 片。烧制温度较低，质地疏松，羼和料多为石英砂粒，个别陶片含有云母或蚌壳末等，胎厚 0.5 ～ 0.8 厘米。中国科技大学张居中教授综合这批陶片的陶质、陶色、火候等因素认为，系迄今为止汉水流域发现的年代最早的陶制品。

特别值得一提的是该遗址以第④层为界，下第⑤层出现了数量较多的烧土块和研磨器。据此，发掘者在《中国文物报》发文称，“坑南遗址第⑤层的年代为距今三十万年左右，第③层和第②层的年代应在距今一万年前后”；第②层出土的陶片“可能晚于新密李家沟，早于舞阳贾湖一期，其绝对年代大约距今 10000—9000 年间”，此正是中国旧石器时代向新石器时代过渡时期。坑南遗址出土石器也显示了我国北方石片石器工具的特点。[10]

三、南阳既是“多元”的重要的组成部分，更是“一体”的核心地区

最新的考古发掘材料表明，我国五千多年的文明史并不是一蹴而就的，就南阳而言，亦有一个从涓涓溪流到江河汇流的发展历程。

（一）文明起源于原始农业

方城大张庄遗址是目前南阳地区已知的最早的农耕部落遗存，距今约有 7000 年以上的可证历史。

大张庄遗址，位于方城独树镇北，是一处属于淮河流域的新石器时代中期文化（约公元前 7500—前 5000 年）遗存。20 世纪 70 年代发现时，房基等遗迹已被贾河河水及当代取土所毁，仅存少量窖穴和灰坑等遗迹。如 4 号窖穴，近筒形，底与壁抹有一层厚细泥，质坚硬，发掘时正值下雨，积水不漏，当年明显具盛储粮食等功能。1 号窖穴内出土的石斧、石铲、石镰以及石磨棒（采集）等，组成了考古学意义上的垦殖荒野、深翻土地、收割庄稼、加工粮食作物、盛储原籽粮食的原始农业生产实景。出土的石磨棒、扁平锯齿形石镰，以及三足钵、三足罐形鼎、半月形器耳

陶壶、乳钉纹饰陶罐等均反映了中原地区舞阳贾湖遗址（公元前 7000—前 5800 年）晚期文化面貌，故可谓南阳地区新石器时代中期“第一村”，距今至少有 7000 年以上的农耕历史。[11] 关于大张庄人的来历，有专家推测可能为贾湖部族晚期的一支遗存，因农业繁盛、人口增加而西迁，或因气候异变、部族战争等而转移。[12]

（二）南阳市北郊黄山遗址

黄山遗址是一处大型新石器时代文化遗存。出土的不同时期的史前独山玉质生产工具，数量之多、器类之全、玉材之美、品质之精，均具全国第一。它对于提高劳动者的从业积极性，推动区域农业经济飞跃，促成一个地区率先跨入“阶段性”文明社会，起到了非农业经济、非玉质生产工具所不能替代的作用。1959 年，试掘发现的多室、单室房基材料被郭沫若在《中国史稿》中引用；出土的独山玉质带孔玉铲被誉为“中华第一铲”。2003 年，南阳师范学院独山玉文化研究中心组织多学科研究人员展开调查，获取了数百件独山玉质生产工具，如玉斧、铲、镰、锛、楔、刀、凿、镞、球、锤、砧等，引起学界的广泛关注。[13]（图 2）尤其是 2018 年以来，河南省文物考古研究院与南阳市文物考古研究所联合，发掘清理了仰韶文化、屈家岭文化、石家河文化等时期的文化遗存，包括房址和玉石器作坊址、墓葬、瓮棺、祭祀坑，以及码头和人工河局部等遗迹，出土以玉石器为主的遗物 4.5 万余件。确定该遗址是一处环河围绕、以玉石器规模化生产为特色的中心聚落，填补了中原和长江中游地区新石器时代玉作遗存的空白。不仅从地层中获取了一批独玉质地生产工具，而且发现了数座“前坊后居”独山玉生产“车间”。[14] 另外，发现了多座随葬有弓箭、玉钺及一批象征财富的家猪下颌骨高等级墓葬，具有象征文明社会形成时期的“邦国元素”。黄山遗址的惊世发现使其成为 2021 年度中国十大考古新发现之一。（图 3）

（三）方城八里桥遗址

八里桥遗址位于方城县西南 4 公里处，紧邻

图 2　中国社会科学院王巍研究员在黄山遗址观摩出土玉器

图 3　中国社会科学院陈星灿研究员在河南省文物考古研究院刘海旺院长陪同下考察黄山遗址

潘河右岸，地势平坦，面积大约80万平方米。考古发掘出土了数件与偃师二里头遗址，亦即夏文化、夏王朝故墟形似且神似的石制品、陶制品及疑似文字等遗物。绝对年代为王湾三期（约公元前2500—前2070年）至夏（公元前2070—前1600年）时期，距今约4500至3600年。2016年调查核实遗址范围时，将潘河东安同时期的八里岔遗址合并，总面积不低于100万平方米。八里桥遗址在目前公布的数百处二里头文化遗址中位居前列，居豫西南地区二里头文化遗址面积之首。1994年北京大学考古系、南阳市文物考古研究所联合发掘了70平方米，揭露面积虽然不大[15]，但所获二里头文化材料、具礼器性质的陶爵、石钺（采）、磨光石铲、绿松石珠、手工业生产遗存石范、切割石英石材，祭祀遗存黄牛角，字形较大的“王人”陶文，羊肩胛骨上出现的“乙乙”字迹，与饰有箍状的堆纹鼎、大口尊、夹砂深腹罐、肩饰（贯）耳敛口瓮等集于同一遗址。[16]特别是遗址中出土的石钺、陶爵、绿松石珠、石范、卜骨，与二里头遗址出土的两侧边缘有扉齿的、用于宫廷礼仪的玉钺，以及作坊区出土的绿松石料、与青铜铸造有关的石范，均有可比拟、可想象的巨大空间，文化面貌与二里头遗址保持高度一致。它从一个侧面旁证了八里桥遗址是夏王朝的区域政治中心，也反映出夏王朝国家治理已出现都邑中心、区域中心和小型聚落等多层级结构。

方城八里桥遗址是目前南阳已知的较典型的二里头文化，或曰夏朝遗存，距今有3000余年以上的历史。

值得一提的还有淅川下（夏）王岗遗址，发现的深腹罐、圆腹罐、大口尊、三足盘、鼎、甑、盉、觚、爵、鸡冠鋬、花边口沿等器物，可谓典型的二里头文化器类。出土的卜骨、玉戈亦可在二里头遗址中找到原型。[17]

尤其是近年来，南阳文物考古研究所开展夏文化调查中，在南阳市望城岗、王营、吴集，内乡赵洼、郭岗，镇平马圈王、宋小庄、柳泉铺，方城八里岔等地发现了一批河南龙山文化晚期，即王湾三期向二里头文化过渡的古文化遗址。发掘了南阳市宛城区玉皇庙、张小洼，南阳市高新区屈庄、苏庄，社旗县谭营，镇平县碾坊庄、马隐店等一批类同方城八里桥二里头文化，乃至夏朝文化古文化遗存。[18]这从另一个侧面说明司马迁所说的“颍川、南阳夏人之居”是可信的。（图4）

图4　南阳望城岗出土独山玉牙璋

南阳，作为中华文明起源、形成、发展的主要核心地区，负有运用“中国方案”探讨“生产发展、人口增加，出现城市；社会分工和社会分化不断加剧，出现阶级；权力不断强化，出现王权和国家”[19]的重任。我们必须遵照习近平总书记的指示精神，继续推进，不断深化。

近年来，南阳黄山遗址、夏庄墓地、

新野凤凰山遗址、邓州宋金商业街遗址等考古发掘先后取得重要发现，并得到了同行的认可。南阳在中华文明探源工程的起源、形成、发展中虽做了大量工作，也取得了一定成绩，并已初步实证有百万年以下的人类史、一万年的文化史、五千多年的文明史，中国社会科学院学部委员、历史学部主任王巍，在调研正在发掘的黄山遗址后，欣然命笔写下了“文明在宛”四个大字。但用探源工程的“中国方案”解决“出现城市”“出现阶级”“出现国家”，即“三出现”时，以国家的出现作为进入文明社会的标志，还有许多工作需要从考古调查、发掘、研究的层面上去加以证实。

南阳作为楚人在丹阳（今南阳淅川）最早提出“筚路蓝缕，以启山林”口号的发生地，我们必须牢记习近平总书记的指示，承继楚人不畏艰辛，用“坐着柴车，穿着破旧衣服，去开辟山林”的创业精神，赓续中华文脉，取得探源工程的全程胜利。

---

[1] 许宏. 最早的中国——二里头文明的崛起［M］. 北京：生活·读书·新知三联书店. 2021.

[2] 马承源. 何尊铭文初释［J］. 文物，1976（1）.

[3] 邱中郎，许春华，张维华等. 南召发现的人类和哺乳类化石［J］. 人类学学报，1982（2）.

[4] 吴汝康，吴新智. 河南淅川的人类牙齿化石［J］. 人类学学报，1982（1）.

[5] 裴树文，宋国定. 西峡旧石器考古调查简报［J］. 人类学学报，2006（4）.

[6] 宋博，陈全家，张雪微等. 河南西峡仓房坡头旧石器地点发现的石制品［J］. 中原文物，2021（5）；曾庆硕，张雪微，乔保同等. 河南西峡县南凹东岭旧石器地点调查简报［J］. 北方文物，2023（6）；宋家兴，陈全家，曾庆硕等. 河南南阳市河边后垱子旧石器地点调查简报［J］. 北方文物，2023（3）.

[7] 任进成，陈全家，乔保同等. 河南南召余坪旧石器地点的发现与研究［J］. 人类学学报,2022（5）；杜卫东，乔保同，陈全家等. 河南南召县小余坪西山地点新发现的旧石器［J］. 北方文物，2023（2）；李宏庆，陈全家，凌中阳等. 河南南召太山庙沈家庄东山旧石器地点调查研究［J］. 黄河黄土黄种人，2022（14）.

[8] 小空山联合发掘队. 1987 年河南南召小空山旧石器遗址发掘报告［J］. 华夏考古，1988（4）.

[9]［10］宋国定. 淅川坑南遗址为汉水流域新旧石器时代过渡界标［N］. 光明日报. 2015-08-03（7）.

[11] 王建中. 河南方城县大张庄新石器时代遗址［J］. 考古，1983（5）.

[12] 李骁，范海. 方城大张庄新石器时代文化源流［J］. 中原文物，1998（4）.

[13] 乔保同，王建中. 论南阳黄山遗址的“玉石并用”时代［C］// 湖南博物院. 中国玉学玉文化学术研讨会论集，长沙：湖南人民出版社. 2023；江富建，乔保同等. 独山玉文明之光——南阳黄山遗址独山玉制品调查报告［M］. 郑州：中州古籍出版社. 2021.

[14] 河南省文物考古研究院，南阳市文物考古研究所. 河南南阳市黄山新石器时代遗址［J］. 考古，2022（3）.

[15] 北京大学考古学系，南阳市文物研究所. 河南方城县八里桥遗址 1994 年春发掘简报［J］. 考古，1999（12）.

[16] 蔡运章，乔保同，李迎年. 八里桥“刻画符号”与夏代文字［J］. 寻根，2021（3）.

[17] 中国社会科学院考古研究所山西队，河南省文物局南水北调办公室. 河南淅川下王岗遗址二里头文化遗存发掘简报［J］. 中原文物，2020（3）.

[18] 南阳市文物考古研究所. 南阳地区夏文化考古调查报告（待刊）.

[19] 王巍. 听首席专家讲述中华文明探源工程［M］. 北京：东方出版社. 2023.

河南地区汉代中小型合葬墓分析

吴雅莉
河南大学历史文化学院

摘要：河南地区发现的汉代合葬墓，不仅数量较多，类型丰富，而且具有独特的区域性发展演变特征。文章根据合葬人数将该地区汉代中小型合葬墓分为二人合葬、三人合葬和多人合葬三类；根据建筑材质，分为土洞墓、石椁墓、砖室墓等。据统计，河南地区在西汉早期已出现同穴合葬墓。至西汉晚期，墓葬形制的改革、土地私有化的发展及家族观念的兴起为合葬墓的盛行提供了条件。根据墓主的财富多寡、等级高低，墓葬在随葬器物数量、种类方面存在不同程度的差异。同时，性别角色也会对其产生一定影响。此外，由于下葬年代的差异，还会导致同一墓葬的墓室结构和随葬器物不一致。

关键词：河南地区；汉代中小型合葬墓；合葬人数；身份等级；性别角色

合葬作为古代埋葬制度之一，最早可以追溯至史前时代。例如仰韶时期的合葬墓不仅占比大，而且形式多样。根据墓室人数、性别和年龄，分为同性双人合葬、同性多人合葬、异性多人合葬、成年女性与儿童合葬、成年男性与小孩合葬、小孩合葬六种形式。到战国时期，贵族阶层出现新形式——夫妻同坟异穴合葬，合葬方式逐渐向汉代盛行的同穴合葬过渡。[1] 合葬最初仅在少数统治阶层使用，范围较窄，随后在汉代广泛出现。尤其东汉时期，合葬形式更为普及，从中原扩展到边远地区，从夫妻合葬到家族数代人合葬。

关于汉代合葬墓的研究，不少学者对其进行过深入探索与分析。其中，既有综合性论述，从社会变化、习俗和性别关系等方面，对汉代合葬墓的变化进行解读，全方位多角度研究合葬墓。例如李贵昌在《先秦合葬墓刍议》一文中探讨史前、商周和战国不同历史阶段各种类型合葬墓的变化，指出合葬形制的变化与历史时期的发展进程有一定的关系。[2] 又有地区性研究，对山东、徐州地区汉代合葬墓的特征、等级、年代等进行细致分析[3]，为研究不同地区的合葬墓提供参考。基于目前河南地区合葬墓的研究相对薄弱的情况，本文试从河南汉代中小型合葬墓的角度进行初步探索。

一、河南地区汉代中小型合葬墓的种类

根据韩国河先生对墓葬和合葬墓的定义和研究方法，即合葬是夫妻、妾及家庭内部成员同墓或同域的埋葬方式，中小型墓葬包括中小地主和平民墓。[4] 文章以河南地区汉代中小型合葬墓为研究对象（数据截至 2022 年），并参考相关文献资料，对该地区合葬墓的随葬器物和合葬习俗进行研究。虽然河南地区汉代墓葬种类多样，但是因为墓葬被破坏、人骨不存或者墓葬信息刊布不完整等原因，本文只选取尸骨未完全被破坏、确认为合葬墓的墓葬进行研究。

河南地区汉代中小型合葬墓根据合葬人数，分为二人、三人和多人合葬；根据合葬形式，分为同穴合葬和异穴合葬，各类之间又划分为不同的类型。

（一）二人合葬

第一类：异穴合葬，即二人分别葬于两个不同的墓穴。此类墓葬多出现在西汉早期，等级较高，随后被同穴合葬替代。根据合葬位置，分为三型。

A 型：并穴合葬，即二人埋葬在不同墓穴，且有相对独立的封土。例如新乡市火电厂土洞墓 M47、M48 [5]，年代为西汉早期。（图 1、图 2）两座墓葬东西相距 4 米，墓内随葬鼎、壶等铁器和陶罐、陶壶、陶俑等，共计 40 余件。

B 型：异穴同封，即二人埋葬在同一封土之下，但分属不同墓穴。根据建筑材质，分为三个亚型。

Ba 型：土洞墓。例如三门峡大岭粮库围沟墓 [6]，年代为西汉早期。（图 3）两墓东西并列，M198 墓主为女性，M197 墓主为男性。墓内随葬陶器、铜器、铁器、兽骨四类。

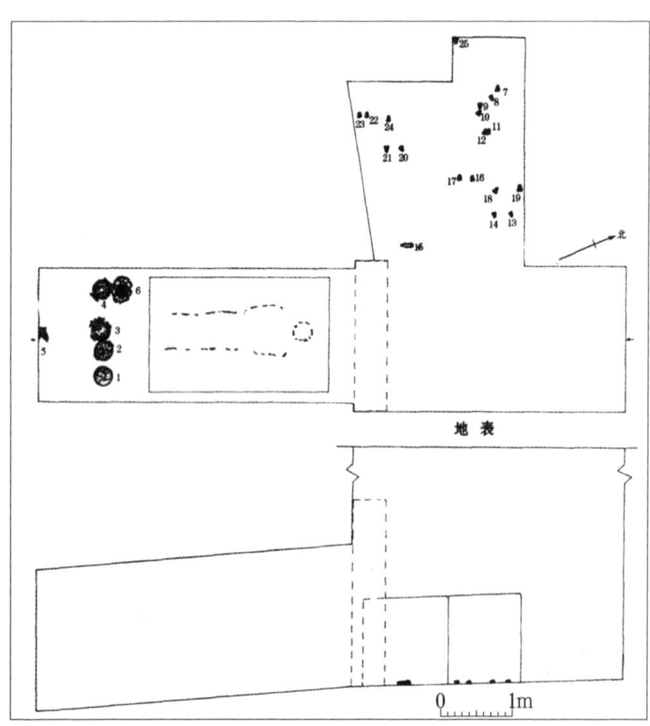

图 1　新乡市火电厂墓 M47 平面、剖视图

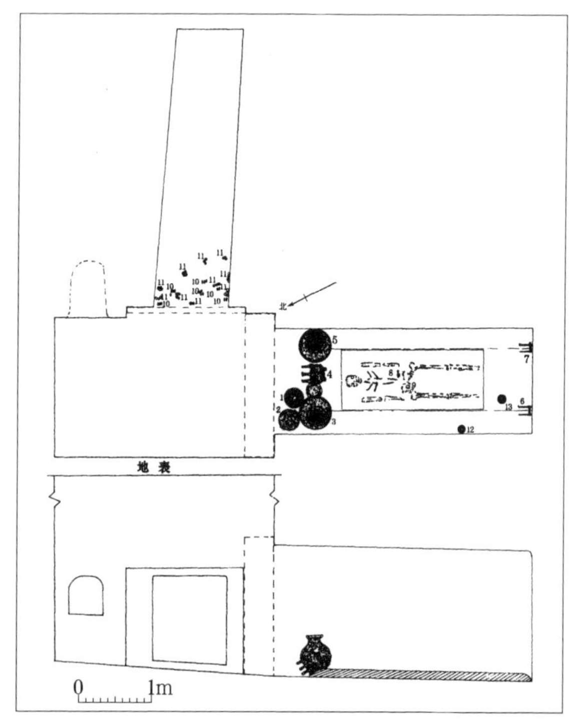

图 2　新乡市火电厂墓 M48 平面、剖视图

Bb 型：石椁墓。例如夏邑吴庄汉墓 M26 与 M28 平行放置 [7]，夯土相连，年代为西汉晚期。(图 4) M26 在墓室南部设置长方形头厢，放置随葬数件陶器。

Bc 型：砖室墓。例如正阳李冢墓 M6 [8]，东、西墓方位不同，墓室结构为前、后室，年代为东汉早期。(图 5) 墓内随葬铜器、铁器、银器、瓷器等。根据封土堆的高度、墓室形制与随葬器物，推测墓主身份应为中层贵族。

C 型：过仙桥葬，即墓葬由墓道、墓室组成，可通过耳室连通两墓。[9] 例如巩义万宝苑昱盈阁公寓汉墓群 M6、M7[10]，年代为西汉中期。(图 6) 墓室西壁北侧的耳室，可以向西通向 M6。共出土随葬器物 22 件。

第二类：同穴合葬。此类墓葬数量较多，形制多样。根据合葬位置，分为三型。

A 型：二人葬于同一室内，墓室间无隔断，合葬者的位置多相邻。根据建筑材质，分为四个亚型。

Aa 型：土坑墓。例如淅川县阎杆岭 M83 [11]，年代为西汉晚期。(图 7) 墓室南部并列两棺，随葬大量陶日用器、车马器、兵器等器物，共 99 件，多数放置在甬道和墓室北部。墓主身份为中小地主。

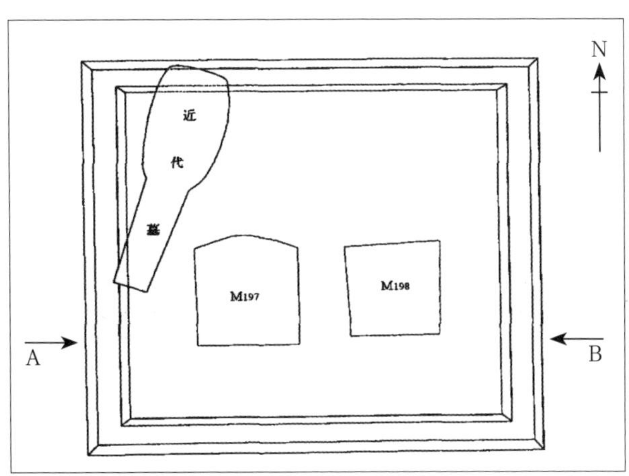

图 3　三门峡大岭粮库 M197、M198 平面图

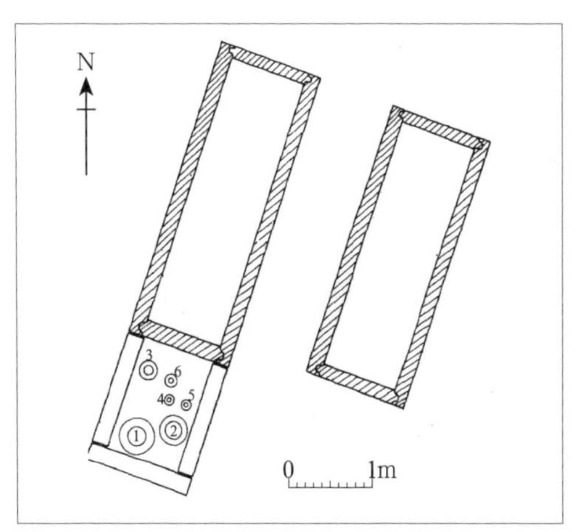

图 4　夏邑吴庄 M26、M28 平面图

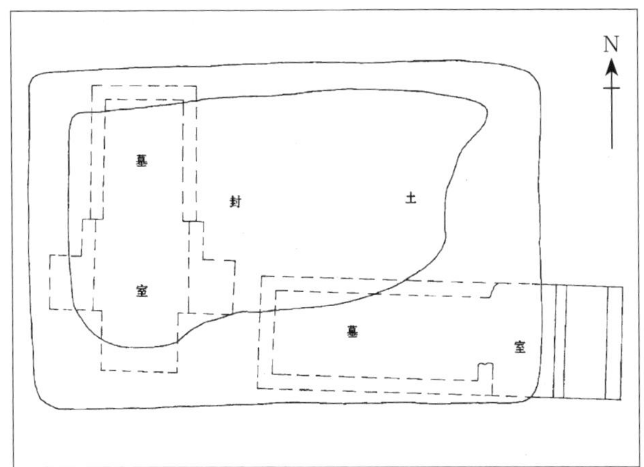

图 5　正阳李冢墓 M6 平面图

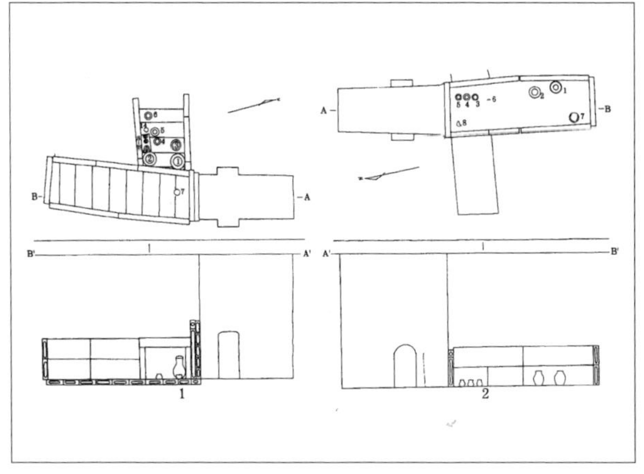

图 6　巩义万宝苑昱盈阁公寓 M6、M7 平面、剖视图

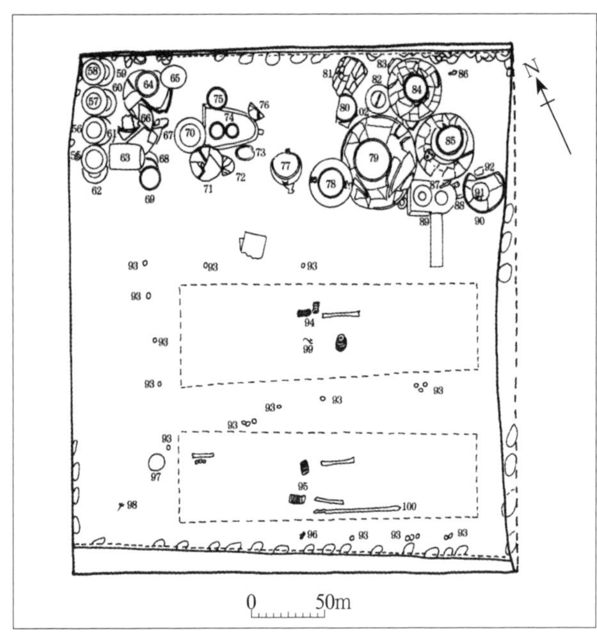

图 7 淅川县阎杆岭 M83 平面图

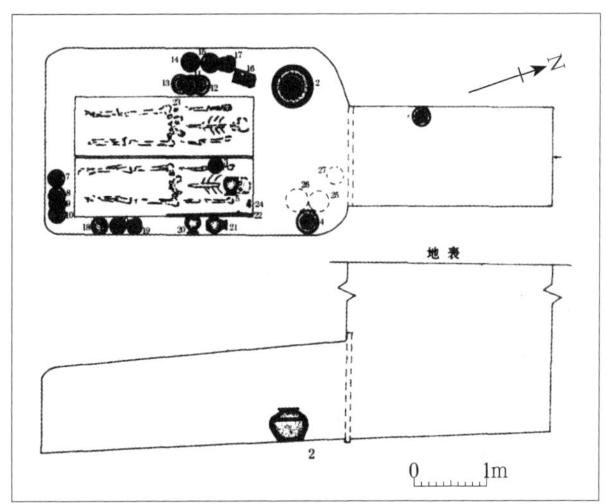

图 8 新乡市火电厂 M64 平面图

Ab 型：土洞墓。例如新乡市火电厂墓地 M64 [12]，年代为西汉晚期。（图 8）墓内并列放置两棺，随葬陶罐、陶灶、陶仓和铁剑等器物。新乡五陵 M49 [13]，年代为西汉晚期。墓室平面呈刀形，随葬陶罐、陶盘、陶盆和数件模型明器等。

Ac 型：砖室墓。根据墓室结构，分为三式。

Ⅰ式：单室。例如新郑山水寨汉墓 C5M18[14]，年代为东汉早期。陶器和铜器等随葬器物多放置墓室西北部。濮阳建业世和府墓 M12 [15]，属于此类，年代为东汉晚期。（图 9）

Ⅱ式：多室。例如洛阳邮电局 IM372 [16]，年代约在西汉晚期至新莽时期。（图 10）后室并排放置两棺，随葬 64 件陶器、25 件铜器和 8 件铁器，数量较为丰富，多放置在耳室。

Ⅲ式：前堂后室。例如灵宝张湾 M2 [17]，年代为东汉晚期。（图 11）两棺并列放置后室，模型明器、日用陶器、陶俑、铜弩机等随葬器物多置于前室。根据墓葬规模和随葬器物的数量分析，墓主应为杨氏地主。

Ad 型：岩洞墓。例如唐河县湖阳镇罐山 M10[18]，年代为西汉晚期至新莽时期。（图 12）墓葬由墓道、前室、后室、西耳室和东耳室构成。随葬器物种类较丰富，有陶器、瓷器和铜器类。由于开凿岩墓需要一定的财力，推测墓主身份为中下层贵族。

B 型：二人葬于同一室内，墓室间有隔断。根据建筑材质，分为两个亚型。

Ba 型：土洞墓。例如新乡市火电厂墓地 M49 [19]，年代为西汉早期。（图 13）一排长 44.5 厘米，宽 21 厘米，厚 12 厘米的大型青砖分隔墓室。两具棺椁分别葬于东西处，随葬罐、壶和盒等陶器。

Bb 型：砖室墓。例如开封尉氏县大新庄西汉墓 M3 [20]，年代为西汉中期。（图 14）墓内用空心砖墙分隔出合葬空间，随葬陶罐、陶瓮、铜镜、铁剑等少量器物，共 11 件。

C 型：二人葬在同一墓内，但分别位于两个相对独立的墓室。根据建筑材质，分为三个亚型。

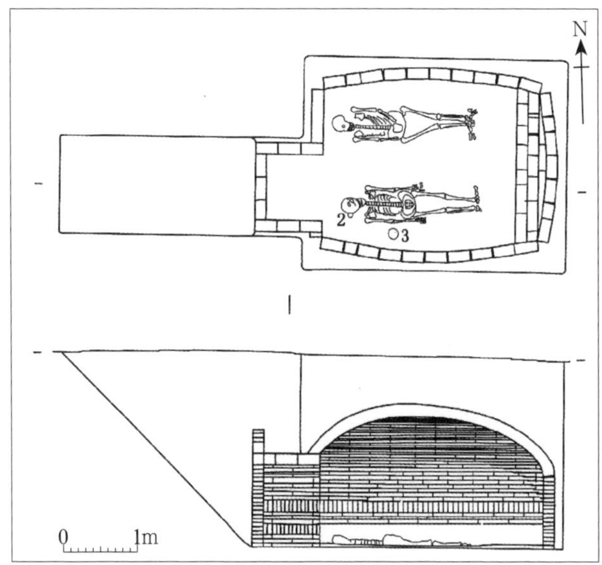

图 9　濮阳建业世和府墓 M12 平面、剖视图

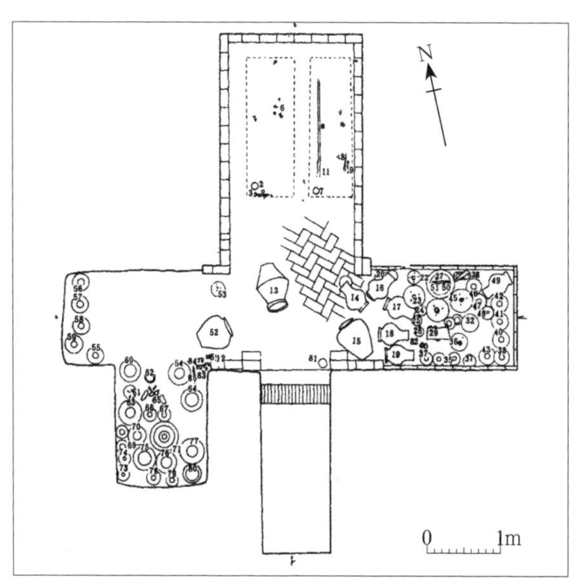

图 10　洛阳邮电局 IM372 平面图

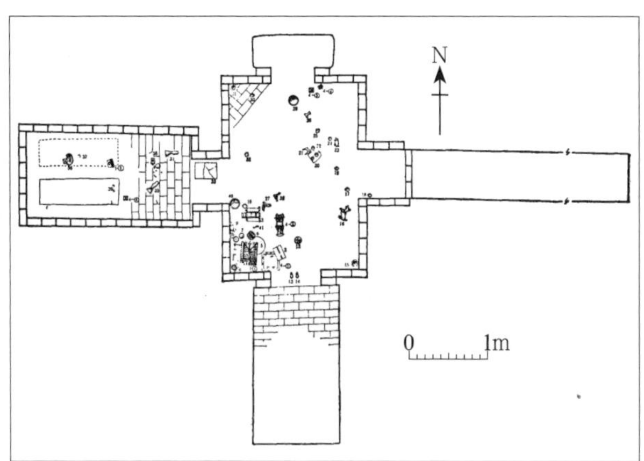

图 11　灵宝张湾 M2 平面图

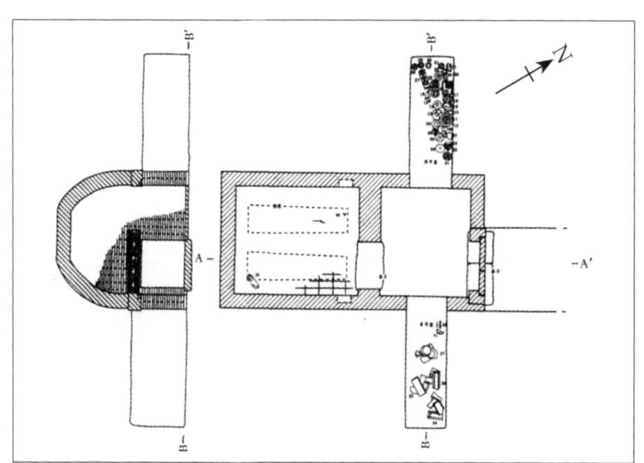

图 12　唐河县湖阳镇罐山 M10 平面、剖视图

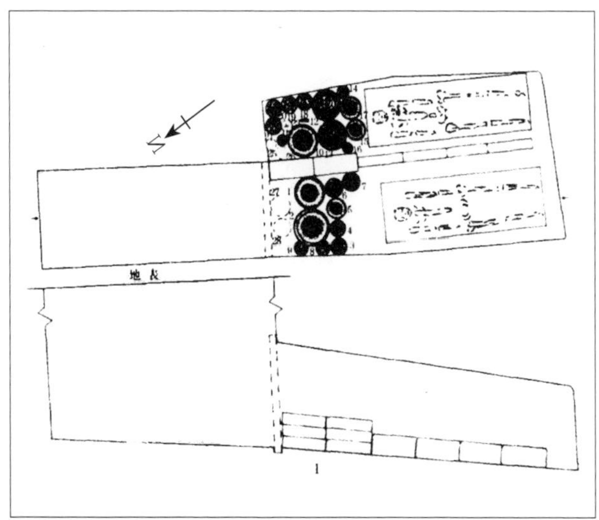

图 13　新乡市火电厂 M49 平面、剖视图

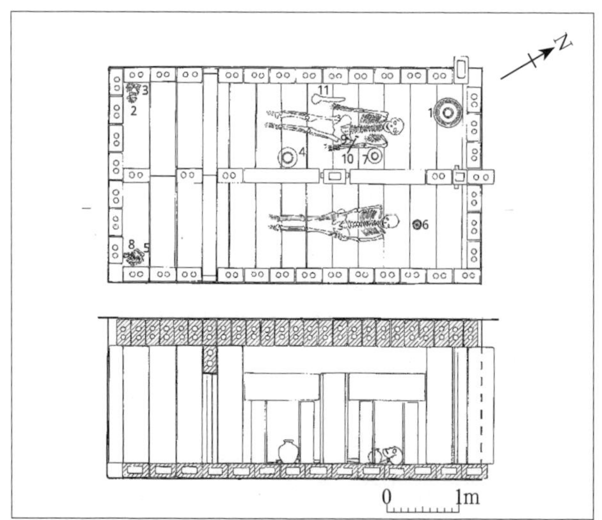

图 14　尉氏县大新庄汉墓 M3 平面、剖视图

Ca 型：土坑石椁墓。例如永城芒砀山 YMM1[21]，年代为新莽时期。(图 15) 二人分别葬于两室，北室应为男性，随葬日用陶器、铁剑、玉蝉等器物。

Cb 型：砖、土混筑室墓。例如洛阳西郊汉墓 M9007[22]，两棺各放置于东西室。(图 16) 陶壶、盆、罐等随葬陶器分别放置前堂东西两侧。

Cc 型：砖室墓。例如三门峡南交口 M17[23]，年代为东汉晚期。后室和侧室分别葬一人。(图 17) 随葬器物种类丰富，有日用陶器、釉陶器、铜车马器、铁兵器、玉器和骨器等。墓葬规模较大，且墓室外还有环壕式围沟，推测墓主身份为地主。

(二) 三人合葬

三人合葬墓多数集中在东汉时期，墓葬规模较大，根据合葬位置，可分为三类。

第一类：两棺葬于同一墓室，另一棺独立放置。根据建筑材质，分为三型。

A 型：土洞墓。例如新密市汽车站汉墓 M2[24]，年代为东汉晚期。(图 18) 北室放置两具人骨，南

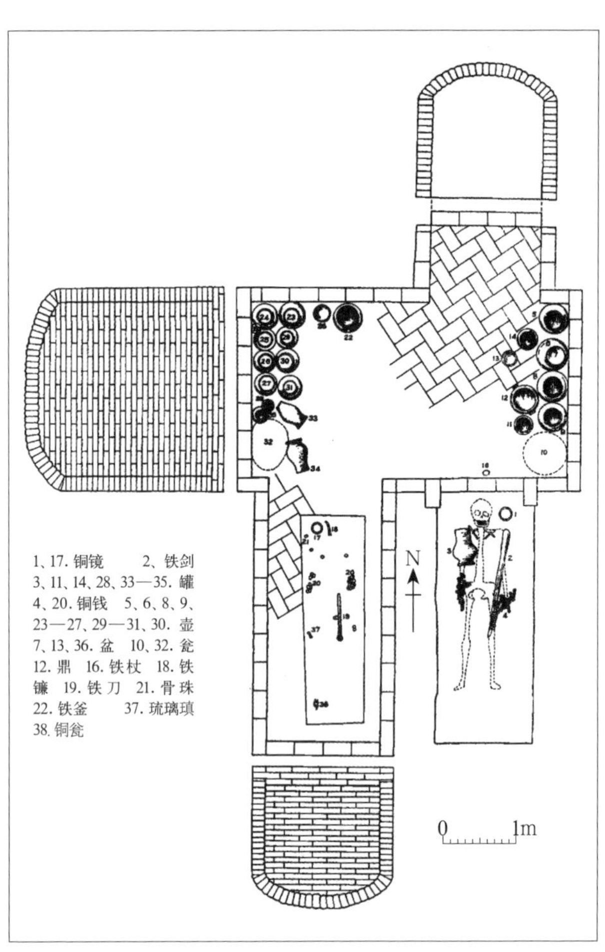

图 16 洛阳西郊汉墓 M9007 平面、剖视图

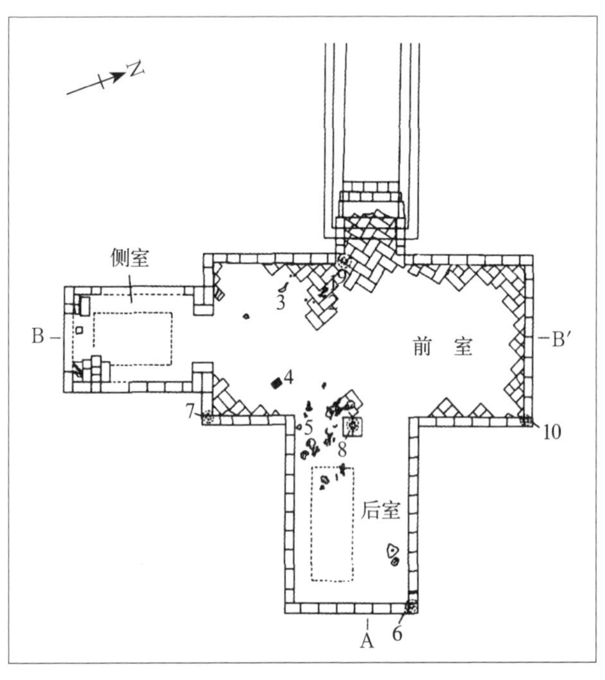

图 17 三门峡南交口 M17 平面图

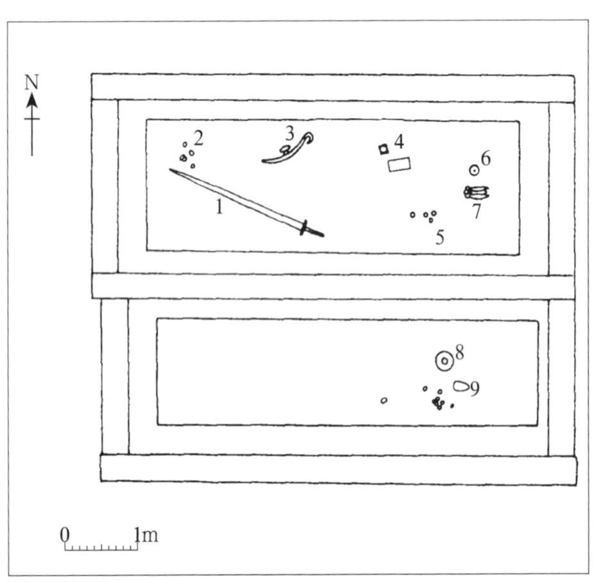

图 15 永城芒砀山新莽墓 YMM1 平面图

室放置一具人骨。随葬仅有几件碎陶片、铜镜。

B 型：砖、土混筑室墓。例如洛阳西郊 M9002 [25]，年代约为新莽时期。后室放置两棺，前堂南壁放置一棺（图 19），随葬器物多为壶、㽉、仓等陶器和数件铁兵器。

C 型：砖室墓。根据墓室结构，分为两式。

Ⅰ式：前堂后室。例如陕县刘家渠 M8，年代为东汉晚期。[26]（图 20）后室放置两具棺椁，前室放置一具棺椁。随葬模型明器、日用陶器、陶俑、铜车马器、铁兵器等七十余件器物。根据随葬器物的丰富程度、墓葬规模推测，该墓主身份应为中小地主。

Ⅱ式：前堂双后室。例如荥阳薛村Ⅱ M243，后室葬两具人骨，另一后室葬一具人骨 [27]。（图 21）

第二类：三人分别葬于不同室内，各自保持独立。根据建筑材质，分为两型。

A 型：砖、石混筑室墓。例如郏县黑庙 M79[28]，年代为东汉早期。（图 22）墓室分为前堂、后室，后室内三个墓室分别葬一具人骨。墓主应为一位男性，陪葬两位妻妾。

B 型：砖室墓。例如洛阳南昌路 CM1151 [29]，年代为东汉晚期。（图 23）墓室前堂、中室和后室各葬一棺。该墓随葬器物较多，有日用陶器、模型明器、陶俑、铜车马器、铁农具和兵器等，共 146 件。根据实用兵器、模型明器等器物分析，推测墓主身份为庄园地主。

第三类：三人集中葬于同一墓室内，无隔断。

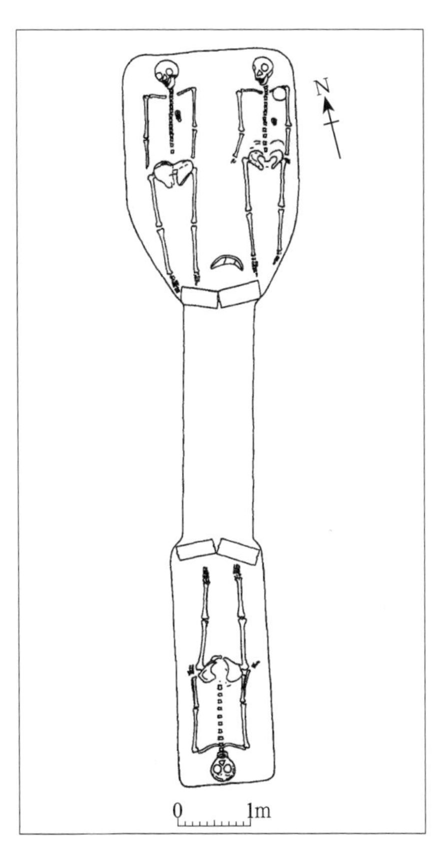

图 18　新密市汽车站汉墓 M2 平面图

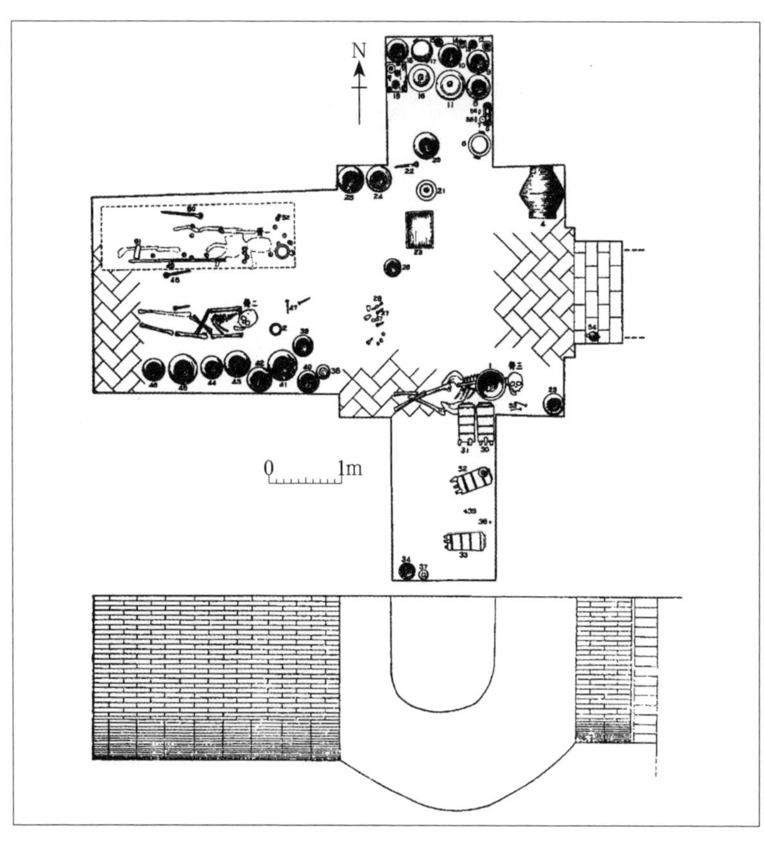

图 19　洛阳西郊汉墓 M9002 平面、剖视图

根据建筑材质，分为两型。

A 型：土坑墓。例如洛阳烧沟 M144 [30]，年代为东汉晚期。（图 24）三人葬在同一室内，随葬器物较少。

B 型：砖室墓。根据墓室结构，分为三式。

Ⅰ式：单室。例如新安铁门镇第三期 M8 [31]，年代为西汉晚期至东汉早期。（图 25）三人葬在同一室内，随葬陶罐、陶壶、陶仓等。

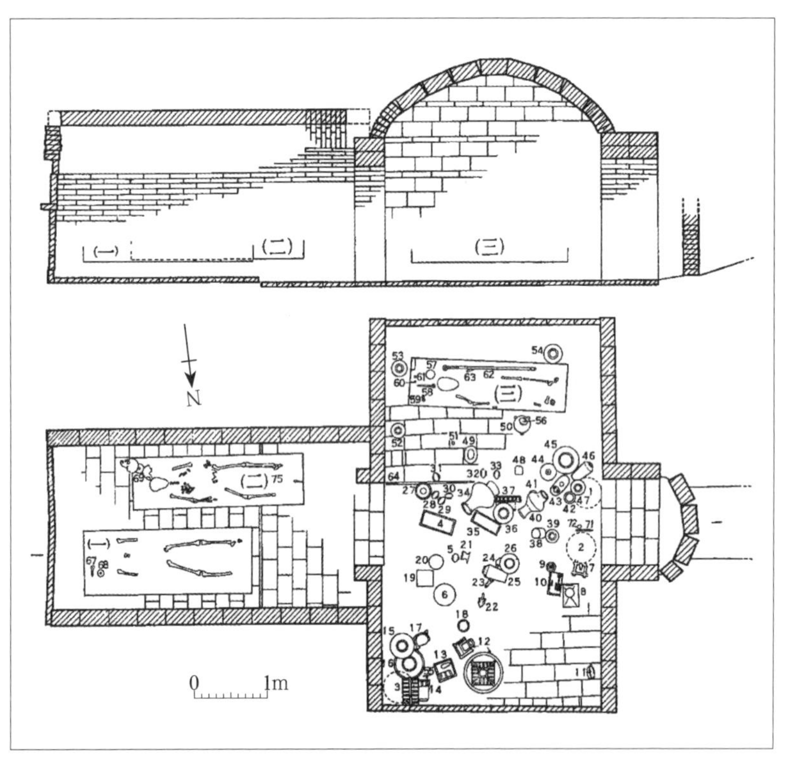

图 20　陕县刘家渠 M8 平面、剖面图

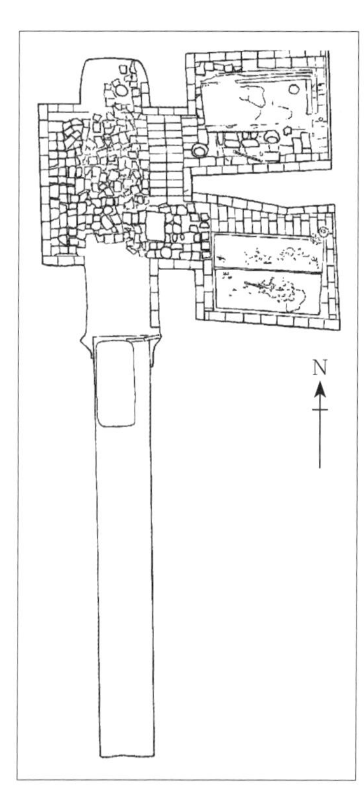

图 21　荥阳薛村 ⅡM243 平面图

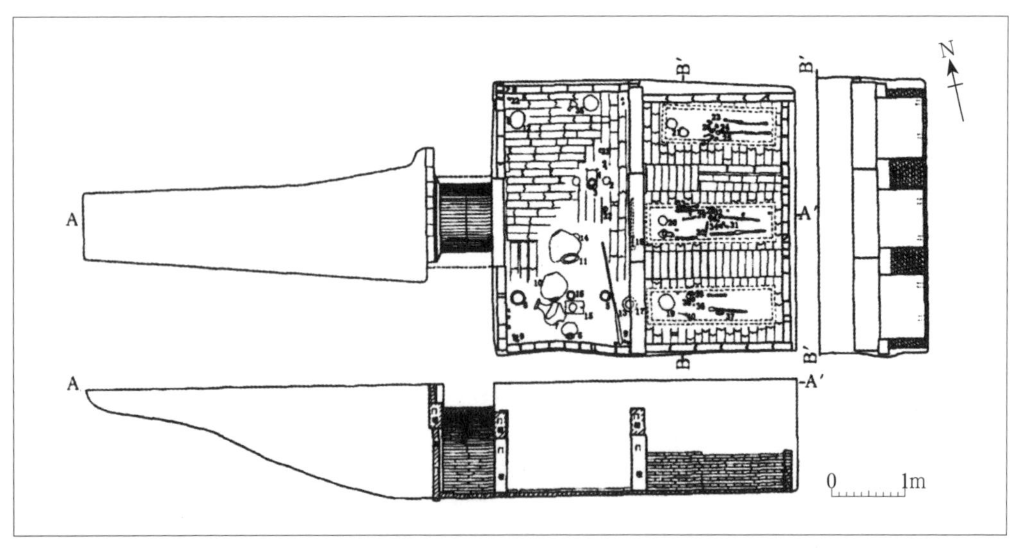

图 22　郏县黑庙 M79 平面、剖视图

Ⅱ式：前堂双后室。例如洛阳南昌路 BM3[32]，年代为东汉晚期。（图 26）三人均葬于东后室，共出土 100 余件陶器、铜镜和铁器，多放置于前堂和耳室。

Ⅲ式：多室。例如洛阳烧沟 M632 [33]，年代为西汉晚期至新莽时期。（图 27）三人葬于后室，墓室规模较大，随葬 200 余件器物，数量较多，放置左右四耳室和身侧。

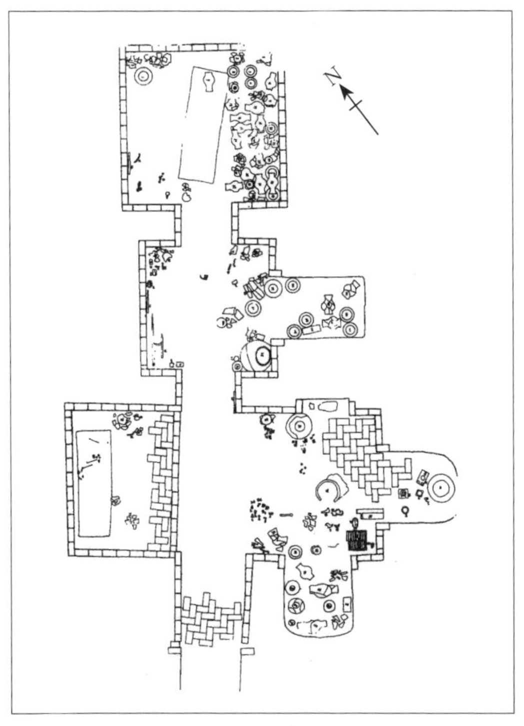

图 23　洛阳南昌路 CM1151 平面图

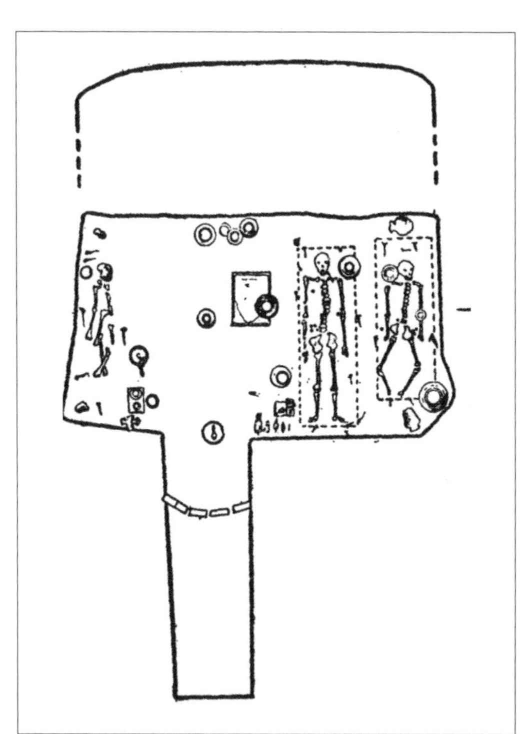

图 24　洛阳烧沟汉墓 M144 平面图

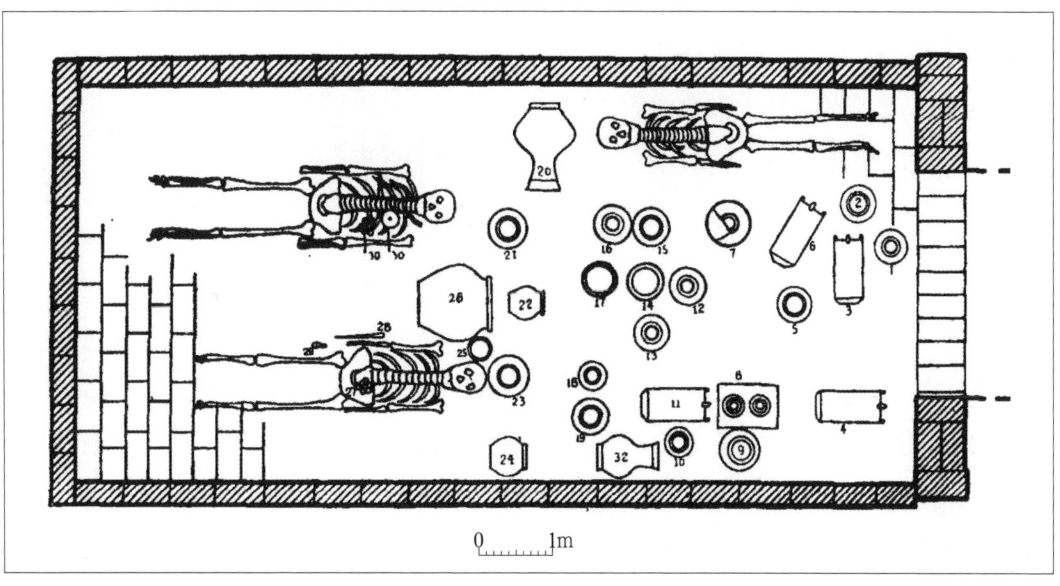

图 25　新安铁门镇 M8 平面图

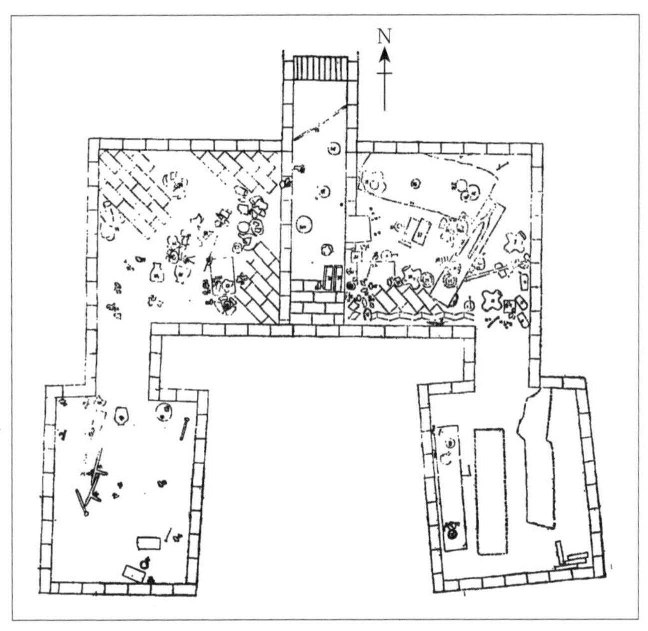

图 26　洛阳南昌路 BM3 平面图

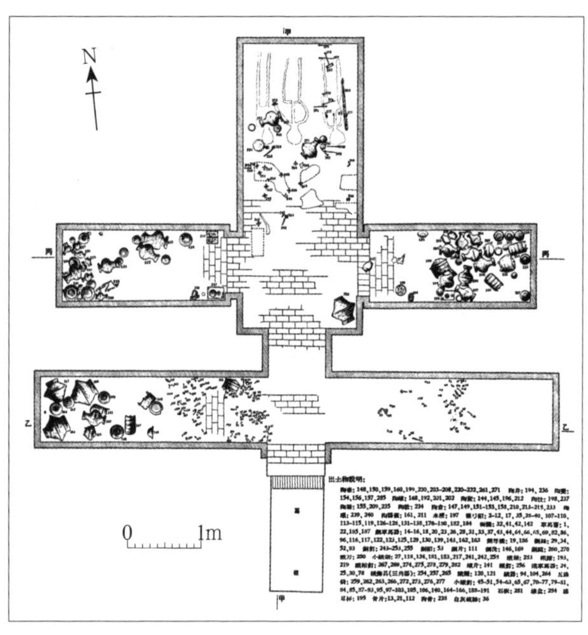

图 27　洛阳烧沟 M632 平面图

（三）多人合葬

多人合葬，即墓室内埋葬四人及四人以上。此类墓葬多出现在东汉中晚期，数量较少，一般为家庭合葬。例如新密市汽车站汉墓 M1 为双穹隆顶砖室墓[34]，年代为东汉中期。（图 28）前室葬有两具棺，后室葬有一具棺，耳室葬有一名儿童。随葬器物种类丰富，有铜、铁、琉璃及泥质类等。该墓墓室结构复杂、墓室尺寸较大和墓道长度较长。墓主应具有一定的社会地位。

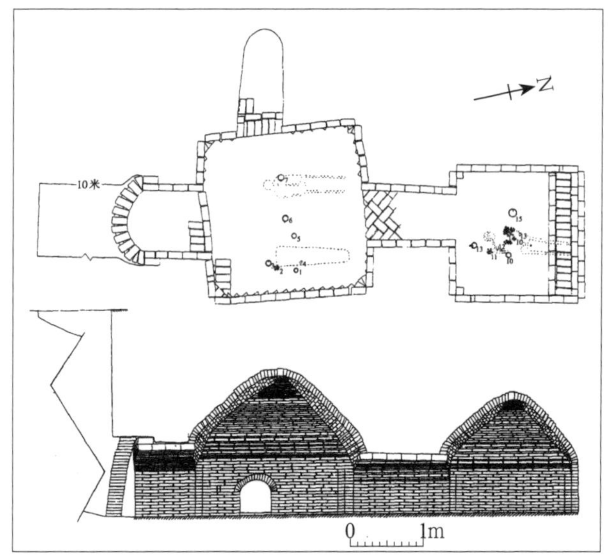

图 28　新密市汽车站汉墓 M1 平面、剖视图

二、河南地区汉代中小型合葬墓特征

（一）空间特征

根据文章统计所搜集的河南地区中小型合葬墓（表 1），对其进行地区和时代划分，可以发现河南地区汉代中小型墓葬分布总体呈现不均衡性。豫西地区作为两汉重要的物资储备和商业都会之一，经济、政治地位较高，因此，两汉时期豫西地区中小型合葬墓数量最多，增长速度较快。豫北地区中小型合葬墓分布较为均衡，该地区是汉代南北交通的要道，所处位置具有得天独厚的优势，为其经济发展奠定基础。[35] 豫南地区，尤其是南阳地区，由

表 1　河南地区汉代中小型合葬墓的分布情况

地区 年代 数量	豫东地区	豫西地区	豫南地区	豫北地区	豫中地区
西汉早期		1		2	
西汉中期		2			1
西汉晚期	2	5	2	2	3
新莽时期	1	3	1	2	1
东汉早期			2	1	2
东汉中期		2	1		1
东汉晚期		4		2	2
总计	3	17	6	9	10

于工商业的发展和西汉中晚期的社会变革，成为发达地区之一。因此，该地区中小型合葬墓多集中在西汉晚期或之后。豫中地区中小型合葬墓数量整体不断增长。豫东地区中小型合葬墓数量较少，仅在西汉中晚期和新莽时期零星分布。

（二）墓葬结构特征

据统计，西汉早期的合葬墓数量有限，分布范围较小。至西汉中晚期，合葬普遍流行，多为同穴合葬，出现较为复杂的墓葬形式，例如砖石混筑墓、岩洞墓、前堂后室的砖室墓、砖室多室墓等，表现从异穴合葬到同穴合葬衍生出较多的过渡形式。至东汉时期，随着庄园地主经济、家庭血缘关系不断加强，三人、多人合葬增加。例如新安铁门镇汉墓第一、二期合葬数量少，在某种程度可以表明合葬在西汉早中期并不盛行；第三期 8 座墓，其中包含 3 座双棺葬、2 座多棺葬。这不仅体现双棺葬在西汉晚期后普遍流行，而且为家族合葬的采用提供了论据支持。[36]

整体而言，早期墓葬形制以单室土洞墓、异穴合葬为主，随后衍生出前堂后室、带耳室、前堂中室后室、前堂双后室等形式，以同穴合葬为主。由此说明，从异穴向同穴合葬的发展并非突变，其中存在多种过渡形式，最终才使同穴合葬成为广泛选择的墓葬形制。

（三）等级特征

墓葬是墓主财富状况、等级地位的直接体现，尤其是在中小型墓中，不同等级的墓葬差异更为多样和明显。根据墓主等级的高低，中小型墓可大致分为中小地主墓和平民墓。

由于墓室的建造需要一定的经济实力和身份地位，一般平民无法负担和匹配，因此墓室规模、随葬器物是判断墓主身份等级的直观参考标准。在河南地区中小型合葬墓中，受到砖室墓的普及、丧葬观念等因素的影响，中小型地主墓葬结构逐渐复杂，墓室规模也逐渐扩大，随葬铁器、铜器、金银器等珍贵器物，数量和种类逐渐丰富。少量墓葬还出现画像砖或壁画。这些都是一般平民墓所难以企及的。随着地主经济和以家族为核心的丧葬观念的发展，河南地区中小型地主墓葬埋葬人数逐渐增加，墓室结构逐渐复杂。而一般平民墓葬规模小，多随葬陶器等普通器物，且数量、种类均较少。但也存在中小地主墓葬随葬器物少于一般平民墓的特殊情况。

除此之外，合葬墓还体现出不同等级的女性在墓葬规模、随葬器物上的差异。女性身份与男性身份相比较为复杂，不仅受到自身年龄、社会地位的影响，还可能受到婚姻关系、家庭的影响。因此，不同等级的女性墓葬之间也会产生一定程度的差别。在河南地区中小型合葬墓中，等级高的女性墓主因自身的社会地位或者合葬男性墓主的影响，墓室规模较大，随葬水晶、金银器等不同类型的器物。而一般女性墓主多随葬陶器。例如洛阳郊区李屯东汉墓 M1 [37]，室内放置东西并列两棺，东棺为一具保存较好的女性骨架，随葬铁刀、铜饰、铁镜和石珠、蚌珠等，其余随葬器物多置于墓室南部和耳室。洛阳高新技术开发区东棺墓主为女性，仅随葬几件陶壶。[38]

三、河南地区汉代中小型合葬墓的两性随葬器物比较

（一）随葬器物的异同

汉代厚葬之风盛行。王充在《论衡·薄葬篇》中说："世人谓死如生，闵死独葬，魂孤无副，丘墓闭藏，谷物乏匮，故作偶人以侍尸柩，多藏食物以歆精魂。" [39] 在这样的丧葬观念影响下，墓葬中出现大量种类丰富的日用器物。其中，随葬器物因墓主性别的不同，其种类和数量也有所差异。

1. 随葬器物的种类差异

第一种为男、女墓主均随葬陶罐、陶灶、陶盆等日用陶器，此类多出现在等级较低的墓葬。随葬器物未强烈表现出性别差异，用于分析墓主人性别的作用甚微。例如焦作白庄汉墓 M121、M122 [40]，墓主均随葬陶壶、陶瓮、陶碗等陶器。安阳梯家口村汉墓 M41 [41]，年代约为新莽时期。西侧人骨为男性，东侧为女性，随葬多为日用陶器。

第二种为男、女墓主随葬不同种类的器物，此类多出现在规模较高的中小型墓葬。其中，男性墓主多随葬兵器、印章等；女性墓主多随葬化妆与装饰品。还有特殊情况，女性也会随葬少量的兵器等。例如卜千秋墓室内南北并列两棺 [42]，女性墓主随葬漆奁盒、铜镜、数枚五铢钱；男性墓主随葬铜印章、铜镜，身侧放置铁剑、铁刀、铜带钩等。

2. 随葬器物的数量差异

由于等级地位和埋葬年代的不同，男、女性墓主随葬器物的数量存在差异。相较女性，男性墓主随葬器物的数量较多。例如三门峡市立交桥西汉墓 M5 [43]，女性墓主随葬铜饰、铜镜等；男性墓主随葬陶壶、陶碗、陶罐等日用陶器，铜壶、铜釜、铜鼎等铜器和铁剑等。获嘉县嘉苑小区汉墓 M1 [44]，东后室面积较大，墓主周围随葬器物较丰富，例如陶器、铁兵器、漆器等；西后室面积较小，墓主周围仅出土大量铜钱。

（二）随葬器物与性别判断

一般认为汉代遵循"丈夫虽贱皆为阳，妇人虽贵皆为阴"的纲常伦理和儒家思想 [45]，据统计，河南地区中小型合葬墓中男性墓主在墓葬规模、随葬器物等方面普遍高于女性墓主，显示出男性的主要地位和"夫为妻纲"的夫妻观念。

但在统计中，发现部分墓葬中男性随葬器物的数量和种类不及女性，男性无棺床、女性有棺床等例外情况。例如郑州向阳肥料社 M1 男性墓主随葬 7 件陶器、铜弩机、铁刀和数百枚五铢钱；M2 女性墓主随葬 14 件陶器、4 件铜器和 76 枚铜钱。[46] 洛阳高新技术开发区 GM646 [47]，东侧女性棺床铺有一层小砖，西侧男性棺床则直接置于墓室地面。巩义新华小区汉墓 M1 西侧女棺随葬器物的数量和种类较东侧男棺更为丰富。[48]

由表 2 可知，河南地区汉代中小型合葬墓，并非各类器物均具有明显的性别指向性。一般认为化妆与装饰品为女性所有，但是男性随葬器物中也有少量发现。此外，刀、剑、弩机等兵器不仅出现在男性随葬器物中，少量女性随葬器物中也有发现。

这一发现说明墓葬性别标识和区分并非绝对割裂，随葬器物不仅与性别有关，还与墓主人社会身份、年龄等相关。利用出土实物和文献资料进行墓葬研究、分析社会关系的过程充斥着不确定性、主观性和地区差异性。因此，在河南地区汉代中小型合葬墓的研究中，仅仅根据某一随葬器物种类、数量或者墓葬规模辨别墓主人性别的方法并不能构成充足的证据，我们应综合联系多条相互关联的线索，以保证论据的准确性。[49] 综上，在缺少人骨鉴定结果的情况下，随葬器物、墓葬规模等可以成为判断墓主人性别的辅助证据，但并不能成为决定性证据，尽量避免主观臆断根据随葬器物或者单一因素判定墓主人的性别。

四、河南地区汉代中小型合葬墓的下葬年代差异

汉代合葬较为普遍。《汉书·外戚传》载："建平二年……《诗》云'穀则异室，死则同穴'。昔季武子成寝，杜氏之墓在西阶下，请合葬而许之。"[50] 而合葬墓因死亡先后、下葬早晚，存在将先丧者的尸骨迁至新丧者的墓葬、先后入葬或者一个家族数代人合葬等情况，墓室结构、随葬器物的形态、年代等方面也会存在不同程度的差异。[51]

（一）墓室结构

洛阳金谷园西汉空心砖墓 HM1 [52]，墓室分为左、右室。由于二次造，墓室长宽、大小不一致，左室较后，右室较前，左室比右室略长。郑州向阳肥料社 M2 为二次造，耳室北壁借用 M1 南壁。室内建筑结构不严谨，空心砖与小砖混用，半块砖、损坏砖仍然使用，还出现空心砖画像倒立放置 [53]。

（二）随葬器物

永城芒砀山汉墓 YM1 根据南室的大泉五十铜

表 2　河南地区汉代中小型合葬墓出土器物统计表

种类 / 性别	化妆与装饰品					兵器						玉器			
	戒指手镯	玛瑙水晶	骨珠玉珠	骨簪铜笄	铜镜	戟矛	铁斧	刀	剑	弩机	车马器	玉璏	玉蝉	铜印	石砚
男性墓葬（座）	2	1			14	2	2	20	20	7	3	3	1	2	3
女性墓葬（座）	2	2	3	3	23			5	5	2	2		1		

钱和北室的货布、货泉所推测的年代，以及墓顶盖石叠压的现象，推测南侧女性墓室先建于北室男性。[54] 洛阳老城西北郊 M81 东、西墓室内随葬器物在纹饰、形制、年代上存在区别。[55] 东耳室彩陶壶的纹饰较为精细，而西耳室彩陶壶的纹饰较为简单；东耳室的陶仓是折肩无足，而西耳室的陶仓是圆肩和三兽足；东棺的草叶纹镜在西汉早期比较流行，西棺的昭明镜则是西汉中期比较流行，因此推测东侧人骨埋葬时间早于西侧人骨。

综上所述，河南地区汉代中小型合葬墓的流行，与当时的经济、政治、社会发展息息相关，在遵循汉代墓葬整体发展的情况下，又具有独特的地区差异。以墓葬和文献资料为参考，根据合葬人数、建筑材质将河南地区汉代中小型合葬墓划分为不同类别，各类中又有自身的特点，展示出从异穴合葬向同穴合葬的演变过程。而性别、等级因素使得该地区中小型合葬墓呈现出多样化的特征。鉴于相关资料有待发掘，相关研究亟需深入，笔者聊表芹献，以期日后跨学科、多领域通力合作，共同拓展研究视野，在性别角色和社会关系方面有更大突破。

---

[1][2] 李贵昌，李守庆. 先秦合葬墓刍议 [J]. 华夏考古，1997 (2).

[3] 赵丹. 山东地区汉代合葬墓分析 [J]. 中国国家博物馆馆刊，2020 (3)；刘尊志. 徐州汉代夫妻合葬墓初论 [J]. 南方文物，2009 (4).

[4] 韩国河. 试论汉晋时期合葬礼俗的渊源及发展 [J]. 考古，1999 (10).

[5][12][19] 新乡市文物考古研究所. 2003 年河南新乡市火电厂墓地发掘简报 [J]. 华夏考古，2008 (2).

[6] 三门峡文物考古研究所. 三门峡大岭粮库围沟墓发掘简报 [J]. 中原文物，2004 (6).

[7] 商丘地区文化局. 河南夏邑吴庄石椁墓 [J]. 中原文物，1990 (1).

[8] 驻马店市文物工作队，正阳县文物管理所. 河南正阳李冢汉墓发掘简报 [J]. 中原文物，2002 (5).

[9] 郭磊. 浅谈荥阳楚楼墓地夫妻墓结构特点与意义 [J]. 文物建筑（第 13 辑），北京：科学出版社，2020.

[10] 郑州市文物考古研究所，巩义市文物保护管理所. 巩义万宝苑昱盈阁公寓汉墓群发掘报告 [J]. 中原文物，2004 (1).

[11] 河南省文物考古研究所，河南省文物局南水北调文物保护办公室. 河南淅川县阎杆岭 83 号墓发掘简报 [J]. 华夏考古，2012 (1).

[13] 新乡市博物馆. 河南新乡五陵村战国两汉墓 [J]. 考古学报，1990 (1).

[14] 河南省文物研究所. 新郑山水寨汉墓发掘简报 [J]. 中原文物，1987 (1).

[15] 河南省文物考古研究所，濮阳市文物保护管理所，安阳师范学院历史与文博学院. 河南濮阳建业世和府墓地汉唐墓葬发掘简报 [J]. 华夏考古，2022 (3).

[16] 洛阳市第二文物工作队. 洛阳邮电局 372 号西汉墓 [J]. 文物，1994 (7).

[17] 河南省博物馆. 灵宝张湾汉墓 [J]. 文物，1975 (11).

[18] 河南省文物考古研究所，南阳市文物考古研究所. 河南唐河县湖阳镇罐山 10 号汉墓发掘简报 [J]. 华夏考古，2013 (2).

[20] 开封市文物考古研究所. 河南开封尉氏县大新庄汉墓发掘简报 [J]. 文物，2015 (8).

[21][54] 永城市文物局，永城市博物馆. 河南永城市芒砀山新莽墓地清理简报 [J]. 华夏考古，2008 (2).

[22] 中国科学院考古研究所洛阳发掘队. 洛阳西郊汉墓发掘报告 [J]. 考古学报，1963 (2).

[23] 河南省文物考古研究所. 河南三门峡南交口汉墓（M17）发掘简报 [J]. 文物，2009 (3).

[24][34] 河南省文物考古研究所，新密市博物馆. 河南新密市汽车站汉墓发掘简报 [J]. 华夏考古，2005 (3).

[25][26] 黄河水库考古工作队. 河南陕县刘家渠汉墓 [J]. 考古学报，1965 (1).

[27] 周立刚，楚小龙. 河南荥阳薛村墓地汉代合葬墓探微 [J]. 江汉考古，2009 (4).

[28] 河南省文物局南水北调办公室，河南省文物考古研究所，平顶山市文物管理局. 河南郏县黑庙 M79 发掘简报 [J]. 华夏考古，2013（1）.

[29] 洛阳市第二文物工作队. 洛阳市南昌路东汉墓发掘简报 [J]. 中原文物，1995（4）.

[30] 洛阳区考古发掘队编. 洛阳烧沟汉墓 [M]. 北京：科学出版社，1959.

[31] 河南省文化局文物工作队. 河南新安铁门镇西汉墓葬发掘报告 [J]. 考古学报，1959（2）.

[32] 洛阳市第二文物工作队. 洛阳市南昌路东汉墓发掘简报 [J]. 中原文物，1987（3）.

[33] [35] 程民生. 论两汉时期的河南经济 [J]. 中州学刊，2005（1）.

[36] [37] 洛阳市文物工作队. 洛阳李屯东汉元嘉二年墓发掘简报 [J]. 考古与文物，1997（2）.

[38] 洛阳市第二文物工作队. 洛阳高新技术开发区西汉墓（GM646）[J]. 文物，2005（9）.

[39] 王充. 论衡 [M]. 上海：上海古籍出版社，1990.

[40] 焦作市文物工作队. 河南焦作白庄汉墓 M121、M122 发掘简报 [J]. 中原文物，2010（6）.

[41] 安阳市文物工作队. 安阳梯家口村汉墓的发掘 [J]. 华夏考古，1993（1）.

[42] 洛阳博物馆. 洛阳西汉卜千秋壁画墓发掘简报 [J]. 文物，1977（6）.

[43] 三门峡市文物工作队. 三门峡市立交桥西汉墓发掘简报 [J]. 华夏考古，1994（1）.

[44] 新乡市文物考古研究所，获嘉县文物保护管理所. 河南获嘉县嘉苑小区汉墓发掘简报 [J]. 华夏考古，2019（3）.

[45] 董仲舒撰，凌曙注. 春秋繁露 [M]. 北京：中华书局，1975.

[46] [53] 河南省文物研究所. 郑州市向阳肥料社汉代画像砖墓 [J]. 中原文物，1986（4）.

[47] [48] 郑州市文物考古研究所，巩义市文物保护管理所. 河南巩义市新华小区汉墓发掘简报 [J]. 华夏考古，2001（4）.

[49] 陈胜前. 学习考古 [M]. 北京：生活·读书·新知三联书店，2018.

[50] 班固. 汉书 [M]. 郑州：中州古籍出版社，1991.

[51] 徐承泰. 汉代非单棺墓葬的考古学意义观察——以中小型墓葬为观察对象 [J]. 江汉考古，2008（4）.

[52] 洛阳市第二文物工作队. 洛阳金谷园西汉墓发掘简报 [J]. 中原文物，1987（3）.

[55] 贺官保. 洛阳老城西北郊 81 号汉墓 [J]. 考古，1964（8）.

浅析甘肃闪石玉

顾英华
河南博物院

摘要：甘肃闪石玉的发现具有重大意义，它不仅是甘肃省境内齐家文化及周边地区史前文化的玉料来源，还是商代至汉代玉料的主要来源。考古界和学术界提出“甘青料”的概念，即甘肃闪石玉和青海闪石玉老坑料。青海闪石玉老坑料与甘肃闪石玉使用年代基本重叠，但在使用占比上以甘肃闪石玉为主。“甘青料”的概念颠覆了长期以来和田闪石玉从商代开始进入中原的观点。通过对甘肃闪石玉和和田闪石玉的物理感观及检测数据的对比，分析二者的相似点和不同点，试着分析为什么商代到汉代这一段时期玉器使用的甘肃闪石玉被误判为和田闪石玉。重新梳理中国历代玉器的玉料来源。

关键词：甘肃闪石玉；甘青料；齐家文化；和田闪石玉；历代玉料来源

齐家文化遗存距今约4200—3500年，广泛分布于甘肃大部、青海东部、宁夏南部、陕西北部和内蒙古西南部，出土玉器共计918件。数量虽然不到1000件，但齐家文化玉器真实的存世数量很庞大，是考古发掘出土及遗址采集总数的十倍以上，应该大大多于其他任何一种史前文化。这一点从甘肃、青海、宁夏等地的收藏家收藏的齐家文化玉器可以看出来，收藏家手中有大量的齐家文化玉器及半成品和玉坯料等。[1]

齐家文化玉器用料多种多样，已知的有20多种，材质有透闪石玉、蛇纹石玉、绿松石、绢云母石英岩、玛瑙等。其中透闪石占多数。

闪石玉颜色以白色、黄绿色、深绿色为主，带有大量糖色，且糖色较重。微透明或半透明。

其中海藏寺遗址除出土玉器38件外，还出土161件玉料的原石、制作玉器的毛坯、半成品和切割余下的边角料等，应是一处玉器加工作坊的遗址，它是目前已知的中国最早的玉器作坊遗址。玉器加工使用时间可推定在齐家文化中期，说明这一时期存在大规模的玉器加工和利用。[2]

从齐家文化出土的玉器和毛坯、半成品可以看出，玉料边缘多留有白色或黄白色风化皮，玉料中间多带有糖色，且糖色浓郁。清末刘大同《古玉辨》：“甘肃境内，昆仑山脉之北，青海及南，山之间亦产玉，其色如云、如雾，或如嫩叶，且有似硫黄者。”如云、如雾、如嫩叶、似硫黄者描述的就是典型的甘肃闪石玉。

一、甘肃闪石玉的发现和质地特征

2007—2013年，甘肃省文物考古研究所对马鬃山玉矿遗址先后进行多次考察和发掘。目前已确认存在径保尔草场和寒窑子草场两处古代玉矿遗址。其中径保尔草场玉矿遗址年代为战国至西汉，存在四坝文化（距今约3900—3400年）时期遗存（比商代还早一些）；寒窑子草场玉矿遗址最早开采年代为骟马文化时期（距今3500—3000年）。在其矿坑周边采集到青花瓷片，推测明清时期也到此进行过开采，但是否开采出玉矿料，不详。马鬃山玉矿在被考古工作人员发现之前，当地就有玉矿开采和贸易活动，说明此地的玉矿开采活动一直到现代都没有停止过。2015—2019年，甘肃省文物考古研究所对旱峡玉矿遗址进行多次考察、发掘。旱峡玉矿位于敦煌市以东约68公里的三危山后山一带的戈壁荒漠区，它的开采年代可确定为西域驿／齐家文化时期至骟马文化晚期。矿区内有分布在地表、丘陵上的矿坑、矿洞数十处，玉矿脉深藏其中，较为隐蔽，所以比马鬃山玉矿保留的矿脉多一些。另外山坡、地表还散落有剥落的碎料和戈壁料。旱峡玉矿是国内已知的开采年代最早的透闪石玉矿遗址。

马衔山玉矿，位于定西市临洮县峡口镇北约9公里处的马衔山，当地人称为“玉石山”。马衔山玉矿现已开采殆尽，地表基本不见裸露玉矿。有学者推测应该有玉石矿脉深藏山顶的矿洞之中。在半山腰处还能找到一些风化的碎料。玉矿附近的大碧河及其支流漆家沟和王家沟中非常偶然地会有马衔山玉子料零星出现。马衔山玉矿尚未进行过正式考古发掘。当地曾有人在“玉石山”上发现过古人的开采遗迹（古矿坑），可能是由于后续不断地重叠开采，古代的开采遗迹被破坏掉了，因此无从得知。

据调查在酒泉地区还有其他的透闪石玉矿存在，但是现在已经被发掘或发现的只有马鬃山玉、三危山玉和马衔山玉。三个地方出产的玉料统称为甘肃闪石玉，它们具有很大的共性，也有细微的差别。丁哲老师在2015年最早提出“甘肃闪石玉”的概念，并对它们进行了比较深度的研究。

（一）共有的特征

质地较优的玉料透闪石含量在95%以上。摩氏硬度值为5～6.60，大部分硬度在6.0以上。半透明或微透明。

颜色有乳白、糖白（最多的是糖白，本色是乳白色，但被糖给浸染了，形成了甘肃闪石玉特有的糖白玉）、青黄、韭黄、黄白、鸡油黄、青绿、灰绿、草绿。以上各种颜色的玉料内部大多泛有成片、浓郁的红褐色，像晚霞一样，即是糖色。糖色和玉石的本色水乳交融，融为一体，糖色与玉肉的界线多模糊不明晰。

粒度细（稀牛奶状的），若隐若现的朦胧乳质感强烈，“如云如雾”。甘肃闪石玉的质感没有达到新疆和田玉闪石玉那么糯、润、坚密，也没有青海玉闪石玉那么水，介于二者之间。

山料的外表大多包裹有较厚的奶白色、黄白

色的风化皮层。风化层的形成是由于玉矿裸露于地表或距离地表很近的部分，经年受辐射、风吹、日晒、雨淋等大自然的侵蚀所致。风化层的部分依然主要由透闪石组成，但密度和韧性均小于玉质部分。风化皮中存在有沿裂隙分布的褐色树枝状物质，俗称“蚂蚁脚”或“藻丝纹”。在风化皮和玉质部分中间有一层褐色的过渡层，这个过渡层有一种晕散的、灵动的视觉效果，称为晕散活皮。其他地方出产的透闪石例如俄料的皮是僵皮死皮，怎么盘都不会变色，或者说很难变色。这是甘肃闪石玉很独特的一个特征。

（二）主要区别

产状差异：马鬃山玉、三危山玉以山料和戈壁料为主；马衔山玉有山料、山流水和子料。

颜色差异：马鬃山玉糖色最浓，常见糖白玉；三危山玉常见青绿色、青黄色，也有糖白玉；马衔山玉多以黄色为基调，黄绿色为最典型，还有黄白色、鸡油黄，糖白玉不多见。

二、甘青料

甘肃闪石玉的发现使中国万年玉器史的用玉版图逐渐清晰起来，同时解惑了和田闪石玉何时东进中原的课题，颠覆了原有对和田闪石玉从商代开始就占据玉料主角地位的认知。

目前考古界、学术界有了比较统一的共识，重新梳理了历代玉器透闪石玉料的来源产地。和田闪石玉是从汉代中期以后开始使用。在汉代（包含汉代）之前，甘青料是中国早期玉器的主流玉材，甘青料指的是甘肃闪石玉和青海闪石玉的老坑料，使用占比以甘肃闪石玉为主，部分为青海闪石玉老坑料。

老坑青海闪石玉，产出地点是青海格尔木昆仑山东部山脉的古玉矿。至少在4000年前被开采，但目前没有发现古代开采遗址。有可能是因为老坑料数量有限，在早期已经被开采殆尽，而开采遗迹在后期被某种原因覆盖或破坏掉了，所以今人难以发现。老坑青海玉色调闷暗，以白玉泛灰（犹如鱼肚白）、藕粉紫、灰蓝，青绿色玉泛灰者最具代表性。透明度高，水气重，表面干涩发闷，缺少油润感，质地像荔枝肉一样。内部多有水线（玉筋）分布。玉质内通常会有一种荧光斑晶现象，即呈现出较多的“苍蝇翅”状、片状、絮状、斜纵裂状，具有荧光闪亮效果的物体。其特征与1991年开始开采的现代青海玉有一定差异，比现代新坑的青海玉致密一些，糯一些，新坑相比老坑更水嫩。

齐家文化玉器、陕晋龙山时代玉器（以延安芦山峁，神木新华、石峁，兴县碧村，临汾下靳，襄汾陶寺，芮城坡头等遗址出土玉器为代表），夏商、西周、春秋战国、汉代玉器的玉料主要或部分为甘肃闪石玉。

齐家文化玉器、陕北龙山文化玉器，夏商、西周、春秋战国、汉代玉器对老坑青海玉均有不同程度的使用。尤以齐家文化、陕北龙山文化，夏商周时期玉器所见较多。

甘青料的使用年代基本重叠，但不管是数量、质量、重要性上很明显是以甘肃闪石玉为主，青海闪石玉为辅。

另外甘肃临洮还出产一种优质透闪石玉料“布丁石”，与甘肃上述三地的透闪石外观上有较大区别，但仍属于甘肃闪石玉范畴。“布丁石”由质地均匀细腻的沉积白云岩变成，不透明，略透光，具有浑浊凝胶感，质感类似于“布丁”。典型者带有沉积结构，诸如镶嵌团块、韵律波浪条纹、冰裂纹等纹理。色调从黄褐到深绿、灰绿、灰蓝，直至灰褐、青灰、灰色、乳白甚至黑色等，尤以暗冷色调最为多见。质地细腻坚密，韧性非常好，剖成薄片状不会碎裂，所以常被用来制作牙璋、玉刀、玉圭、玉戚、玉钺、玉铲、玉戈等大而薄的片状带刃玉器。

“布丁石”主要见于齐家文化玉器、陕晋龙山时代玉器，以及夏商玉器的制作。西周时期只能偶尔见到了。[4]

三、长期以来认为商代开始使用和田闪石玉的原因

（一）沁色、糖色、皮色混淆

皮色、沁色和糖色都是玉石的次生色。皮色是在自然氧化环境中，玉石中的二价铁离子和二价锰离子的化合物由于被氧化而在子料的外表形成红色的赤铁矿、褐色的褐铁矿和黑色的氧化锰薄膜。[5] 古玉的沁是在特定的埋藏环境下产生，受埋藏环境中不同杂质的地下水的侵蚀作用而形成，与地下水的多少以及水的成分或杂质有关，还与玉器接触的物质成分、墓葬所处的地理位置有关。糖色是靠近地表的玉石内渗入了三氧化二铁溶液所致，主要出现于山料之中。

商代到汉代中期玉器具有共同的特点，即这些器物表面都有红色现象。这种红色现象有两种解释，一是糖色，二是沁色。这个时期出土的玉器 70% 有糖色，而新疆和田子料 70% ～ 80% 无糖色，新疆和田当地谚语有“子料无糖”的说法，说明基本不是和田子料。

由于古玉的糖色、沁色、皮色对玉料原本的颜色、质地的判断有一定的干扰，尤其是高古玉年代久远，沁色较重，有的沁蚀完全或部分掩盖了玉质的本色，加大了鉴定难度。比如殷墟妇好墓出土的很多玉器上的沁色很像是和田闪石玉子料的皮色，很容易被认为是和田闪石玉子料。

沁色往往由表及里，大多沁入玉的肌理，并渲染渗透，呈现一种晕散渐变的状态，由深渐浅，由浓渐淡，并且都是从玉器上质地比较松软、硬度比较低的地方入沁（所谓“沁门”），如绺裂、风化皮、皮绺、僵、残破处乃至被工具雕刻过的地方（因为雕刻本身在某种意义上讲也是对玉石原石的“破坏”），如阴刻线槽内等处，质地坚密的地方往往难以受沁。受沁程度越深，沁色部分的光泽度和透明度越差，密度和硬度越低。目前考古出土的玉器当中，高古玉大多有沁色，且沁色较重，中古玉沁色较浅，多见牛毛沁和桂花沁，明清玉基本没有沁色或非常浅。这与墓中埋藏时间长短有关，也与玉质优劣有关。

所以，从沁和皮的角度可以判断是不是和田闪石玉子料。

徐琳老师在故宫博物院清宫旧藏的传世玉器中看到有零星战国玉器是和田子料制作的，一件玉佩饰，一件玉韘。所以徐琳老师认为战国已经出现零星的和田子玉进入中原的情况。[6]

本人未见过实物，单从高清的图片来看，这两件玉器都是白玉，玉质接近和田玉的坚密、油润，尺寸都不大符合子料的体量（当然子料有大块的，只是多数子料都比较小），形状接近子料

的卵圆形，在器物的弧面边缘处有薄薄的一部分黄色和褐色的呈现。

从皮色和沁色的角度分析，如果这两片带色的部分是玉的沁色，那还不能确定这是子料，如果是皮色，就可以确认是和田玉的子料，虽然马衔山也出子料，但马衔山的玉料以黄色调为主。

而这两件玉器一层皮色薄薄地仅在玉肉表面，并且紧密地贴合在玉肉上，与玉肉融为一体，皮子部位的玉质也并不松软，皮和肉一样油润光亮，光泽度和透明度一致，边缘清晰而没有晕染，应该是皮而非沁。

（二）甘肃闪石玉与和田闪石玉质地接近，容易混淆

在目前中国已知的透闪石玉料中，甘肃闪石玉与和田闪石玉是最为接近、相似的两类闪石玉，尤其是甘肃闪石玉中质地精优者。

中国出产的透闪石玉有以下十几种：

和田闪石玉出自新疆的叶城、和田、且末、于田、玛纳斯、若羌、塔什库尔干、皮山；青海闪石玉出自青海的茫崖、格尔木、都兰、祁连；甘肃闪石玉出自甘肃的马鬃山、三危山、临洮；小梅岭闪石玉出自江苏的溧阳；岫岩闪石玉出自辽宁的岫岩。其他出产透闪石玉的地方还有陕西的凤县，河南的栾川，吉林的磐石，黑龙江的铁力，西藏的日喀则，四川的汶川、石棉，贵州的罗甸，广西的大化，江西的弋阳、兴国，福建的南平，台湾的花莲等。其中和田、格尔木、岫岩是目前主要产玉的地点。这些不同产地的闪石玉都各有不同的特色，并且特征鲜明，很容易区分。当中最为接近、相似的就是甘肃闪石玉和和田闪石玉。以下对它们的物理感观特征和科学检测数据进行对比。（表 1）

从这些数据可以看出，之所以从外观看起来甘肃闪石玉和和田闪石玉质地非常接近，主要是因为它们的结构中都有毛毡状变晶结构，这个结构是构成优质闪石玉最重要的要素，是使玉料韧性高、油性好的原因。

但是经过这几年学术界对甘肃闪石玉的研究、检测，可以看出其实二者之间有着虽然细微但仍可分辨的差异。

四、如何区分甘肃闪石玉和和田闪石玉

结构虽然都有毛毡状变晶结构，但这是和田闪石玉的最主要的一种结构，而甘肃闪石玉的主要结构是显微纤维变晶结构，毛毡状变晶结构出现较多但不是主要结构。

粒度都很细小，但和田闪石玉的粒度明显比甘肃闪石玉更细小。颗粒越小，颗粒之间的空隙越小，颗粒相互交织咬合得越紧密，玉质就越细腻、坚密。

甘肃闪石玉比和田闪石玉透明度高。甘肃闪石玉的透明度介于和田闪石玉和青海闪石玉之间，比和田闪石玉透明度高，但又不如青海闪石玉透明度那么高。可以形容为水而不透，如云、如雾。

甘肃闪石玉最具特色的是在风化皮包裹的玉料内部多有成片的、浓郁的红褐色糖色，其中马鬃山的玉料糖色最为显著，占据玉料比例更大，颜色更重。糖色和玉色的界线不分明，糖色在玉材里窜走，几乎布满了整块玉料，形成了糖白玉。古代制作玉器的时候，由于玉料大小的限制，往往不能单取中间的玉肉部分，而是把风化皮和糖

表 1　和田闪石玉与甘肃闪石玉对比

	和田闪石玉	甘肃闪石玉
硬度	摩氏 6.5 ～ 6.9	摩氏 5 ～ 6.6
光泽	油脂或蜡质光泽	油脂光泽
透明度	微透明到不透明	半透明到微透明
透闪石含量	96% ～ 99%	85% ～ 95%
产状	山料、山流水、子料	山料、戈壁料、山流水、子料
颜色	白玉（包括羊脂白玉）、青白玉、青玉、黄玉、墨玉、碧玉和糖玉	糖白、乳白、青黄、黄绿、黄白、韭黄、鸡油黄、青绿、灰绿、草绿
结构	主要结构为毛毡状变晶结构，其次为放射状变晶结构和纤维状－柱状变晶结构，同时向隐晶质结构过渡	主要结构为显微纤维变晶结构，出现较多的是毛毡状变晶结构，出现较少的是显微片状变晶结构
粒度	柱状晶粒长 0.0046 毫米、宽 0.0013 毫米到长 0.0063 毫米、宽 0.0036 毫米之间；叶片状晶粒长 0.01 毫米、宽 0.0028 毫米到长 0.004 毫米、宽 0.0008 毫米之间；纤维状晶粒长 0.0004 毫米、宽 0.000021 毫米到长 0.0021 毫米、宽 0.00007 毫米之间	主要结构纤维长度约为 0.02 ～ 0.1 毫米，直径约为 0.001 ～ 0.005 毫米；次要结构纤维长度约为 0.01 ～ 0.02 毫米，直径约为 0.001 ～ 0.005 毫米。[7]

色都利用起来，所以我们可以看到很多高古玉器边缘都多多少少保留有皮层和糖。皮、糖、肉、沁色浑然一体，使得古玉层次更加丰富、质感更加古拙。这也是鉴定的角度之一。和田闪石玉中且末的山料也有糖色，但是它的糖色发红，或者说和甘肃的闪石玉相比更红。糖色为山料独有，子料无糖。

都有白玉，但甘肃闪石玉的白玉是乳白色，或糖白色。或呈现一种朦胧乳质感，或呈现比较水透的冰白或冷白，或中间窜有浓淡不一的糖色。甘肃闪石玉的其他颜色纯度不高，或白中透黄，或青中透黄，或黄中透绿，或绿中透灰。且甘肃闪石玉中只有马衔山出产子料，但是黄玉子料，有鸡油黄者品质最高。而和田闪石玉盛产子料，数量大，白玉最多，品质都很高，其中羊脂白玉子料为最高等级。

总而言之，甘肃闪石玉的玉质介于和田闪石玉与青海闪石玉之间，比青海闪石玉温润，比和田闪石玉水透。即又糯又水透，类似于大米汤清而不见底的质感。甘肃闪石玉质量有优质的，也有比较劣质的，其质地较疏松，手头偏轻，油润度稍差，多有浅裂隙纹。除了马衔山的黄玉子料质量可以与和田子料相媲美之外，总体质量还是稍逊和田闪石玉一筹，不如和田闪石玉细、糯、油、润、坚密。

它们的使用年代不同。甘肃闪石玉基本是在汉代（包含汉代）之前，和田闪石玉是在汉代中期以后。二者唯一有交集的时期是汉代。从唐代开始基本都用和田闪石玉了。

所以一件古玉的玉料如果先被判断为和田闪石玉，这件玉器是汉代以前的概率就小之又小，基本可以断代为汉代中期以后的年代。如果判断为甘肃闪石玉，这件玉器是汉代（包含汉代）以前的概率就非常大。当然汉代以后一直到现代也有用甘肃闪石玉前朝旧玉或玉坯料改制加工的改制器或仿品，如清宫旧藏的玉器中有利用齐家文化素面玉器加刻清代纹饰的，现代有利用齐家文化的玉坯料仿制齐家文化玉器的，这种情况只看玉料就无法断代了，还要结合工艺、皮壳、造型、纹饰、沁痕等其他方面共同判断。

五、重新梳理历代玉器的透闪石玉料来源

1. 红山文化。岫岩闪石玉。子料有河磨玉和析木玉两种，也有山料。

2. 凌家滩文化。大部分是石英岩质玉，也有透闪石，这些玉料来自安徽境内。安徽有学者称已发现安徽境内的玉矿地点，但目前还未公布。

3. 良渚文化。玉料来源还有待深入研究。一类是颗粒较粗，较多斑晶结构，质地并不细腻的透闪石。一类是料性细腻的透闪石。大量玉器鸡骨白现象严重。玉料颜色以绿色偏黄色为主，辅以黄绿色或墨绿色的玉料。有的玉料上有糖色（隐隐的红色）。

第一类斑杂的玉料即所谓“鸭屎青”，像鸭屎的粪便的质感和颜色，有灰绿色、黛绿色、湖绿色，结构斑杂，里面有些像棉絮状的杂质。这种玉材基本上用来制作大型的玉璧、高挺的玉琮。对于第二类质地细腻的玉料来源有三种观点：天目山说，有学者认为天目山山脉有生成玉矿的地质条件，良渚文化先民是在天目山中的溪流里拣拾的。（天目山现在还有开玉矿的地方，但古代情况不明）小梅岭说，虽然不排除有资源的关联，但小梅岭是山料，且埋藏较深，地下几百米。山料与子料或山流水的获取方式是完全不同的，因而可能性很小。另外，根据科学检测，红外光谱结果显示，仅有梅岭玉出现和Na和K相关的3691cm^{-1}的吸收峰。另外，所含微量元素Sr、Na、K的含量明显高于其他产地的闪石玉，这些使得梅岭玉有别于其他闪石玉而自成一类，所以此观点已被否定。岫岩闪石玉说，有学者认为是通过山东半岛传至良渚地区的。虽然颜色有细微的差别，岫岩的绿色泛深绿，良渚的绿色偏暖黄，但目前是比较被认可的一种说法。

4. 后石家河文化。后石家河文化玉器中有一类透闪石玉材，以黄、青黄、黄绿、绿色为主，质地温润细腻，学术界普遍认可是岫岩闪石玉。

5. 齐家文化。甘肃闪石玉、布丁石和老坑青海闪石玉。于明老师和徐琳老师都认为齐家文化玉料只是来源于马衔山，而与马鬃山和旱峡无关。

6. 石峁文化。是一种有沉积岩理的墨色透闪石玉，是石峁文化垄断玉材。玉料表面呈黑色，通过透光看，玉料呈深黄色或绿色。其实玉料骨子里应该是绿色的，黄色或黄褐色应该是被沁蚀的颜色。另外有部分玉料是甘肃闪石玉、老坑青海闪石玉和布丁石。

7. 陶寺文化。小部分玉料为甘肃闪石玉、老坑青海闪石玉和布丁石。

8. 龙山文化玉料呈黄绿色或绿色，有的有糖色，有的很干净。有学者认为来源于岫岩闪石河磨玉，但目前尚未得到实证。还使用有一种深绿色斑杂玉料，与良渚文化那一类相似。

9. 商代至汉代早期。多用甘肃闪石玉和老坑青海闪石玉。商代还用布丁石，到西周已经开

始少见了。

10. 汉代中期至宋代。以和田闪石玉子料为主，兼有汉代以前存留的甘肃、青海闪石玉料。从汉代中期开始，颜色以白色为主，最好的颜色是羊脂玉，块度不大。从汉代中期到宋代，随着和田子料的开采量逐渐加大，逐渐取代了其他玉料，这个过程经历了很长一段时间，有学者认为到了唐代才完全过渡到只有和田子料，而无其他地区的玉料了。

11. 元代。和田闪石玉子料。

12. 明代。和田闪石玉，开始出现山料，山料与子料并用。玉料质地比前朝差很远。因开采技术限制，山料块度不大，因此无大型玉器。（于明老师认为明代才开始开采山料，但之前也有山料，不能绝对地说汉代中期到元代使用的和田闪石玉百分之百都是子料。）

13. 清代。和田闪石玉，山料、山流水、子料、戈壁料四种形态都有，数量很大，因开采技术的提升，出现巨型玉器。玉料质量不等，皇家的特别好，民间的玉器整体玉料比皇家的差，质地差，绺裂多，甚至有特别差的。

甘肃闪石玉的发现具有重大意义，它不仅是甘肃省境内齐家文化及周边地区史前文化的玉料来源，还是商代至汉代玉料的主要来源。与甘肃闪石玉同一时期使用的玉料还有部分是青海闪石玉老坑料和布丁石。和田闪石玉从汉代中期开始进入中原（汉代中期之前也有零星子料被使用），到唐代开始完全取代了甘肃闪石玉及其他玉料，成为古代玉器最受推崇的主流透闪石玉料。玉器，首先是“玉”这个字的内涵，通过对各种玉料材质特征的掌握，可以帮助我们更深刻地了解和理解玉器的文化内涵和深意，是鉴定玉器的几个要素当中首要的一个要素。

---

[1] 叶舒宪. 齐家文化玉器与西部玉矿资源区——第四次玉帛之路考察报告［J］. 百色学院学报，2015（3）.

[2] 张思琦. 齐家文化出土玉器整理与研究［D］. 沈阳：辽宁师范大学，2022.

[3]［4］丁哲. 丁哲论古玉［M］. 北京：文物出版社，2018.

[5] 万文君. 浅谈古代玉器皮色、沁色和染色的鉴定方法［J］. 岩石矿物学杂志，2016（35）.

[6] 徐琳. 中国古代玉料来源的多元一体化进程［J］. 故宫博物院院刊，2020（2）.

[7] 农佩臻，周征宇，赖萌，等. 甘肃马衔山软玉的宝石矿物学特征［J］. 矿物学报，2019（3）.

浅析河南博物院藏汉画像石的主要内容及特点*

王莉娜
河南博物院

摘要：汉画像石是汉代的石刻画，其丰富的内容记录和反映了汉代的繁华世相，成为汉代社会万象的长轴画卷。河南博物院藏的汉画像石以南阳、商丘、许昌出土为主，内容主要有出行田猎、舞乐百戏、祥瑞升仙、辟邪、天文星象、神话传说等，反映了当时社会生活的各个方面，是我们研究汉代河南社会经济、思想文化、社会思潮的重要资料。

关键词：河南博物院；汉画像石；内容及特点；

画像石是刻在石材上的画。汉代画像石是汉代的石刻画，主要用于墓室、墓前祠堂（还应包括墓葬封土中的祠堂）、石阙等墓葬建筑的建造与装饰。它产生于西汉，盛行于东汉，魏晋之际仅有个别实例，故又称汉画像石。[1]

汉画像石经过工匠熟练的双手，以小刀为笔，以石为纸，创造出一个个生动的艺术形象，反映了其独特的艺术风格。流传于世的汉代各类画像石以其丰富的内容记录和反映了汉代的繁华世相，成为汉代社会万象的长轴画卷。

河南博物院藏汉画像石百余块，内容大概可分为以下几类：

一、出行田猎

汉代的南阳地区，人们出行田猎较为流行，《汉书·食货志》记载："世家子弟富人或斗鸡走狗马，弋猎博戏，乱其民。"葛洪的《西京杂记》记载："茂陵少年李亨，好驰骏狗，逐狡兽，或以鹰鹞逐雉兔，皆为之嘉名。狗则有修毫、厘睫、白望、青曹之名，鹰则有青翅、黄眸、青冥、金距离、之属，鹞则有从风鹞、孤飞鹞。"[2]狩猎活动又称田猎（田通畋）、畋猎、羽猎、校猎等。《左传·隐公五年》："故春蒐、夏苗、秋弥、冬

* 本文为河南兴文化工程文化研究专项项目"南阳汉画像石中的民俗文化研究"（编号：2024XWH028）的阶段性成果。

狩，皆于农隙以讲事也。”蒐、苗、弥、狩四季田猎的名称是由于田猎方式不同而得来的。据《周礼·大司马》的叙述，仲春“蒐田”用火，仲夏“苗田”用车，仲秋“弥田”用网，仲冬“狩田”用车徒列阵围猎。[3] 田猎还是一种礼制，《礼记·仲尼燕居》曰：“以之田猎有礼，故戎事闲也。”[4] 每逢秋天，天子亲自参加田猎，教人以战法，《礼记·月令》云：“天子乃教于田猎，以习五戎，班马政。……司徒搢扑，北面誓之。天子乃厉饰，执弓挟矢以猎。”[5] 两汉时，出行田猎是贵族富室日常生活的重要内容。在南阳汉画像石中刻画最为丰富的是社会生活，政治的稳定和经济的繁荣使汉代社会生活日益丰富多彩，夸张的雕刻手法，写实的生活场景都让后人为之震撼，而精彩的汉画也从一些角度展示着汉代人的自豪感。

南阳王庄汉墓出土的田猎画像石，现藏于河南博物院。长 167 厘米，宽 42 厘米，厚 28 厘米。此画像石呈长条形，画像石右部刻猎人驱逐猎犬围捕一鹿，其中两犬腾空追击其后，另一犬堵截其前，形成前后夹击之势，空白处山峦起伏。（图1）这幅画像石构图简洁生动，通过夸张变形的艺术处理，使猎犬如飞的形象跃然石上，充分显示了田猎场上围追堵截的场景。

狗又名犬，是我国古代重要的家禽之一。《故训汇纂》解释说：“狗犬同实，异名。”《尔雅·释畜》曰：“大者名犬，小者名狗。”根据考古发现，家狗最早见于新石器时代中期，至夏商周时期，狗在人类社会生活中发挥着相当重要的作用，主要用于食用和祭祀等。狗作为人类狩猎的帮手，人们在日常生活中注重对其驯养。

汉代喜狗之风盛行，喜狗的社会阶层广泛，狗对当时的社会产生一定的影响。汉朝建立后，中央朝廷设有专门为皇帝管理“狗事”的机构——“狗监“，一些历史人物曾在此任职，如李延年就曾“给事狗中”。《集解》引徐广曰：“主猎犬也”，《索隐》则称“犬监”。汉武帝时，甚至建有“犬台宫”，《三辅黄图》载：“犬台宫，在上林苑中，去长安西二十八里。”足见武帝喜狗。皇帝喜狗成风，统治阶级的其他阶层纷纷效仿，所谓“上有所好，下必甚焉”。淮南王刘安好家中养狗，《列仙传》中称刘安炼得仙药后，一家人服用后皆成仙，“临去时，余药置在中庭，鸡犬舔喙啄之，尽得升天，故鸡鸣天上，犬吠云中”。

图1　田猎画像石

二、舞乐百戏

角抵戏大约东周时期产生，在秦代才被更名为“角抵”。据《史记·李斯列传》记载：“秦名此乐为《角抵》，两两相当，角力、角伎艺射御，故曰《角抵》。”[6] 角抵戏作为中国古代传统杂技的重要项目，在汉代较为流行，并且其内容和参与方式有新的发展。

汉代的“角抵戏”，有人与兽斗、兽与兽斗、人与人等形式。主要反映汉代社会“人定胜天”的思想。看似惊险的斗兽场景都是在特定的场合下进行的，具有很强的表演性。

南阳市出土的舞乐、兽斗画像石，现藏于河南博物院。长 188 厘米，宽 64 厘米，厚 12 厘米。石呈长方形，画面分为上、下两层，上层为舞乐人物，共 8 人，两端各三人吹奏，中间二人作舞蹈动作；下层右边二犀牛作斗状，中间有一龙和一牛。此画像石雕刻粗犷古朴，人物造型生动，主题为兽斗画面，动物形象生动，用夸张写意手法将动物形象雕刻得栩栩如生。（图 2）

文献记载，我国历史上最早的幻术表演出现于汉武帝时期。汉武帝派遣张骞出使西域寻求军事联合，西域安息国派使团携带当地特产和幻师随张骞回到中原。《史记·大宛列传》详细记录了当时的盛况：“初，汉使至安息，安息王令将二万骑迎于东界。……汉使还，而后发使随汉使来观汉广大，以大鸟卵及黎轩善眩人献于汉。……天子大悦……于是大角抵，出奇戏诸怪物，多聚观者，行赏赐，酒池肉林，令外国客遍观各库府藏之积，见汉之广大，倾骇之。及加其眩者之工，而角抵奇戏岁增变，其盛益兴，自此始。”“角抵”实际是对当时杂技的统称，“奇戏”是幻术的统称。唐颜师古在《汉书·张骞传》注中解释说：“‘眩’读与‘幻’同，即今吞刀吐火、种瓜种树、屠人截马之术皆是也。本从西域来。”[7]

当时，幻人和幻术传入中原地区，丰富了百戏表演的内容和形式，且在民间有所普及。

图 2　舞乐、兽斗画像石

三、人物形象

汉画像石中的武士形象，一般孔武有力，被赋予保护墓主人的功能。南阳刘洼墓出土的蹶张画像石，现藏于河南博物院，长 150 厘米，宽 30 厘米。（图 3）画中刻一武士，头梳高髻，两眼圆瞪，口衔一箭矢，双脚踏于弓上，两手用力

图 3　蹶张画像石

拉弓弦。《汉书·申屠嘉传》记载：“申屠嘉，梁人也。以材官蹶张从高帝击项籍，迁为队率。”如淳注曰：“材官之多力，能脚踏强弩张之，故曰蹶张。”[8] 此形象突出了射手力大体壮的特征。

四、天文星象

我国古代的天文学起源于先民对天地万物的神秘感，后逐渐形成完整的天文立法体系。我国古代的天文学非常发达。尧时，勤劳的人民就可以用阴阳合历来制订历法；殷代就已经设置了闰月；二十四节气在周成王时代被推断出来；春秋中叶，古代的天文工作者已经推算出了十九年七闰的周期。汉武帝时的《太初历》在当时是领先世界的历法。

天象图是汉代画像石中常见的题材，反映汉代的思想文化和科学探索。祖先最早的生产活动主要是畜牧业和农业，古代先民需要观测天象及自然界的变化规律用以制定历法来指导农业生产，因此我国的天文学是自然科学中较早发展起来的一门学科。

图 4　白虎星座画像石

南阳市出土的白虎星座画像石，现藏于河南博物院。高 60 厘米，长 138 厘米，厚 40 厘米。(图 4) 画中刻一白虎，昂首翘尾疾驰云端。虎前有六颗星，分二组，横三竖三，虎体下排列有三颗星，构成了西宫白虎星座图案。这些神秘的天文图像反映了汉代人民丰富的天文知识，展现了汉代天文学的卓越成就，为研究我国古代天文学提供了宝贵的资料。

五、祥瑞升仙

汉代人认为世间万物都属于阴阳五行哲学，人死后魂魄分离，所以汉人迷恋成仙升天。《礼记·郊特牲》载："魂气归于天，形魄归于地，故祭求诸阴阳之义也。"汉武帝深信神仙，迷恋长生。《汉书·郊祀志》云："武帝初即位，尤敬鬼神之祀。……元鼎、元封之际，燕齐之间方士瞋目扼掔，言有神仙祭祀致福之术者以万数。"西汉晚期，谶纬迷信开始流行，东汉时期更加盛行。在汉画像石中升仙内容占相当大的比例，常见的有龙凤、白虎、神龟、麒麟的图像，表达活人希望死者能在冥界安乐吉祥。

在中国古代的天文学中，人们以北极星的北斗星座为中心，把四方星野中的亮星用无形的虚线链接起来，统称"四象"，即"四神"，用"青龙、白虎、朱雀、玄武"四种意象与之对应，是保护天地秩序和谐的星神。四神应用在建筑中，用来表示东、西、南、北四个方位，还有辟凶驱邪的功能。

出土于许昌市张潘汉魏许都故城的四神柱础[9]，现藏于河南博物院。柱础平面近方形，边长62.5～63.5厘米，高15.5厘米，青石质。柱础表面以"剔地起突"雕刻手法高浮雕古代四方定位之神，即东部方位之神青龙、西部方位之神白虎、南部方位之神朱雀、北部方位之神玄武等四神形象。

羽人是汉画像石中较为常见的形象，多为人身人面，肩上生出一双翅膀。关于羽人的记载古已有之，与升仙思想有关。《山海经·海外南经》："羽民国在其东南，其为人长头，身生羽。"王逸注："《山海经》言有羽人之国，不死之民。或曰：人得道身生毛羽也。是以羽民即仙人矣。"[10]洪信祖补注："羽人，飞仙也，千岁不死，此虚图也。"这也许是汉代羽人形象的来源。在汉代，羽化成仙是帝王将相和平民百姓都向往之事，羽人形象应运而生，成为具有超能力的神类。历史记载。汉武帝为了能羽化成仙，派使者身穿羽毛，站在白茅之上，将刻有"天道将军"的玉印授予五利将军。五利将军也身穿羽毛，接受玉印以沟通神灵。汉武帝希冀借此成仙。《论衡·无形篇》曰："图仙人之形，体生毛，臂变为翼，行于云，则年增矣，千岁不死。"[11]《论衡·道虚篇》载："好道学仙，中生毛羽，终以飞升。"[12]可见汉代人们崇尚羽化升仙。

永城市酂城汉墓出土的羽人升仙画像石，现藏于河南博物院。长233厘米，宽47厘米。石呈长方形，画像中并列八位羽人，皆着长袍宽袖，分别骑飞廉、苍龙、虎等神兽，其中一为人首兽身神兽，作升天状。画面上部装饰一层菱形纹，一层水波纹，一层垂幔纹。整幅画像造型生动。(图5)

商丘汉画像石中最常见的是反映祥瑞辟邪、珍禽异兽，墓主人将这些珍禽瑞兽刻在墓门和四壁，以镇服魑魅魍魉，既可安然正寝，又幻想来世候补官禄。商丘汉画像中多采用剔地浅浮雕加线刻的手法来表现，前后呼应，使画面显得更加生动有趣，而且体态各异，充分表现出商丘汉画别具一格的艺术特点。此画像石当是这一题材的代表之作。

图5 羽人升仙画像石

商丘汉画像石中以表现祥禽瑞兽为地方特色，“熊舞”“熊戏”的画像石较多，别具一格。这些神秘的动物，充分反映出汉代艺术家丰富的想象力以及商丘地区汉画像石题材浪漫离奇的特点，是汉人浪漫主义艺术风格的体现。[13]

汉代统治者深信神仙，迷恋长生，汉代人视鹿为仙兽，“认为它是仙人的坐骑，乘之可以升仙。”汉画像石中的升仙主要以龙、虎、鹿等动物为骑乘工具或坐以上瑞兽曳引的云气车升仙，如《焦氏易林》云：“驾龙骑虎，周游天下，为神人使。”道教称龙、虎、鹿为三蹻，画像石中以鹿、鱼、鸟等动物曳引云气车升仙的图案，都是汉人升仙思想的体现。

鲁迅先生说过：“秦汉以来，神仙之说盛行……其最为世间所知，常引为故实者，有昆仑西王母。”[14] 能使人长生不老的西王母在汉代成为最受崇拜的对象，她的形象是逐渐完善起来的，并且与历史有着密不可分的关系。东汉时，人们一般将西王母和东王公放在同一画面，顺应了汉代人的思想潮流。[15]

六、神话传说

关于河伯的传说，战国时期《庄子》载：“秋水时至，百川灌海，泾流之大，两涘渚崖之间，不辨牛马。于是焉河伯欣然自喜，以天下之美为尽在己。”关于河伯的来历，《淮南子·齐俗训》载：“冯夷得道，以潜大川，即河伯也。”《博物志》卷七云：“昔夏禹观河，见长人鱼身出曰：‘吾河精，岂河伯也？冯夷，华阴渔乡人，得仙道，化为河伯，岂道同哉？’”这些记载中河伯原名冯夷，修炼得道而成河伯。

永城市出土的河伯、舞乐画像石，现藏于河南博物院。长165厘米，宽45厘米。画面左刻一人端坐，后一兽身有三首，一人手摇鼓。摇鼓者应为雷公，汉王充《论衡·雷虚》记载：“图画之工，图雷之状，累累如连鼓之形。又图一人，若力士之容，谓之雷公，使之左手引连鼓，右手推椎，若击之状。其意以为，雷声隆隆者，连鼓相扣击之意也。”[16]

综上所述，河南博物院藏汉画像石以南阳、许昌、商丘出土为主，造型与雕刻风格的统一，构成了南阳汉画像石寓巧于拙、寓美于朴、“深沉宏大”的气势。鲁迅先生在谈到南阳汉画像石的雕刻技法和艺术风格时，概括为此比别的汉画“稍粗”。“稍粗”正是南阳汉画的一大特点。南阳画像石显著的特点之一是点、线、面的流畅组合。工匠们由于受到作画工具和材料的局限，不可能将对象的所有细节刻画得生动形象，但是他们往往能把握对象最为传神的一面，再以高度概括的手法对其进行形象化的雕琢，使形与神有机融合为一体。

许昌曾是三国时期曹魏的国都，许昌汉画像石在地域上属于南阳汉画像石分布区域的延伸，带有楚文化所代表的中国纯粹艺术精神特征，许昌汉画像石较其他汉代晚期地区汉画像石水平要高，体现出一个政治角力时代的特殊风格特征。[17]题材较为简单，多为祥瑞辟邪、社会生活、神话传说等，铺首衔环、门吏、龙、虎、常青树以及马、羊等形象。

商丘汉画像石出土较为集中，数量较多，以反映祥瑞辟邪的珍禽异兽等为主；雕刻精美，内容独特，朴实庄重又具有浪漫主义色彩[18]，是研究汉代政治、经济和文化的宝贵材料。

[1] 中国大百科全书编纂委员会. 中国大百科全书·画像石［M］. 北京：中国大百科全书出版社，1986.

[2] 葛洪. 西京杂记［M］. 西安：三秦出版社，2006:202.

[3] 杨宽. 古史新探·论西周时代的农业生产［M］. 北京：中华书局，1965.

[4]［5］杨天宇. 礼记译注［M］. 上海：上海古籍出版社，1997.

[6] 司马迁. 史记（卷87）［M］. 北京：中华书局，1959.

[7] 班固. 汉书（卷61）［M］. 北京：中华书局，1962.

[8] 班固. 汉书（卷42）［M］. 北京：中华书局，1962.

[9] 黄留春. 许昌古城出土“四神”柱础［J］. 中原文物，1986（4）.

[10] 袁珂. 山海经校注［M］. 上海：上海古籍出版社，1980.

[11]［12］黄晖. 论衡校释［M］. 北京：中华书局，2018.

[13] 河南博物院. 河南博物院藏品精粹［M］. 上海：上海人民美术出版社，2020.

[14] 鲁迅. 中国小说史略［M］. 北京：人民文学出版社，1973.

[15] 吴曾德. 汉代画像石［M］. 北京：文物出版社，1984.

[16] 黄晖. 论衡校释［M］. 北京：中华书局，2018.

[17] 李向平. 略论许昌的汉画像石艺术［J］. 美术学刊，2009（10）.

[18] 周到. 商丘汉画像石·序［M］. 郑州：河南美术出版社，1992.

洛阳三彩文官俑研究

郝红星[1] 何 娟[2]
1.郑州市文物考古研究院；2.河南博物院

摘要：三彩文官俑是盛唐墓中才出现的一种器种，虽然存在时间短，但变化异常丰富。三彩文官俑主要出土于洛阳唐墓中，巩义、登封也有少量发现。这些墓应该有部分是纪年墓，但以简报形式发表的仅有三座，这就给三彩文官俑的研究带来不便。本文选取洛阳及巩义出土的23件三彩文官俑，依据其冠饰、服饰、台座特征，并结合出土有相类粉彩文官俑的纪年墓或年代大致可定的唐墓，初步排列出三彩文官俑的演变序列，这对郑洛地区唐墓器物的研究有重要意义。

关键词：郑洛地区；唐墓；三彩；文官俑

文官俑是唐代墓葬里最重要的一种俑，自唐初出现以来，一直到盛唐结束，始终与镇墓兽、武士俑相伴，是墓葬三大礼器之一。然而，三彩文官俑的存在时间却较短，最早在盛唐早期出现，至盛唐中期已经消失，存续时间约在690—723年间。

唐代典籍并未见三彩文官俑使用的相关规定，它们只出土于器物较多的墓葬中。这些墓少数为官员墓葬（有确切的年代），多数墓主身份不明。由于纪年墓少，造成本来数量就不多的三彩文官俑演变序列很难厘清。今就郑洛地区唐墓出土的三彩文官俑试作分析，其中相当一部分年代不明的文官俑来自《中国洛阳出土唐三彩全集》[1]提供的信息。

一、文官俑介绍

文官俑在初唐墓葬里一般有两件，形象完全相同。675年以后，一件保持原样，另一件发展成武官俑，故这时墓葬里只有一件文官俑。

1. 孟津屈突季札墓[2]文官俑 拢发，束于一梁进贤冠内。长脸丰润，因敷彩脱落，没有喜感，杏眼较长，唇紧抿。身着右衽阔袖襦，腰系带，下着裙，腿间长飘带，足着云头履，拱手立于低岩座上。襦釉色较为复杂，正面施黄、绿、白间色釉，背面施黄釉，裙施白釉，前后腿间、两侧面及裙缘各施一道绿釉，岩座施黄、绿、白三釉。高66.5厘米。（图1）

图1 孟津屈突季札墓文官俑

2. 洛阳无名墓文官俑 拢发，头戴一梁进贤冠，梁变宽，无簪。胖脸，瞪眼，厚唇紧抿。

上着交领阔袖襦，襦襈略卷起，外披裲裆甲，腰系带，下着裙，足着靴，拱手立于中台座上。襦大部施酱釉，裲裆与褾施绿、白、酱三釉，裙施白釉，台座局部施釉。高 76 厘米。（图 2）

3. 洛阳无名墓文官俑　拢发，头戴一梁进贤冠，冠颜题直而矮，冠耳较圆。长方脸，大耳，两眼内聚，鼻翼扩张，上唇压低。上着右衽阔袖襦，内着圆领单衣，腰系大带，下着裙，裙缘饰流苏，足着履（残），拱手立于中台座上。襦大部施酱釉，翻领襈施绿釉，褾施酱、绿、白三釉，大带、裙施白釉，台座施黄、白、绿三釉。高 83 厘米。（图 3）

4. 洛阳无名墓文官俑　拢发，头戴一梁进贤冠，梁较宽，下有簪。脸短圆，疙瘩鼻，厚唇涂红。身着交领阔袖襦，襦襈略卷起，外罩假裲，腰系大带，下着裙，足着云头履，拱手立于高岩座上。襦大部施酱釉，假裲施绿、白、酱三釉，褾、大带、裙施白釉，履施酱、白二釉，岩座施白、绿、酱三釉。高 83 厘米。（图 4）

5. 洛阳无名墓文官俑　冠、服饰、容貌同前俑极为相像，唯襦、台座区别较大。襦大部施绿釉，褾与假裲施酱、白、绿三釉，台座施白、绿二釉。高 85 厘米。（图 5）

6. 洛阳无名墓文官俑　拢发，头戴一梁进贤冠，梁短而窄，涂红彩，冠耳面用红、黑彩绘花瓣。方圆脸，长耳，飞眉如卷云，黑眸，红唇，嘴周有短髭。身着交领阔袖襦，襦襈翻卷，外罩假裲，腰系大带，下着裙，足着云头履，拱手立于高台座上。襦大部施酱黄釉，褾、假裲施酱黄、白、绿三釉，裙、带施白釉，履施酱黄、白二釉，台座施绿、白、酱黄三釉。高 95 厘米。（图 6）

7. 洛阳无名墓文官俑　拢发，头戴黑色一梁进贤冠，梁宽而矮。长方脸，眉清目秀，鼻宽嘴大，唇紧抿。上着交领阔袖襦，襦襈翻卷，外披裲裆甲，腰系大带，下着裙，腿间长飘带，足着云头履，手持笏板立于高台座上。襦大部施绿釉，褾、裲裆施酱、白二釉，腰带、裙施白釉，履施绿、白二釉，台座施白、绿、酱三釉。高 107 厘米。（图 7）

8. 洛阳安菩墓文官俑　脸、服饰、容貌、釉

图 2　洛阳无名墓文官俑

图 3　洛阳无名墓文官俑

图 4　洛阳无名墓文官俑

图 5　洛阳无名墓文官俑

色几同前俑，但进贤冠展筩宽而高，高过冠耳，上绘草叶纹。嘴周有短髭，唇涂红。手中笏板已失，拱手立于高岩座上。高 112 厘米。（图 8）

9. 洛阳无名唐墓文官俑　头戴进贤冠，展筩失，不见拢发，冠颜题降至额际。圆胖脸，大眼，红唇紧抿，嘴周有短髭。上着右衽阔袖襦，襈略翻卷，腰系带，下着裙，足着云头履，拱手立于高台座上。襦大部施酱釉，襈、裙施白釉，褾施白、绿、黄三釉，履施绿釉，台座施黄、白二釉。高 112 厘米。（图 9）

图 6　洛阳无名墓文官俑

图 7　洛阳无名墓文官俑

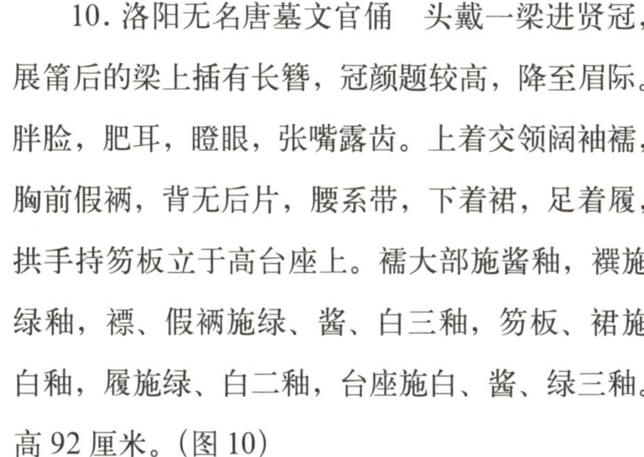
10. 洛阳无名唐墓文官俑　头戴一梁进贤冠，展筩后的梁上插有长簪，冠颜题较高，降至眉际。胖脸，肥耳，瞪眼，张嘴露齿。上着交领阔袖襦，胸前假裲，背无后片，腰系带，下着裙，足着履，拱手持笏板立于高台座上。襦大部施酱釉，襈施绿釉，褾、假裲施绿、酱、白三釉，笏板、裙施白釉，履施绿、白二釉，台座施白、酱、绿三釉。高 92 厘米。（图 10）

11. 洛阳无名唐墓文官俑　头戴一梁进贤冠，展筩残断一部分，露出下边的圆台形梁，插有长簪。圆脸更胖，大鼻头，张嘴露齿。上着交领阔袖襦，腰系大带，外罩假裲，假裲上缘呈拱形，背无后片，腰下襦外束裙，足着靴（应为云头履，修复错误），左手握拳，右手袖手，分置鼓腹两侧。襦大部施酱黄釉，襈施绿釉，褾、假裲施绿、白二釉，大带、裙施白釉，台座施绿、白、酱三釉。残高 91 厘米。（图 11）

12. 洛阳无名唐墓文官俑　形象几乎同前俑。大脸，胖身，瞪眼，张嘴无齿。圆台形梁前无展筩，双手皆袖手，足着云头履。襦大部施绿釉，襈施

图 8　洛阳安菩墓文官俑

图 9　洛阳无名唐墓文官俑

图 10　洛阳无名唐墓文官俑

图 11　洛阳无名唐墓文官俑

黄釉，褾施黄、绿二釉，假裲、裙、履施绿、白二釉，台座施酱、白、绿三釉。高 92 厘米。（图 12）

13. 洛阳无名唐墓文官俑　冠饰、服饰、形象大致同前俑，唯服色不同。浓眉，瞪眼，张嘴无齿，嘴周有卷须、短髭。左手握拳，右手袖手，台座及靴可能修复错误。襦大部施酱釉，襈施绿釉，褾、假裲、裙施酱、绿、白三釉。高 85.5 厘米。（图 13）

14. 洛阳无名唐墓文官俑　头戴二梁进贤冠，冠的颜题比之前冠颜题增高。圆脸较前瘦很多，狭长眼睛，直鼻，小嘴丰唇。上着交领阔袖襦，外罩假裲，背无后片，腰束带，下着裙，足着云头履，拱手立于高岩座上。襦正面施酱黄釉，背面以及襈、褾、假裲、岩座均施酱黄、绿、白三釉。高 78 厘米。（图 14）

15. 洛阳无名唐墓文官俑　头戴二梁进贤冠，脸的丰腴程度同前俑。服饰大致同前，但假裲又变成裲裆甲，台座较低。襦大部施酱黄釉，襈施绿釉，褾施条状绿、白釉，假裲施绿、酱黄、白三釉，裙施白釉，履施绿、白二釉，台座部分施绿、酱黄、白三釉，裙施白釉。高 77 厘米。（图 15）

16. 洛阳无名唐墓文官俑　冠、服饰、容貌、举止同前俑，唯釉色有差。襦大部施酱黄釉，襈施绿釉，褾、裲裆甲、台座施繁华的绿、白、酱黄三釉，因台座施釉上提，履、裙缘也被施以白、绿、酱黄三釉。高 75 厘米。（图 16）

17. 洛阳无名唐墓文官俑　冠、容貌同前俑。嘴周有粗笔描的短须。上着右衽阔袖襦，腰束带，下着裙，足着靴，拱手立于中台座上。襦大部施酱黄釉，褾、台座施白、绿、酱黄三釉，裙施白釉，靴施酱黄釉。高 70 厘米。（图 17）

图 12　洛阳无名唐墓文官俑　　图 13　洛阳无名唐墓文官俑

图 14　洛阳无名唐墓文官俑　　图 15　洛阳无名唐墓文官俑

图 16　洛阳无名唐墓文官俑　　图 17　洛阳无名唐墓文官俑

18. 洛阳无名唐墓文官俑　冠、服饰、容貌、举止同前俑，唯服色有差。襦大部施酱黄釉，襈、褾施白、绿二釉，裙施白釉，靴施酱黄釉，台座施酱黄、白、绿三釉。高 67 厘米。(图 18)

19. 洛阳无名唐墓文官俑　拢发，一梁进贤冠高居头顶中部，梁呈弧状。长方脸，杏眼，直鼻，唇微启，嘴周描有胡须。身着右衽阔袖襦，腰系带，下着裙，腿间垂宽带，足着履，拱手立于低台座上。襦大部施酱釉，前襟与后背施有少量绿、白釉，裙施白釉，履及台座周上缘点施黄釉。高 41.5 厘米。(图 19)

20. 偃师北窑 5 号唐墓[3]文官俑　冠饰同前俑。胖脸，媚眼，颇有女相。身着交领阔袖襦，下着裙，足着履，拱手立于低台座上。襦大部施褐釉，襈、履饰绿釉，褾施绿、白二釉，裙施白釉，台座施绿、白、褐三釉。高 45.5 厘米。(图 20)

21. 洛阳关林 C7M5657[4]文官俑　冠、容貌、服饰同前俑，唯襦之襈略卷起，身着交领襦，内有单衣，下着裙，腿间长飘条，拱手立于地。单衣涂橘红彩，襦施绿釉，裙施白釉，履施黄釉。高 45 厘米。(图 21)。

22. 巩义新兴家园 M599[5]文官俑　头戴一梁进贤冠，冠较前冠宽，冠梁相同，涂橘红彩，脑后有分发线。脸微胖，小眼，直鼻，小嘴。服饰大致同前，唯足着靴，拱手立于低台座上。襦大部施黄釉，襈施绿釉，褾、台座施白、绿、黄三釉，腰带、裙、靴施白釉。高 41.5 厘米。(图 22)

23. 洛阳 59 号唐墓文官俑　头戴一梁进贤冠，冠颜题低至额际，弧状梁前有展筩。小耳，小眼，直鼻，小嘴。上着交领宽袖襦，襦襈翻起，腰束革带，下着裙，腿间长飘带，足着歧头履，双手持笏立于高岩座上。襈施蓝釉，褾饰蓝、绿、黄、白四釉，笏板、腰带、裙施白釉，履施黄、白二釉，岩座施黄、绿、白三釉。高 53 厘米（图 23）。

图 18　洛阳无名唐墓文官俑

图 19　洛阳无名唐墓文官俑

图 20　偃师北窑 5 号唐墓文官俑

图 21　洛阳关林 C7M5657 文官俑

图22　巩义新兴家园 M599 文官俑　图23　洛阳 59 号唐墓文官俑

二、年代讨论

本文选取 23 件文官俑，其中图 1 和图 8 分别为屈突季札墓、安菩墓[6]出土的文官俑，有确切的年代，图 20、图 21、图 22、图 23 虽无纪年，但根据墓中伴出物的特征可以确定墓葬的大致年代，其余 17 件文官俑均为收录于《中国洛阳出土唐三彩全集》中的不具出物信息的文官俑，这 17 件文官俑只能根据郑洛地区出土有相似粉彩文官俑的唐墓年代来判断它们的年代。

图 1 屈突季札墓文官俑高度为 66 厘米，是所有文官俑中年代最早的一件（691）。其特征是冠高居头顶中部，冠梁窄而矮，岩座较低。俑的服饰很有特色，即襦之襈离脖较远，襈较窄。图 2 文官俑冠同前俑，但冠梁较宽，襦襈围绕脖子高起，披裲裆甲，台座亦高。根据它 76 厘米的高度，当不至于距离图 1 文官俑太远，约在 695 年左右。

图 3 文官俑高度 83 厘米，冠仍居头顶中部，冠耳圆而冠梁窄，与 701 年巩义刘安墓[7]粉彩文官俑之冠完全一样，其年代也有可能已进入 700 年，其腰带较宽，襈缘呈弧角状是仅见。图 4、图 5 文官俑冠的宽梁下均插有簪，襦襈绕脖子卷起，襦外均有假裲，腰带特宽，足均着履，高台座。这两件文官俑年代极有可能相同。图 6 文官俑与前两俑有诸多相同，如假裲、特宽的腰带、履、高台座，但冠梁较窄，无簪，襦之襈翻卷较甚，高度也较前两俑高 10 厘米以上，这是年代带来的差异。图 3 至图 6 文官俑年代可能在 700—708 年之间。

图 7、图 8 两件文官俑的容貌、发式、服饰、举止非常相像，不能排除用的是同一模，但作为组件的冠、台座略有不同。细查图 8 安菩墓（709）文官俑展箭下所藏的梁同图 7 文官俑的冠梁，故图 7 文官俑的年代也应该在 709 年左右。

如此，在 700—709 年之间，文官俑主要有两种，一种冠上无展箭，时间略早；另一种有展箭，时间偏晚。两种俑冠皆高居头顶中部，阔袖，有特宽的腰带，拱手立于高台座上。

图 9 文官俑展箭无存，冠的颜题下降至额际，俑脸微微发胖，形象和 709 年杏园李嗣本[8]墓文官俑相同，但这件文官俑展箭的安装方式和安菩墓文官俑冠的展箭的安装方式相同，年代有可能也在公元 709 年前后。

图 10 至图 13 文官俑有诸多共同之处，如冠的颜题下降至眉际，均胖脸、张嘴、大腹便便，除图 10 的假裲上缘中部略凹，其余三件均凸起，且假裲都没有后片，除图 10 裙束在襦内，其他三件都束在襦外。冠梁有两件外边有展箭，两件没有，但四件梁都呈圆形却是相同的。这种风格的文官俑在郑洛地区不多见，同样风格的粉彩文官俑还没有发现。2004 年郑州市文物考古研究院发

掘的巩义行政中心 M8 [9] 出土的粉彩文官俑所戴冠下降至眉际，脸微胖，但没有张嘴，应该比这四件文官俑略早。另外，M8 文官俑冠的后部也有一块补丁，和图 9 文官俑冠的补丁位置相同。根据 M8 镇墓兽翼之飞羽呈分离齿状这一特征，可将 M8 的年代大致定在 712 年。如此，这四件肥胖的文官俑年代应该在 712 之后，但持续时间不会很长，因为新的一种镇墓兽马上出现了，其伴出的文官俑与图 14 至图 18 的文官俑相同。

图 14 至图 18 的文官俑具有以下特征：冠的颜题上升至额际，圆形的冠梁向旁伸出两翅；胖脸变成瘦脸，大圆眼变成狭长的杏眼；瘦腹，裙束在襦内；年代稍早的文官俑有假裲，前片上缘中部又变成略凹的样式，年代稍晚的没有假裲；俑皆拱手。郑洛地区出土这种三彩文官俑的墓葬有两座。其中巩义芝田 88M38 [10] 文官俑高度、形象、服饰同图 15 文官俑相近，新安县柴湾唐墓 [11] 文官俑高度、形象、服饰同图 17 文官俑。这两墓出土的镇墓兽翼之飞羽皆不分齿，呈板状。这种镇墓兽的年代要晚于巩义行政中心 M8 那种分齿飞羽镇墓兽，年代在 715 年前后。

图 20 北窑 M5 文官俑较之前的文官俑突然降低 20 厘米左右，冠又高居头顶中部，冠梁呈弧状，脸再度发胖，襦无假裲，且由之前的右衽襦变成交领襦，襦襈不卷起，拱手立于低台座上。此墓镇墓兽仍然为不分齿板状飞羽，说明此种无展筩的进贤冠出现在前一种文官俑之后，大约在 718 年之前。因为 718 年一种新的分齿飞羽镇墓兽出现了。

图 19 文官俑仅有 41.5 厘米高，比北窑 M5 文官俑还低一点，但它的容貌是图 14 至图 18 那种微胖的端庄容貌，冠梁也是弧状，襦为右衽式，年代要稍早于北窑 M5 文官俑，即也在 718 年之前。

洛阳关林 C7M5657 与巩义新兴家园 M599 冠、服饰、容貌大体相同，前者没有台座。这两墓的镇墓兽翼之飞羽上部分离，下部却连在一起，非常有特色。这种镇墓兽最早在 718 年杏园李珣墓 [12] 已经见到，故 C7M5657 与 M599 年代不能早于 718 年。这两墓皆没有见到倭堕髻俑与魏王踣式幞头俑，而这两种俑在 723 年开始出现 [13]，如此这两墓的年代必在 718—723 年之间。

图 23 文官俑出自洛阳 59 号唐墓。此墓有多件器物采用了复古方式，如镇墓兽飞羽分齿，文官俑冠展筩下有弧状梁，手中又持笏板，但高髻俑的髻向前呈水平状，与 723 年出现的倭堕髻有异曲同工之妙，其年可能接近 723 年。

三、结语

本文列举了 23 件文官俑，基本涵盖了郑洛地区三彩文官俑的所有样式。从器形上看，大多为头戴进贤冠、身穿阔袖襦、拱手立于台座上的男人造型，但自最早的屈突季札墓文官俑开始，到最晚的洛阳 59 号唐墓文官俑，三彩文官俑经历了一个台座由中台座到高台座，又由高台座到低台座的过程，其间进贤冠的冠梁宽窄与高低多次变化，展筩时有时无，假裲的情况也是这样。我们根据文官俑的变化并结合镇墓兽的变化将三彩文官俑的变化分成五个时间段，每段时间并不相等，每段出现的文官俑种类均为两种。

690—700 年，文官俑处于发展阶段，高度不到 80 厘米。冠高居头顶中部，冠梁不高，无展筩。文官俑有两种，一种阔袖襦外无裲裆甲，一种阔袖襦外有裲裆甲。

700—709 年，文官俑发展到鼎盛阶段，高度最高达 112 厘米。冠仍居于头顶中部，大部分冠梁较宽。文官俑有两种，一种梁上有簪，高度多低于 90 厘米，阔袖襦外有假裲；另一种梁前或有展筩，阔袖襦外有裲裆甲，手持笏板，高度在 100 厘米以上。

709—715 年，文官俑开始走下坡路，高度由 112 厘米下降至 85 厘米。冠颜题突然下降到眉际，脸变得肥胖，张嘴，假裲皆无后片，前片上缘中部上凸，根据有无展筩将文官俑分为两种。一种有展筩，一种只有圆台形的梁，后者的裙多束在襦外。

715—718 年，文官俑高度继续降低，大概在 65 ~ 80 厘米之间。冠只有一种造型，即梁上部分出两叉，冠颜题抬高到额际，脸、腹部又变瘦，大部分文官俑着有前后片的假裲，没着假裲的为右衽阔袖襦。由于着假裲内的阔袖襦未知是不是右衽，文官俑视为两种。

718—722 年，文官俑已到没落阶段，高度在 40 ~ 55 厘米之间。冠有两种。一种冠无展筩，只有窄而长的弧状梁，冠又回到头顶中部。阔袖襦外皆无假裲，阔袖襦多为交领。另一种冠为复古冠，应该是富人家订制的冠，保留有较多的前段风格，冠梁前有展筩，但冠梁却是窄而宽的弧状梁，冠颜题在额际。襦襈翻卷，手持笏板。

以上五个时间段十种三彩文官俑由于处于唐三彩的辉煌期，所以在釉的使用上，基本上都是明亮鲜艳。面部以上不施釉，敷彩多脱落，原来的嘴应涂红，冠、发、眉、须涂黑。襦多施酱黄釉，绿釉较少，但应为高档产品。裲裆、假裲、襈、台座多施酱、绿、白三釉，裙多施白釉。特别指出，腰带前、后施釉不同色，前边白、绿、酱黄都有，后边多为白釉，个别为黄、绿釉。不得不说，第五段三彩的釉色多暗淡无光，显破败之相。

---

[1] 周立，高虎. 中国洛阳出土唐三彩全集［M］. 郑州：大象出版社，2007.

[2] 310 国道孟津考古队. 洛阳孟津西山头唐墓发掘简报［J］. 华夏考古，1993（1）.

[3] 偃师商城博物馆. 河南偃师县四座唐墓发掘简报［J］. 考古，1992（11）.

[4] 山东大学历史文化学院，洛阳市文物考古研究院. 河南洛阳关林唐代三彩墓（C7M5657）发掘简报［J］. 文物，2020（2）.

[5] 巩义市文物考古研究所. 巩义新兴家园唐墓发掘简报［J］. 中原文物，2017（1）.

[6] 洛阳市文物工作队. 洛阳龙门唐安菩夫妇墓［J］. 中原文物，1982（3）.

[7] 巩义博物馆资料.

[8] 中国社会科学院考古研究所河南第二工作队. 河南偃师杏园村的六座纪年唐墓［J］. 考古，1986（5）.

[9] 郑州市文物考古研究院，巩义市文物局. 河南巩义唐墓发掘简报［J］. 文物，2014（8）.

[10] 郑州市文物考古研究所. 巩义芝田晋唐墓葬［M］. 北京：科学出版社，北京，2003.

[11] 新安县文管所. 河南新安县磁涧出土的唐三彩［J］. 考古，1987（9）.

[12] 中国社会科学院考古研究所. 偃师杏园唐墓［M］. 北京：科学出版社，北京，2001.

[13] 马得志，张正岭. 西安郊区三个唐墓发掘简报［J］. 考古通讯，1958（1）；洛阳市第二文物工作队. 洛阳市唐卢照己墓发掘简报［J］. 文物，2007（6）.

由明周藩胙城王家族墓志看明藩封制度

李 聪 董源格
河南博物院

摘要：开封市博物馆藏一批明周藩胙城王家族墓志，墓志保存完整，记载内容丰富，其中包括墓主人家族成员姓名、爵位、子嗣等信息，为我们研究明代周藩胙城王一支家族谱系、命名制度、封爵制度等提供了重要资料，既补史之缺，又与史书相佐证。

关键词：周藩；胙城王；墓志；宗谱；封爵

洪武元年（1368），朱元璋下令“以应天为南京，开封为北京”，足见开封战略位置之重要。明朝初年，为了进一步加强中央集权，在全国的重要城市中分封藩王。洪武十一年（1378）封朱橚为周王，建藩开封。亲王之下封郡王，周定王朱橚共十四子，除宪王袭封，后因宪王早薨无子，简王进封，其余分别封汝南王、顺阳王、新安王、永宁王、汝阳王、镇平王、宜阳王、遂平王、封丘王、罗山王、内乡王、胙城王。周藩在开封的二百多年间，宗支繁衍，极大地促进了开封城市经济的恢复与发展，人口也显著增长，成为区域政治、文化、经济中心。

胙城王一支，始封于朱橚第十四子朱有熺，自宣德二年（1427）至万历三年（1575）除封，历时近150年，延续七世。开封市博物馆馆藏明周藩胙城王家族墓志6方（合），包括周定王朱橚次妃李氏（朱有熺母妃李氏）墓志、胙城庄简王朱有熺墓志、胙城宣靖王朱安泇墓志等，墓志涉及胙城庄简王至胙城端惠王六世，记录了其家族成员等宗亲谱系，为我们研究明代藩王宗亲家族谱系、藩封等制度提供了重要的实物资料。（图1、图2）

另外，据《明史》载：“自太祖时始封祔庙十五王以及列朝所封者，著于篇。而郡王以下有行义事实可采者，世系亦得附见焉。”[1] 可知，《明

图1 明胙城宣靖王墓志

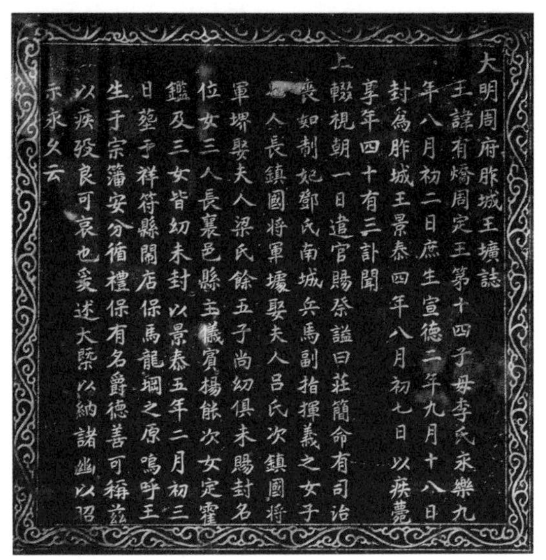

图 2　明胙城宣靖王墓志拓片

史》对于郡王以下宗室成员的记载甚少，而这批墓志资料能够极大补充我们对当时郡王家族情况的认识，既可与史书相佐证，又可补史之缺。本文将结合墓志与史书中关于胙城王家族的记载，对其家族谱系进行梳理，进而对墓志中所反映的宗藩藩封的一些制度进行简要解读，以期方家斧正。

一、墓志所反映的宗族谱系

此 6 方（合）墓志的墓主人分别为周定王次妃李氏、胙城庄简王朱有爔、胙城庄简王邓妃、胙城庄简王夫人李氏、胙城宣靖王朱安浏、胙城宣靖王苏妃。

（一）周定王次妃李氏墓志

志铭曰："周定王次妃李氏，法名福善。""有子二，长封曰内乡王有炯，娶妃杨氏；次封曰胙城王有爔，娶妃邓氏。"

（二）胙城庄简王墓志

志铭曰："王讳有爔，周定王第十四子，母李氏。永乐九年八月初二庶生，宣德二年九月十八日封为胙城王，景泰四年八月初七日以疾薨，享年四十有三。……谥曰庄简。……妃邓氏，南城兵马副指挥义之女。子七人，长镇国将军壉，娶夫人吕氏；次镇国将军堺，娶夫人梁氏；余五子尚幼，俱未赐封名位。女三人，长襄邑县主，仪宾杨能；次女定霍鑑及；三女皆幼未封。"

（三）胙城庄简王邓妃墓志

志铭曰："妃姓邓氏……册拜胙城王妃……宣德七年五月，妃遘疾，医不能……逮薨凡十有九年……"

（四）胙城庄简王夫人李氏墓志

志铭曰："夫人姓李氏，讳妙贞……事先胙城庄简王……毓子一人，乃胙城荣顺王，妃配吕氏……长孙一人，乃胙城昭僖王，妃配齐氏；以次庶孙同其号者，镇国将军三人，辅国将军十四人。嫡曾孙一人，今胙城王，妃配苏氏；以次庶曾孙安其号者，镇国将军三人，辅国将军十三人，奉国将军十九人，其未受名封者不可胜计也。女子、女孙及曾玄孙女并仪宾六十有奇，未笄未受封者不可枚举也。"

（五）胙城宣靖王墓志

志铭曰："王讳安浏，胙城昭僖王嫡长子，母妃齐氏。成化十一年五月十九日生，弘治四年九月二十七日袭封胙城王，嘉靖二年六月初十日以疾薨，享年四十有九。……谥曰宣靖……妃苏氏，祥符县东城兵马副指挥润之女。子十一人，二男睦樅，娶夫人万氏；嫡第三男睦梔，娶夫人刘氏；四男睦枎，娶夫人邹氏；嫡第五男睦棆，娶夫人李氏；嫡第六男睦杜，娶夫人李氏；七男睦精；九男睦椈；嫡第十男睦槎；十一男睦樏；俱封镇国将军。十二男睦梧，十三男睦柼，尚幼未受封。女六人，长女宜章县主，下嫁仪宾雷启元；三女永嘉县主，下嫁仪宾傅玺；四女恒安县主，下嫁仪宾侯相；五女岚县县主，下嫁仪宾吴桐；六女、七女尚幼，未受封。孙四人，孙女六人，尚幼，未受封。”

（六）胙城宣靖王苏妃墓志

志铭曰：“……胙城王勤燇具斩服哭而告曰……苏太妃大梁祥符邑儒族女……后勘选为胙城宣靖王妃。王，我太祖高皇帝五代孙也，洪武年以大梁地，始封周定王，定王生胙城庄简王，庄简王生荣顺王，荣顺王生昭僖王，昭僖王生宣靖王安浏。……妃生子四。长睦梔，为承爵者，配妃刘氏，先薨，谥曰恭懿王；二睦桅，配夫人李；三睦杜，配夫人李氏；四睦槎，配夫人赵氏；俱封镇国将军。女三，长宜章县主，配仪宾雷启元；二永嘉县主，配仪宾傅玺；三恒安县主，配仪宾侯相。孙男王，长勤燇，承王爵，配妃梁氏，先卒，选继妃姜氏；次勤烁，幼未封，俱恭懿王出。三、四幼，未名，桅出；五、六亦幼，未名，槎出。孙女七，俱幼，未受封。”

这批墓志中年龄最长者为周定王次妃李氏，生于洪武壬申年（1392），最小者为胙城宣靖王苏太妃，生于成化十二年（1476），薨于嘉靖二十三年（1544），整个时间跨度约150年。所涉及的胙城郡王多达六位，分别为庄简王、荣顺王、昭僖王、宣靖王、恭懿王、端惠王。此外还提及胙城王一支其他百余名家族成员。虽并非全部家族成员，也足见当时宗族之庞大，验证了《明史》中“宗姓实繁，贤愚杂出”[2]的记载。

《明史·诸王世表一》载：“胙城庄简王有熽，定庶十四，宣德二年封，景泰四年薨。荣顺王子壉，庄简庶一子，景泰七年以镇国将军袭封，成化十三年薨。昭僖王同镢，荣顺庶一子，成化十五年以镇国将军袭封，弘治元年薨。宣靖王安浏，昭僖嫡一子，弘治四年袭封，嘉靖二年薨。恭懿王睦梔，宣靖嫡一子，嘉靖五年以镇国将军袭封，十八年薨。端惠王勤燇，恭懿庶一子，嘉靖二十年袭封，万历八年薨。王朝埅，端惠庶三子，万历三年封长子，后卒，无子，除。”[3]可知，史书所记胙城王一支经历了庄简王、荣顺王、昭僖王、宣靖王、恭懿王、端惠王六世，在第七世时因朱朝埅早薨，无子，而除封。墓志与史书所记胙城王世系相照。同时，墓志记载有胙城王家族其他成员的信息，为史书所未记载，补充了史书之缺。为便于对整个家族谱系进行比较直观的认识，笔者根据史书记载与墓志相结合简要制作了胙城王家族成员谱系图。（图3）

二、墓志所反映的命名制度

在明代，藩王子孙命名有严格规定，据《大明会典·宗人府》载：“室子女嫡庶名封、生卒婚嫁、谥葬之事，凡宗室有所陈情，即为上闻，听天子命。除以亲王领之。后但以勋戚大臣摄府事，不备官，凡东宫亲王位下，各拟名二十字。日后生子及孙，即以上闻，付宗人府。所立双名，每一世取一字以为上字。其下一字，临时随意选择。编入玉牒，至二十世后，照例续添。永为定式。……周王位下：‘有子同安睦，勤朝在肃恭。绍伦敷惠润，昭格广登庸。’”[4]由这批墓志刊刻内容可知，周藩宗室严格按照这一制度进行命名。

周定王朱橚（李妃）—胙城庄简王朱有爋（邓妃、李夫人）—胙城荣顺王朱子壉（吕妃）—胙城昭僖王朱同镢（齐妃）—胙城宣靖王朱安浏（苏妃）

内乡王朱有炯	镇国将军朱子堺（梁夫人）	镇国将军三人	镇国将军三人
	余五子	辅国将军十四人	辅国将军十三人
	襄邑县主（仪宾极能）		辅国将军十九人
	次女		……
	三女		……

——胙城庄恭懿王朱睦栀（刘妃）—胙城端惠王朱勤熸（梁妃、姜妃）—朱朝墍

镇国将军朱睦樅（万夫人）	朱勤烁
镇国将军朱睦柣（邹夫人）	三、四幼
镇国将军朱睦椸（李夫人）	
镇国将军朱睦杜（李夫人）	
镇国将军朱睦棈	
镇国将军朱睦椈	
镇国将军朱睦槎	
镇国将军朱睦樱	
朱睦梧、朱睦柼	
宜章县主（仪宾雷启元）	
永嘉县主（仪宾傅玺）	
恒安县主（仪宾侯相）	
岚县县主（仪宾吴桐）……	

图 3　墓志所反映的胙城王家族成员关系图

如庄简王墓志中“子七人，长镇国将军壉，娶夫人吕氏；次镇国将军堺，娶夫人梁氏”。这里的壉、堺应为朱子壉、朱子堺。庄简王李夫人墓志载“以次庶孙同其号者……以次庶曾孙安其号者”。此处的同、安应为胙城王第三、四代家族成员。宣靖王墓志与宣靖王苏太妃墓志所记“睦樅、睦栀、睦柣、睦椸、睦杜、睦棈、睦椈、睦槎、睦樱”，为第五代家族成员，“勤熸、勤烁”为第六代家族成员。

《明史·诸王世表一》载：“洪武中，太祖以子孙蕃众，命名虑有重复，乃于东宫、亲王世系，各拟二十字，字为一世。子孙初生，宗人府依世次立双名，以上一字为据，其下一字则取五行偏旁者，以火、土、金、水、木为序，惟靖江王不拘。”[5] 从墓志看，“有”字辈爋，取偏旁“火”；“子”字辈壉、堺，取偏旁“土”；“安”字辈浏，取偏旁“水”；“睦”字辈樅、栀、柣、椸等，取偏旁“木”；“勤”字辈熸，取偏旁“火”。结合《明史》记载，“同”字辈镢，取偏旁“金”；“朝”字辈墍，取偏旁“土”。这也验证了“以火、土、金、水、木为序”的记载。

三、墓志所体现的明代封爵制度

明朝建立之初，朱元璋为巩固皇权，吸取历代治国经验教训，改革前制，下诏分封诸王，建立了一套颇具特色的宗藩分封制度。“皇子封亲王，授金册金宝，岁禄万石，府置官署。……亲王嫡长子，年及十岁，则授金册金宝，立为王世子，长孙立为世孙，冠服视一品。诸子年十岁，则授涂金银册银宝，封为郡王。嫡长子为郡王世子，嫡长孙则授长孙，冠服视二品。诸子授镇国将军，孙辅国将

军，曾孙奉国将军，四世孙镇国中尉，五世孙辅国中尉，六世以下皆奉国中尉。”[6]“亲王女曰郡主，郡王女曰县主，孙女曰郡君，曾孙女曰县君，玄孙女曰乡君，婿皆仪宾。”[7]“洪武初定……郡王嫡长子袭封郡王……次嫡庶子俱受封镇国将军，镇国将军之子授辅国将军……郡王女封县主，镇国将军女封郡君，辅国将军女封县君……”[8]洪武二十八年又补充载：“凡王世子必嫡长，王年三十，正妃未有嫡子，其子止为郡王，待王与王妃年五十五嫡子始立庶长子为王世子，袭封。”[9]这些册封制度在墓志中有明显体现。

（一）册封郡王

周定王李妃墓志载：“有子二，长封曰内乡王有炯，娶妃杨氏；次封曰胙城王有熺，娶妃邓氏。”胙城庄简王墓志载：“宣德二年九月十八日封为胙城王。”另《明宣宗实录》卷三一载：“癸卯命太子太保成国公朱勇少师……周定王第十子有烦为遂平王，十一子有煴封丘王，十二子有熼为罗山王，十三子有炯为内乡王，十四子有熺为胙城王。……西城兵马副指挥杨演女为内乡王妃，南城兵马副指挥邓义女为胙城王妃。”[10]墓志与史书相佐。

（二）郡王袭封

《礼部志稿》卷十五载：“凡郡王封典：万历十年议准，凡郡王薨逝，原与亲王同城者，其子孙服满之日，照常请封；若另城者，应袭子孙请敕管理府事，亦候服制满日请封。故绝者，俱不得袭封；与亲王同城者，某宗支自奉亲王约束止，许推举伦序相应之人，以本等爵职请敕奉祀，另城者，许推举一人，以本等爵职请敕，管理府事亦不得陈乞继封。（正德四年例）若以郡王进封亲王者，其郡爵亦不许补袭，请敕奉祀如前例（嘉靖四十四年例）。”[11]胙城王一支属于“与周王同城者”，郡王袭封，需等子孙服满之后，进行请封。根据墓志与史书记载袭封时间看，胙城郡王一系除朱朝埅早薨除封外，其余应均在服满之后袭封的。（表 1）

宣靖王墓志载：“王讳安浏，胙城昭僖王嫡长子，母妃齐氏。……二男睦樅，娶夫人万氏；嫡第三男睦栀，娶夫人刘氏……”宣靖王苏妃墓志又载：“长睦栀，为承爵者，配妃刘氏，先薨，谥曰恭懿王。”由此可以看出，宣靖王朱安浏为昭僖王嫡长子袭封；恭懿王朱睦栀为宣靖王第三个儿子，但是嫡长子，所以由他来袭位。与史书中记

表 1　胙城郡王袭封时间表

胙城郡王	出生时间	袭封时间	死亡时间
朱有熺（庄简王）	永乐八年（1410）	宣德二年（1427）	景泰八年（1457）
朱子壉（荣顺王）		景泰七年（1456）	成化十三年（1477）
朱同镢（昭僖王）		成化十五年（1479）	弘治元年（1488）
朱安浏（宣靖王）	成化十一年（1475）	弘治四年（1491）	嘉靖二年（1523）
朱睦桅（恭懿王）		嘉靖五年（1526）	嘉靖十八年（1539）
朱勤熥（端惠王）		嘉靖二十年（1541）	万历八年（1580）
朱朝埅		万历三年（1575）封长子，早卒，除封	

载嫡长子袭封郡王的规定一致。

但根据《明史》记载胙城王家族世表，除宣靖王和恭懿王外，其余四代郡王均为庶子袭封。表面上看，似乎与当时规定的嫡长子袭封政策相矛盾，其实不然。究其原因，可能是因正妃无子，由庶子袭封。《礼部志稿》卷十五载："凡庶子袭封：万历十年议准，亲郡王娶有内助妾媵，不论入府先后，已未加封所生之子皆为庶子，如嫡子有故，庶子袭封父爵，定以庶长承袭，若有越次争袭朦胧奏扰者，将本宗参究罚治辅导官，并同谋拨置之人，行巡按御史提问治罪。"[12] 对当时的郡王袭封制度有严格规定，除嫡长子袭封外，庶子应以庶长子承袭父爵，不得僭越，有违者将受到法律惩罚。

如荣顺王作为庶子袭封，这是因为庄简王邓妃早薨无子，故庄简王李夫人长子朱子墉袭封；昭僖王作为荣顺王的庶长子，庄简王的长孙，袭封；端惠王作为恭懿王的庶子，宣靖王长孙，袭封。这些墓志内容虽并无明确指出正妃是否无子，但从当时的规定看，他们应是严格遵照明代宗室"有嫡立嫡，无嫡立长"的继承原则施行袭封。

另外，按《明史》所载，胙城王在第七代朱朝埅时，因无子，早卒，而除封，也是严格执行了当时袭封制度。《大明会典·王国礼一》载："凡查革冒封。万历十年郡王无继统之例。其进封亲王，或薨故绝嗣，或犯罪革爵者，子孙弟侄及旁支疏族，俱不准承袭王爵。先年有冒封过者，许各自首，姑准本爵终身。"[13] 以法律形式将郡王继承严格限定在嫡长制原则之内，这意味着郡王若绝嗣将失去其郡王爵位。

（三）镇国将军、辅国将军、奉国将军册封

按照史书记载，郡王诸子授镇国将军，孙授辅国将军，曾孙授奉国将军，四世孙授镇国中尉，五世孙授辅国中尉，六世以下皆封奉国中尉。从图 1 看，仅墓志刊刻的就有镇国将军 14 人，辅国将军 27 人，奉国将军 19 人。

（四）县主、仪宾册封

《明史》卷一百二十一载："亲王女曰郡主，郡王女曰县主，孙女曰郡君，曾孙女曰县君，玄孙女曰乡君，婿皆仪宾。"[14] 墓志中除去年幼未封者，共计有 5 人。

四、结语

开封市博物馆馆藏胙城王家族墓志所记载的信息量大、内容丰富、涵盖面广，极大地补充了史书所缺，为我们研究明代郡王宗族谱系、命名制度、袭封制度以及开封地方史提供了重要材料。通过对比研究发现，墓志所记的内容与史书记载相互照应，作为周藩宗室成员的胙城王家族一支严格遵照当时的藩封制度，对补史证史有一定的作用及价值。

---

[1][2][3][5][6][7][9][14] 张廷玉. 明史［M］. 北京：中华书局，1974.

[4][13] 李东阳. 大明会典［M］. 台北：新文丰出版股份有限公司，1976.

[8][11][12] 永瑢、纪昀. 文渊阁四库全书［M］. 台北：台湾商务印书馆，1986.

[10] 杨士奇. 明宣宗实录［M］. 上海：上海书店出版社，2015.

《明配太学生两峰袁君李孺人墓志铭》考释

连小刚[1] 连靖心[2]
1.镇江市文物保护和考古研究所；2.景德镇陶瓷大学

摘要：《明配太学生两峰袁君李孺人墓志铭》出土于镇江，志主为明代太学生袁京（号两峰）的夫人李孺人。志文刻画了一位符合中国古代传统社会规范的典型女性形象，孝顺公婆、恪守妇道、相夫教子、乐善好施、救济穷人，深受族人称赞。从袁氏子女的婚配情况来看，与其家族联姻的均为官宦、士绅之家，反映了镇江袁氏家族深厚的社会关系网络。

关键词：明代；袁两峰；李孺人；墓志铭；考释

镇江焦山碑刻博物馆藏有明代袁两峰、李孺人夫妻的两合墓志，均为青石质。其中，李孺人墓志的志盖、志石高、宽各为61厘米，志盖篆书4行15字“明配太学／生两峰袁／君李孺人／墓志铭／”，志文楷书。袁两峰的墓志《明故太学生两峰袁先生墓志铭》已另文释读。本文专就李孺人的墓志作一考释，以求教于方家。（图1、图2）

一、录文

明配太学生两峰袁君李孺人（墓）（志）（铭）

赐进士及第、朝列大夫、翰林院掌院事、习庶吉士、詹事兼侍读学士、前修实录副总裁王锡爵撰文。

赐进士出身、中宪大夫、湖广武昌府知府、前兵部武选司郎中曹慎篆盖。

赐进士出身、朝议大夫、四川布政使司右参议、前按察司佥事范仑书丹。

京口袁氏，夙以望族推郡中。自余大父友荆公馆于袁氏，即与西墅翁称莫逆交，盖余髫年时也。时两峰君方负文誉，博交吴下士。余尚孺，顾辱奖借不容口，嗣是通家四世，且稔知李孺人之贤有年矣。今岁丁丑春二月中，余弟家驭氏赴官仪部取道京江，躬候孺人典居，报以康吉。未几，夏六月乃以讣闻，余并家驭氏唏嘘者久之。寻辱令嗣太学生尚忠缄书至京邸，报其母卜地有期，来索余铭。余甫奉新命校□读中秘书方亟，而又重违其请，谨按某状而叙之。厥母李氏乃郡大宾述庵李公之女也，淑懿贞静，钟爱于父，物色

图1　李孺人墓志盖

图2　李孺人墓志石

士类，择两峰袁君配之。笄年归袁氏，上下百口咸得其欢心，内政井井不乱。西墅翁喜谓人曰："吾得妇犹得一子矣。"其姑裘孺人卧疾，移榻同室，躬为扶持汤药，必亲尝之，阅五六年如一日。姑恒语之曰："领汝之妇，犹汝之贤。天之报称，谅不爽尔!"相厥夫君，恪修妇道，每口诵《女诫》诸篇，举以自勖。两峰君宾常满座，海内名流造者，孺人亟供备随，务令款洽尽欢，咲谈中夜，孺人犹秉烛候之无倦也。且性好施度人，诸□中多待袁氏举火者稍不给，孺人即脱簪珥□之。郡人有负袁氏而力不能办者，孺人每为阴焚券，竟不责其偿。遇凶岁，敕令女奴积今内廪为饘粥以赈饥民，乞者填咽里门，赖以全活。两峰君卒业成均，图南未遂。寻且遘疾，孺人祝天，祈以身代，竟不起。遗孤三人，犹在冲年。孺人哀毁骨立，奄奄垂绝。每抚诸孤，泣而谕之曰："尔父不禄，惟尔渺焉！诸孤幸读父书，以振先业。尔父犹为未亡也。"从子晋卿，今为东平州贰守，幼而孤，孺人抚之一如己出。诸君彬彬博雅，驰声隽英，观光辟雍，足称伟器，皆奉孺人教也。虽生弘治十五年九月十四日，享年七十六岁，卒于万历五年三月二十六日。即以是年十二月十五日归窆釜顶山，从两峰君□焉。生男三，曰表忠，太学生，娶严氏，杭州府知府宽之女。曰献忠，娶钱氏，太仆寺少卿亮之女；继娶朱氏，上蔡县主簿璋之女。二子皆于是年相继卒。曰尚忠，太学生，娶张氏，湖广按察司理问模之女。生女二，一适钱医学正科可传之子遡，一适吕提学副使高之子、太学生克念。孙男七人，曰达孝，娶茅氏，浙江布政司右参议鏊之女。曰兴孝，娶陈氏，□生之女。曰克孝，邑庠生，娶杨氏，荆府典仪宗柏之女。曰敦孝，聘李氏，增之女。曰光孝，聘钱氏，邑庠生，应台之女。曰纯孝，曰安孝，俱未聘。孙女八，一适乌程县贰尹夏氏昭之子、太学生禹卿。一适礼部儒士茅氏湛之子、邑庠生崇仕。一适龙阳县尹邬氏仁卿之子恕。一适益阳县尹王氏厢之子合簪。一字太学生王氏应元之子三聘。一字太学生刘氏行可之子汝立。一字太学生张氏鹏翼之子大纪。一字曹氏良策之子廷赞。曾孙男三人，曰应节，曰合节，曰玉节，俱幼未聘。曾孙女三人，一字郡庠生范氏岱之子如鼎，一字郡庠生管氏愈之子绎，一幼未字。嗟夫！余于袁氏有世讲而官联，太史董司世教知有贤媛如李孺人，是宜为铭。曰：□兹□德，濬□家祥。闽中孝义，匹□夫行。闺秀不忒，荫满北堂。本支振振，奕业寖昌。合□夫君，釜山之阳。勒此玄石，潜德孔彰。绵绵百世，令人之藏。

二、志主生平、葬地等情况

志主为明代太学生袁两峰的夫人李氏。据袁两峰墓志可知，袁两峰本名京，字极甫，“两峰”是他的号。“孺人”本是古代对大夫妻子、唐代对王妾的称呼，宋代用为通直郎以上官阶者母亲和妻子的封号，也可用以对妇人的尊称。[1] 作为命妇封号，明清时“孺人”为七品官之母、妻的封号。由于袁两峰终生未仕，其子亦未官至七品，可知志文将李氏称为“孺人”是表示尊称。

据志文所知，袁氏为镇江望族之一。李孺人系郡大宾李述庵之女，端庄娴静，被视为掌上明珠。15 岁时嫁与袁京。在李孺人的治理下，家里的各项事务井井有条。

李孺人对公婆非常孝顺。袁京的父亲袁继祖对她赞不绝口，夸她嫁入袁家就像是袁家多了一个能干的儿子。袁京的母亲裘氏卧病在床，李孺人就搬到其房间同住，亲自端送汤药，悉心照顾，五六年如一日，毫无怨言。此外，李孺人恪守妇道，是一个合格的贤内助。袁京交友广泛，家里经常宾朋满座，名流云集。每有宾客到来，李孺人就在一旁贴心服务，务必使客人感受到亲切融洽，玩得尽兴。主客有时畅谈至深夜，她仍然在旁伺候，毫无倦色。

李孺人乐善好施，经常接济周围的人。家族中依靠她生活的人稍稍遇到困难，她便将自己的首饰摘下送给他们。那些欠下袁家债务的乡民如果无力偿债，她便偷偷地将借据烧掉，不要乡民归还。遇到灾荒年份时，她就让仆人将家里的粮食熬成稀粥救济灾民，从而使无数人活命。

李孺人精心抚育子女。嘉靖二十五年（1546），袁两峰病逝，李孺人时年 44 岁。她悲痛欲绝，独自承担起抚育子女的重任。她谆谆教导儿子们要刻苦读书，重振家业。侄子袁晋卿，幼年丧父，由李孺人抚养长大，视如己出。袁晋卿长大后任东平州同知。其他几个孩子也都文质彬彬，闻名士林。

据志文，李孺人生于弘治十五年（1502）九月十四日，卒于万历五年（1577）三月二十六日，享年 76 岁。万历五年十二月十五日葬于釜顶山，与袁两峰合葬。《光绪丹徒县志》卷二载：“釜鼎山在城东南四里。‘鼎’旧志作‘顶’。”[2]

李孺人生有三子二女。长子袁表忠，太学生，娶杭州知府严宽之女。次子袁献忠，先娶太仆寺少卿钱亮之女，继娶上蔡县主簿朱璋之女。他们二人在万历五年相继先于李孺人而卒。三子袁尚忠，太学生，娶湖广按察司理问张模之女。长女嫁与医学正科钱可传之子钱迦，次女嫁与提学副使吕高之子太学生吕克念。孙子七人，长孙袁达孝，娶浙江布政司右参议茅鎜之女。次孙袁兴孝，娶陈氏。三孙袁克孝，秀才，娶荆府典仪杨宗柏之女。四孙袁敦孝，聘李氏。五孙袁光孝，聘秀才钱应台之女。六孙袁纯孝、七孙袁安孝均未定亲。孙女八人，长孙女嫁与乌程县丞夏昭之子太学生夏禹卿。二孙女嫁与礼部儒士茅湛之子秀才茅崇仕。三孙女嫁与龙阳县令郛仁卿之子郛恕。四孙女嫁与益阳县尹王厢之子王合簪。五孙女许配给太学生王应元之子王三聘。六孙女许配给太学生刘行可之子刘汝立。七孙女许配给太学生张鹏翼之子张大纪。八孙女许配给曹良策之子曹廷赞。曾孙三人，袁应节、袁合节、袁玉节，俱幼未聘。曾孙女三人，一个许配给秀才范岱之子范如鼎，一个许配给秀才管愈之子管绎，一个年幼尚未定亲。

三、撰文者、篆盖者、书丹者

撰文者王锡爵（1534—1611），《明史》有传[3]。字元驭，号荆石，南直隶太仓人。嘉靖四十一年（1562）会试第一、殿试第二，初授翰林院编修。隆庆六年（1572）充《穆宗实录》副总裁。万历二年（1574）累迁至国子监祭酒。万历五年升詹事府少詹事及翰林院侍读学士，并以詹事掌翰林院，担任馆师，教习庶吉士。万历十二年（1584）以礼部尚书兼文渊阁大学士入阁，参预机务。二十一年任首辅。次年称病引退。卒赠太保，谥文肃。

据志文所知，王锡爵与袁两峰两家为世交，“通家四世”。王锡爵童年时，他的祖父王湧（字以东，号友荆，卒于1558年）曾在袁家设馆教书，与袁两峰的父亲袁继祖（号西墅）结为莫逆之交。王湧颇有经商头脑和才干，家中积累了许多土地和当铺，富甲一方。现有史料多载王湧有经商的经历，未载其有当家庭教师的经历，志文所载可补充王湧的生平。

王锡爵的弟弟王鼎爵（1536—1585），字家驭，号和石，隆庆二年（1568）进士，选刑部主事，累官至河南提学副使。[4] 万历五年春二月，即李孺人逝世前一个月，王鼎爵赴礼部任职路过镇江时，曾登门问候李孺人。基于这层关系，李孺人逝世后，其子袁尚忠给王锡爵写信请求撰写墓志铭。王锡爵孙王时敏编有《王文肃公文集》，文集中未见本篇墓志铭，可补史阙。

篆盖者曹慎，字思永，号肖崖，镇江卫军籍，《康熙湖广武昌府志》卷五“宦迹”有传[5]，《乾隆镇江府志》卷二十九“进士”[6]、《光绪丹徒县志》卷二十二“科目”有载。[7] 嘉靖四十四年（1565）进士，曾任工部主事、兵部员外郎、郎中等职。万历年间任武昌知府，升湖广提学副使，不久因得罪权贵辞官。

书丹者范仑（？—1607），字子大，丹徒人，《乾隆镇江府志》[8]、《光绪丹徒县志》卷二十六“名贤”有载。[9] 十二岁中秀才，嘉靖四十四年进士。历任嘉兴知县、岳州府同知、云南参政、贵州按察使、云南右布政使、贵州左布政使等职，终南京工部尚书，赠太子太保，赐祭葬。

四、结语

志文载袁氏“上下百口”，是人丁兴旺的大家族。又载袁氏家里经常宾朋满座，招待备至，宾主经常畅谈至半夜，可见其经济实力雄厚。袁两峰逝世后，经过李孺人30多年的苦心经营，袁家仍振兴不衰，并且通过子女联姻，与镇江其他名门望族形成了紧密的联系。志文中提到的姻亲人物“严宽”“钱亮”“吕高”“茅鎜”“邬仁卿”“王厢”等人，均为地方名贤，地方志有载。

严宽，字栗夫，嘉靖十一年（1532）进士，享年83岁。[10] 严宽的岳父是镇江知名儒医钱宗玉（1456—1539）。钱宗玉与正德朝内阁首辅靳贵是幼时同学，与嘉靖朝内阁首辅杨一清也非常交好。钱宗玉的孙子钱遡娶了袁两峰的长女。

钱亮，嘉靖十一年进士，“二甲四十五名，官太仆少卿，谪外任，升参议”[11]。

吕高，丹徒人，字山甫，嘉靖八年（1529）进士，曾任户部主事、兵部主事、山东提学副使、太仆少卿等职[12]，是嘉靖八才子之一，后被严嵩斥归。吕高幼时从学于舅父邬绅。邬绅是嘉靖二年进士，曾任四川提刑按察副使。邬绅少时从学于杨一清。杨一清的曾孙杨宗柏之女嫁与袁两峰的三孙袁克孝。

茅鎜，字新之，嘉靖十一年进士，授南京户部主事，历员外郎郎中、云南按察司副使、浙江布政司右参政等职。[13] 茅鎜的墓志铭由邬绅撰文。邬仁卿，字汝元，邬绅长子，善作青词，嘉靖三十一年（1552）乡试举人，曾任湘潭县令、龙阳县令。[14] 王厢，字朝仁，嘉靖丁酉举人，选授象山知县，后调任湖广益阳知县。[15] 曹良策，万历二十年（1592）壬辰科武进士，“镇江卫后所军籍，授本所署所镇抚”[16]。

此外，《乾隆镇江府志》卷三十一“贡士·例监”条目下载有“张模，布政司理问”“朱璋，上蔡主簿”“袁表忠”“刘行可，江西都司断事”“袁尚忠，垫江主簿”[17]。例监是指由援例捐纳取得的监生资格，亦称捐监，可知袁两峰长子袁表忠和三子袁尚忠的太学生资格均为向朝廷捐资取得。

综上，袁两峰家族联姻的对象皆是官宦、士绅之家，通过庞大的社会关系网络，袁氏家族得以跻身地方上层，成为地方政治事务、文化生活中的一支重要力量。

---

[1] 张拱贵. 汉语委婉语词典［M］. 北京：北京语言文化大学出版社，1996.

[2][7][9][10][11][12][13][14][15] 何绍章、冯寿镜修，吕耀斗等纂. 光绪丹徒县志［M］. 南京：江苏古籍出版社，1991.

[3] 张廷玉等. 明史（卷二一八）［M］. 北京：中华书局，1974.

[4] 富路特，房兆楹等. 明代名人传［M］. 北京：北京时代华文书局，2015.

[5] 裴天锡修，罗人龙等纂. 康熙湖广武昌府志［M］. 康熙二十六年刻本.

[6][8][16][17] 高得贵修，张九徵等纂，朱霖等增纂. 乾隆镇江府志［M］. 南京：江苏古籍出版社，1991.

博物馆实践

“文博热”与博物馆公共文化服务能力提升

——河南博物院的实践与启示

曲　乐
河南博物院

夏秋之交，万物并秀。2024年暑期，河南博物院收获了空前的观展热度。展厅内摩肩接踵，或携家带口，或呼朋伴友，共探历史幽微。展线以中华历史之轨迹，列宝周匝，星罗云布。石斧骨笛，青铜玉器，陶瓷书画，无不彰显着中华文明的博大精深与辉煌灿烂。“为了一个博物馆，奔赴一座城”是时下很多中国年轻人的共识。“文博热”折射“传统文化热”，尤其是年轻人对传统文化的浓厚兴趣，也包括海外观众对中华文化的好奇与探求。

一、河南博物院暑期接待服务概况

（一）暑期观众人次创历史新高。2024年暑期，河南博物院主展馆迎来了前所未有的观展热潮，总计接待观众达59.8万人次，日均流量超过1.1万人次，显著高于2022年与2023年同期水平。通过对近三年同期数据的对比分析，2024年前八个月的门票预约总量跃升至196万人次，相较2023年的161万人次与2022年的59.8万人次，分别实现了21%与228%的同比增长。这一显著增长主要归因于2022年疫情防控期间疫情防控措施对参观活动的抑制，以及自2023年1月8日全面放开后参观人数的稳步回升。进一步观察2022年1月至2024年8月期间的数据趋势，可发现观众预约的峰值集中于每年暑期的7、8月份，凸显了暑期作为博物院参观高峰期的特征。（图1）

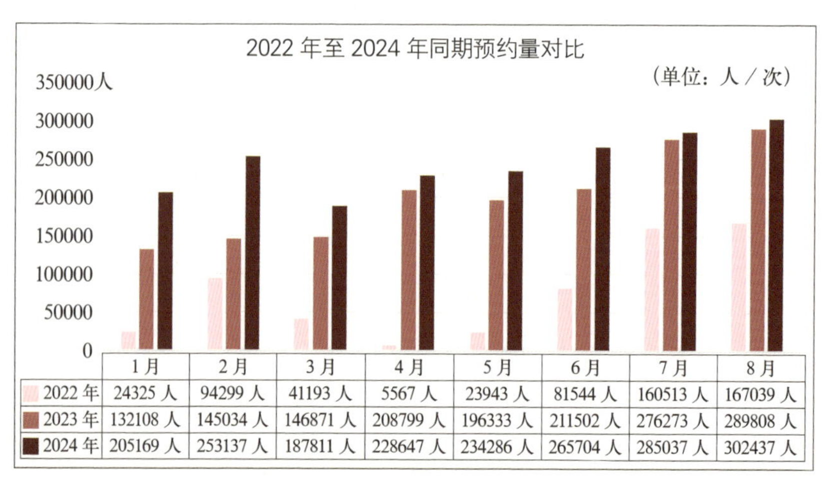

	1月	2月	3月	4月	5月	6月	7月	8月
2022年	24325人	94299人	41193人	5567人	23943人	81544人	160513人	167039人
2023年	132108人	145034人	146871人	208799人	196333人	211502人	276273人	289808人
2024年	205169人	253137人	187811人	228647人	234286人	265704人	285037人	302437人

图1　2022年至2024年同期预约量对比

（二）女性观众占比超六成。2024 年暑期期间，河南博物院 7 月女性观众占比达到 62.6%，至 8 月更是攀升至 62.8%。此现象深刻反映了随着“文博热”的持续升温，夏日文旅市场正经历着新一轮的热点更迭与活力释放，其中博物馆探秘、非物质文化遗产体验、亲子游及研学游等新兴旅游形式备受青睐。这一现象背后，暑期作为家庭出游的黄金时段，女性在家庭出游决策中扮演了重要角色，她们更倾向于选择富含教育意义与文化底蕴的旅行目的地，河南博物院凭借其深厚的历史文化底蕴，自然成了众多家庭出游的首选。此外，女性群体对历史文化的兴趣日益浓厚，她们通过参观博物馆，不仅丰富了自身的精神世界，还深刻感受到了历史的厚重与文化的独特魅力。这一现象与《2024 中国女性旅行趋势报告》中的发现不谋而合，报告指出，女性旅游者在追求“网红”城市的同时，亦对历史文化名城展现出浓厚兴趣，并乐于探索小众而富有文化底蕴的目的地，这进一步印证了女性对历史文化旅游的偏好与热忱。(图 2)。

（三）青少年群体成为观众主体。暑期期间，青少年群体成为参观主体的趋势显著，其占比高达 54.5%，其中 25 岁以下与 26 ～ 35 岁观众分别占据了 32% 与 22.5%，共同构筑了博物馆参观的核心力量。(图 3）为积极响应这一趋势，河南博物院紧密围绕社会主义核心价值观与中华优秀传统文化的弘扬，精心策划并实施了包括“中原国学讲堂”“馆长说考古”在内的 5 场系列公益讲座，以及“国宝守护人”“国宝策展人”等 13 场公益教育活动，并进一步推出了“小小考古家”“博物馆趣寻宝”和“历史的音乐厅——古乐探秘特约研学课程”等总计 210 场的研学活动。

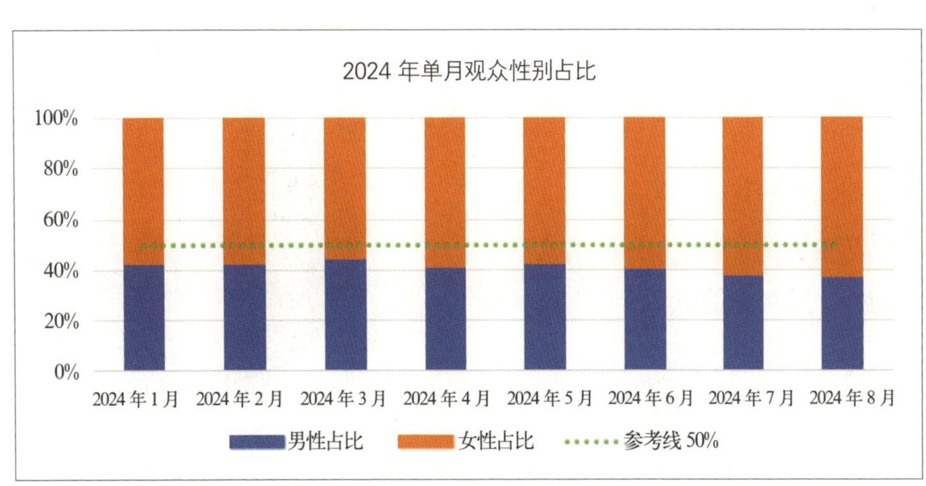

图 2　2024 年单月观众性别占比

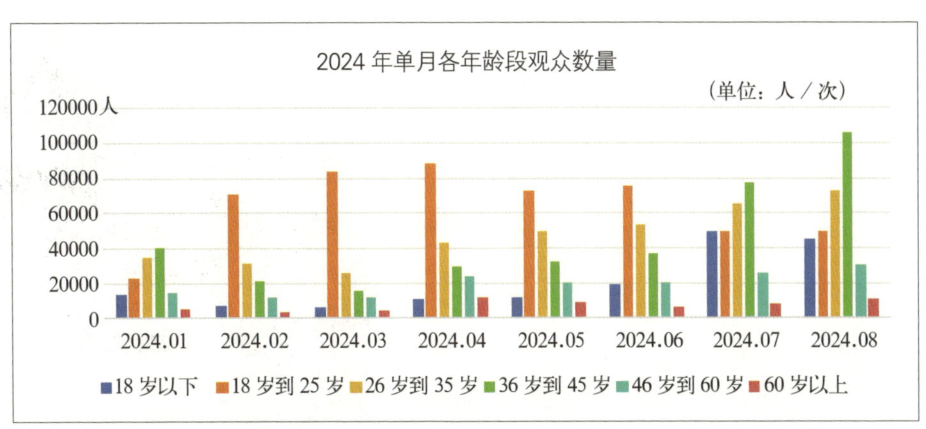

图 3　2024 年单月各年龄段观众数量

一系列举措不仅彰显了河南博物院“立德树人”的教育使命，更通过富有成效的教育实践，有力践行了“发扬固有文化、提倡学术研究、增长民众知识、促进社会文明”的建院宗旨。

（四）省外观众占比首次过半。2024年暑期，河南博物院迎来了一个历史性的突破，省外观众占比在7月与8月分别达到54%与57%，首次超越了省内观众，成为参观群体的主体。（图4）这一显著变化不仅体现了山东、河北、江苏、湖北、山西等相邻省份对中原文化的持续兴趣与高度认同，还彰显了广东、浙江等远距离省份观众对河南博物院文化供给的浓厚兴趣与高度参与。这一现象标志着中原文化的辐射力与影响力进一步突破地域界限，实现了更广泛而深远的传播。河南博物院凭借其丰富的历史文化资源与创新的展览形式，成功契合了当代社会对高质量文化消费的需求，进一步印证了其作为文化传承与重要展示平台的独特价值与时代意义。

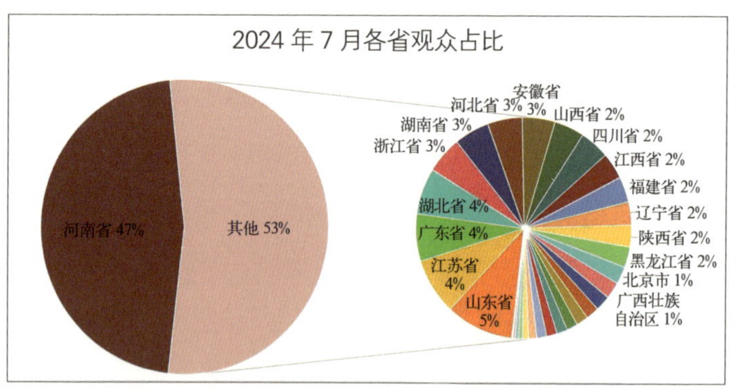

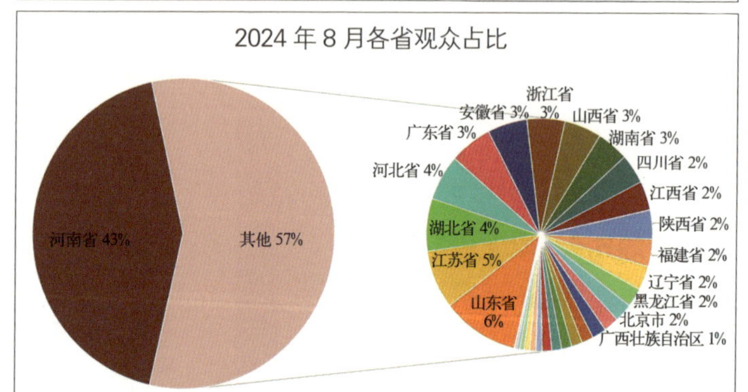

图4　2024年7月、8月省内外观众占比

（五）海外文化互动活动明显增多。在全球化与文化交流日益频繁的背景下，河南博物院充分利用144小时过境免签政策优势，显著促进了海外文化互动活动的增加。今年暑期，河南博物院承办“中国寻根之旅”夏令营，为来自15个国家的155名海外华裔青少年提供了深入了解中华文明的独特平台。（图5）通过古乐演奏等文化体验活动，青少年深刻感受到了中华文化的独特魅力和丰富内涵，进而增强了他们对文化根源的认同感和归属感。此外，“打卡河南活动”活动吸引了来自24个国家的29位网络达人，他们通过国内外社交平台广泛传播在河南博物院的所见所感，产生了庞大的网络效应，相关视频总传播量突破1.6亿次，彰显了中华文化在全球范围内的吸引力和影响力。这一系

图5　“中国寻根之旅”夏令营文化交流活动

列海外文化互动活动的成功举办，不仅展示了河南博物院作为文化交流桥梁的重要作用，也反映了中华优秀传统文化在全球化时代下的强大生命力和传播力。

二、高质量文化服务需求增长

（一）讲解服务备受青睐。河南博物院积极应对文化服务需求的激增，通过多样化的服务模式满足公众的高质量、高效率文化体验需求，两个月内提供了 3284 批次的人工讲解服务，并额外提供了 375 批次的义务讲解，志愿服务时长累计达 3576 小时。此外，自助智慧导览服务备受欢迎，其使用率首次突破 10%，吸引了 60793 人次使用，这一变化深刻反映了年轻观众群体对现代化、便捷化文化服务的高度追求。尤为值得一提的是，超过 20% 的观众选择了进一步的文化服务消费，这不仅彰显了观众对文化深度探索的渴望，也体现了河南博物院在文化服务供给方面的卓越成效和深远影响。

（二）古乐展演一票难求。在原有“华夏古乐”日常展演基础上，河南博物院创新性地增设“华夏正声——中原音乐考古复原展演”，实现了暑期演出场次的大幅增长，累计服务观众超过 3.3 万人次，彰显了极高的文化吸引力和市场需求。（图 6）这一现象不仅体现了华夏古乐团作为河南博物院动态文化名片的独特价值，还通过参与内蒙古呼和浩特市举办的第十届“博博会”及各类专题展演，进一步拓宽了音乐文化的传播渠道，促进了中原音乐文化的活化利用与传承发展，展现了博物馆在文化传承与创新中的重要作用。

图 6　华夏正声——中原音乐考古复原展演

（三）文创消费持续火爆。河南博物院积极响应市场需求，暑期推出共计 139 款文创新品，显著丰富了文创产品线，打破了以往“考古盲盒”独占鳌头的局面。这些新品中，书签、明信片、文创雪糕等传统与现代融合的产品均实现了可观销量，尤其是冰箱贴以 61765 个的爆卖记录脱颖而出，成功接替考古盲盒成为新的热销爆款。同时，文物造型发夹在网络上的走红进一步证明了文创产品的创新力与市场吸引力。同时，观众的消费行为进一步延伸至餐饮与住宿领域，调查显示，超过 66% 的观众在参观过程中会进行 1 ～ 2 次餐饮消费，且 89.6% 的观众选择前往花园路商圈就餐。在住宿选择方面，近 57% 的观众有住宿需求，其中超过四成的观众选择高档型或豪华型酒店，反映出观众对高品质文化消费体验的强烈追求。这一系列数据不仅彰显了河南博物院在文创产品开发上的创新与成功，也揭示了文旅融合背景下，观众对于全方位、高品质文化体验的旺盛需求。

三、延续“文博热”的保障举措

（一）延时开放服务时间。应对暑期参观高峰的挑战，河南博物院采取了延时开放服务的策略性举措，将原有的闭馆时间从17时灵活延长至18时。该举措有效缓解高峰时段的参观压力，为公众特别是学业繁重、时间规划紧凑的青少年群体提供更为充裕的参观时段。为确保延时开放期间的服务质量与参观安全，还同步实施了多项配套措施，包括增派工作人员以强化现场管理与服务支持、优化导览系统以提升参观体验以及加强安保力量以保障游客安全，从而实现了参观游览活动的安全、有序与高效。

（二）强化安全保卫和便民服务措施。在提升观众体验与确保安全的双重目标下，河南博物院实施了全面强化的安全保卫与便民服务措施。从多角度出发，涵盖人身安全、参观流程、文物保护及设施设备的保障，包括设立“医疗保障服务点”并增配防暑药物以应对高温环境，构建百米遮阳棚与树荫休息区预防中暑事件（图7），通过“3分钟应急拉练”等高强度训练强化应急响应机制。同时，利用多元化宣传渠道普及文明参观与安全知识，增设醒目提示以增强观众安全意识，并与执法部门紧密合作，有效遏制了市场乱象如“黄牛”倒票、违规讲解等行为的发生。

（三）密切关注网络舆情动态。在加强文化传播与公众互动中，河南博物院深度融入新媒体生态，构建涵盖抖音、小红书、微信、微博、B站、今日头条、学习强国等平台的多元化信息传播矩阵，累积综合浏览量超越2500万次。通过跨界合作，联合八家博物馆共创“我为博物馆创作表情包”活动，有效促进了文物文化的数字化传播，微信平台上纯文物表情包即达到数亿次流通，凸显了文化创新与网络传播的力量。此外，“河南博物院文创团队平均25岁”这一亮点迅速成为网络热点，进一步彰显了年轻团队在文化遗产活化中的活力与贡献。在新闻宣传方面，暑期期间围绕河南博物院的报道量达424篇，涵盖中央级、重点新闻网、海外及港澳台、行业主流与省级媒体，形成广泛而深入的社会影响力，其中新华社两篇报道的阅

图7　河南博物院广场上的百米遮阳棚

读量突破百万大关。舆情监测结果显示，关于“河南博物院”的非敏感信息占比高达77.4%，整体舆论态势呈现积极正向且可控的态势，体现了良好的公众形象与舆论环境。

四、“文博热”带来的启示

（一）“文博热”折射传统文化回归。随着经济社会的持续进步，公众的精神文化需求增长态势愈发显著，对深入探索中华文明博大精深内涵及中华民族悠久历史底蕴与创新活力的渴望也愈发强烈。这种趋势，通过公众广泛参与博物馆活动，寻求对传统文化精髓的直观感知与深刻理解，得到了集中展现。“文博热”现象，本质上是传统文化在当代社会的时代性回归与复兴，它不仅映射出公众对中华优秀传统文化的认同与喜爱，还标志着文化需求层次的跃升与文化消费模式的转变，成为当代社会发展的重要文化表征。这一现象深刻体现了文化自信的日益增强，民族精神的广泛弘扬，以及对历史智慧与现代价值融合发展的不懈追求，是构建文化自信、推动文化繁荣与民族复兴进程中的显著标志。

（二）“文博热”折射文化供给失衡。面对当前社会文化需求的急剧增长，河南博物院作为1998年规划的文化地标，其初始设计的日均接待能力（3000人次）已明显不足以应对当前庞大的市场需求，即便在每日门票供给限额提升至12000人的情况下，仍面临预约难题，大量潜在观众无法获得参观机会。此现象不仅凸显了公众对博物馆的高度认可与积极参与，更深层次地反映了当代社会对高层次、高质量文化供给的迫切需求与渴望。科学合理地规划并加速推进河南博物院新院建设工作，已成为解决这一文化供需矛盾、满足民众日益增长的文化需求的当务之急。

（三）“文博热”折射文博业亟待创新。“文博热”的兴起显著促进了文创产品的创新与发展，这些文创产品巧妙融合传统元素与现代设计，不仅成为吸引公众目光的亮点，更是文物文化融入日常生活的关键媒介，有效扮演了文物“代言人”的角色。然而，从更广泛的视角审视，全国范围内的博物馆在文创及展览创新方面呈现出显著的不均衡性。热门博物馆通过引入3D投影、AR智能导览等前沿技术，极大地增强了展品的互动性和观赏性，从而拉近了文物与公众之间的距离。这一现象凸显了文博业在创新与发展方面的紧迫性，成为当前所有博物馆亟需共同面对和解决的课题。

（四）“文博热”折射文化服务急需年轻化。“文博热”现象中，年轻群体参与度显著提升，结伴参观博物馆成为新兴的社交模式，这一转变不仅体现了博物馆作为历史文化学习场所的传统功能，更揭示了其向年轻人社交娱乐新平台的转变。年轻一代对古风服饰的追捧、古诗词与传统乐器的兴趣盎然，以及对文物修复、考古发掘等领域的深度关注，均是其对传统文化深厚情感与高度自信的直观体现。这种文化自信根植于年轻一代对自身文化身份的深刻认同与自豪之中，成为他们面向全球化世界、积极拥抱未来的重要精神基石。

融媒体语境下公众考古的传播机理与实践创新

杨汝柔　王奕祯
湖南科技大学

摘要：身处信息产业急速变革的时代，如何运用融媒技术，为考古事业的发展带来春天，进而增强公众的文化自信，是新时代考古工作人员必须学习研究的新课题。要实现有效的公众考古，需从公众考古的传播主体、传播渠道、传播内容三个维度加以关照。首先，实现PGC向PUGC和UGC的转变；其次，利用技术实现线上线下两点传播，通过媒介融合带动跨媒介叙事；最后，以文物历史为出发点、以公众为落脚点，要实现平民化叙事的情感传播。在遵循以上传播机理的基础上提出公众考古的传播策略，在渠道方面，应当积极拥抱智媒技术，升级文物数字化的形式；在传播方式方面，注重慢直播带来的陪伴社交；在国际传播层面，技术加持消弭符号分歧，借船出海讲好中国故事。

关键词：融媒体；公众考古；传播机理；实践创新

2020年，习近平总书记在中央政治局第二十三次集体学习时的讲话中指出，我们要加强考古工作和历史研究，让收藏在博物馆里的文物、陈列在广阔大地上的遗产、书写在古籍里的文字都活起来。[1] 近年来，曾被普遍认为的冷门学科的考古学受到越来越多的关注，考古大众化是考古行业的迫切需求，也是大势所趋。从20世纪开始，就有西方学者提出“公众考古”这一概念，但当时，学者对公众考古的讨论仍停留在如何有效传播考古科学知识和文化遗产如何保存等简单问题上。近年来，随着公众考古发展，国内有学者将其定义为考古活动及行为所有与公众相关或产生互动的内容，或理解为推动考古资源社会化，进而促进考古学如何更好地为社会和大家服务，传承、弘扬优秀传统文化，以及公众按照自己的方式来解读和运用考古资源等系列问题的总和[2]。

一、融媒体语境下公众考古的传播机理

所谓公众考古的传播机理，是指实现公众与

考古更好地交流。具体来讲，官方机构或者媒体通过线下线上结合的方式与公众进行交互传播，其目的是将原本被考古工作者垄断的话语权部分让渡给受众，受众再在以自己为节点中心的强或者弱连接中进行扩散，实现裂变式传播，从而达到更好的公众考古效果。

（一）传播主体：转向 UGC、PUGC 化

如今，考古“破圈”已是正在进行时，要让考古进入更多公众的视线中，需要吸纳和协同不同话语场域内的多元内容生产者进行创作，打破以往考古学家垄断话语权的常态。

Web2.0时代，技术赋权扭转了以往传播者与受众之间不平等的传播关系，媒介权力的下放使受众在复杂的传播环境中异军突起，促使了 UGC 模式的产生。受众不仅是内容的接收者、消费者，同时也是话题制造者、信息生产者。受众主动进行考古内容传播通常基于两种心理，一是基于社交性分享心理的传播，比如工地挖掘 vlog、考古盲盒开箱视频等。受众本着娱乐的心态参与到考古活动中来，因亲自揭开文物历史的面纱而产生欣喜感、满足感以及文化自豪感，进而促使传播行为的产生，而这种具有强连接特征的人际传播更容易实现以点带面的传播。二是基于娱乐至上心理的二次创作。英国文化研究学派学者德赛都提出“文化盗猎”这一概念来比喻读者和作者对文本所有权和意义控制的持续斗争的关系。在高度自主的传播环境中，受众将自己感兴趣的内容从原生语境中取出、打碎，再按自己的想法“重新赋意”。比如“虢国夫人”“簪花仕女”打 call、比心等表情包。表情包等具有鲜明时代特色的符号表述系统加快了考古文化的出圈进程，社交化媒体的裂变式传播方式也让混制前的文化特征被更多人挖掘面世。

PUGC 生态战略融合了 UGC、PGC 的双重优势，兼具个性化和专业化。考古作为一项周期性长、专业性强的活动，符合新闻常规标准的内容有限，因此需要民间话语来制造新的落点。2021 年 4 月 12 日，一位名为“才疏学浅的才浅”的 B 站 up 主在哔哩哔哩平台发布了其纯手工复原三星堆黄金面具的视频，迅速引发网络热议。才浅作为一名手工类自媒体博主，历时 15 天，将一块 500g 的黄金以纯手工的方式锤炼成黄金面具的模样，以此来感受 3000 年前那位制作黄金面具工匠的心路历程。他向公众展示了古今相通的工匠精神，也向社会展示了年轻人对待历史、对待文物的态度，甚至为那些想了解却不曾主动接触考古的公众当了一次“引路人”。

（二）传播渠道：呈现多渠道、多模态化

近年来，关于“内容为王”还是“渠道为王”的讨论持续不断，对内容热度不占优势的考古行业而言，抓住技术带来的新机遇，重新构建新型传播渠道，才能走出原有失灵的窠臼。在数字技术的助力下，公众考古完成了从线下为主到线上线下双管齐下、从单一平台传播到多平台百花齐放的转变。

博物馆是历史与文化的结穴要地，也是公众考古核心场所。捷克博物馆学家斯贝尼克·斯坦斯基提出“博物馆化”，他认为博物馆化是人类对物的一种独特的认知与态度，其本质是将物从现实时空中抽离出来，将“物”转变为“博物馆物”。[3] 通俗来讲，就是将埋藏在地底的遗物变成放在博物馆展出的藏品。在这个过程中，它两

次脱离了原生环境，一次是从地上被埋到地下，一次是从地下被挖至地上，博物馆化的目的则是追溯并呈现在这两次时间空间跨越中丢失的原生语境信息，再在情感认知的驱动之下，夯实文化归属感，实现文化认同。哈罗德·英尼斯将媒介分为偏向时间和偏向空间两类，很显然，博物馆属于偏向时间的媒介，受到空间的限制，通常展览影响辐射面积有限。但随着互联网技术的更迭和传播者意识的觉醒，基于博物馆的公众考古从空间限制的桎梏中解放出来，开启馆藏数字化、直播云游博物馆的新传播模式，最终再反哺线下，实现线上线下两点开花。例如，故宫博物院依托云计算、人工智能等技术推出的数字故宫小程序“畅游多宝阁”，其利用线上展览，轻交互形式，将文物以纹样串联作为线上数字展的导览线索，打破传统观赏模式，一经上线，吸引超 500 万人次体验，其对时空距离的突破有助于构建情感联结，塑造集体记忆。

麻省理工学院的浦尔教授在《自由的技术》一书中提出，媒介融合指的是“各种媒介呈现出多功能一体化的趋势”。不同的媒介有不同的受众和叙事风格，在不同媒介中完成对同一考古事件的叙事，依据平台受众的阅读习惯和体验需求，围绕某一故事、人物等，在不同平台上展开互相独立、但逻辑上高度相关的报道。以 2021 年三星堆遗址的融媒体报道为例，以电视、报纸为代表的传统媒体主要采取文字、图片、直播等形式，以宏大叙事框架报道三星堆的最新发现，比如《四川日报》以 16 个版面特刊报道《三星堆——再醒惊天下》；以抖音、快手为代表的短媒体平台则偏向于亚文化的传播，利用背景音乐、二次创作的文物形象等要素来营造偏娱乐化的情境，以生动亲切的特点吸引年轻受众的关注，比如川观新闻客户端推出的创意融媒产品《我怎么这么好看》；以央视频道为代表的视频网站推出裸眼 3D 视觉产品《裸眼 3D 看国宝》，实现足不出户零距离观看文物。通过跨媒介叙事带动多视角、多形式文本的“同频互动”和“复调互媒”，推动传播效果最大化。[4] 多媒介、多媒体的参与突破了传统媒体时代题材限制的掣肘，触动了更广泛的受众，在一定程度上弥合了数字鸿沟，成为文化突围的新路径。

（三）传播内容：趋于内容、受众本位

过去，受众通常被动的被置于传播的终端，再加上晦涩专业名词垒起的高门槛，考古和受众之间的品位区隔致使公众考古陷入被动局面。如今社交媒体时代，为普及而传播的传播者本位理念已被淘汰，取而代之的是内容本位和受众本位，与之对应的也就是“文物需要传播什么”和“受众想要什么”。

“文物需要传播什么?”具体包括四个方面，分别是物、知识、意义以及价值，四者的关系是层层递进的。然而，这似乎与快节奏生活衍生的现代审美相悖，在“流量为王”的理念泛滥下，传播者的妥协导致受众审美的异化，其文化品位变得庸俗甚至低俗，但归根到底，人们对内容的欣赏依旧是自身生活经验与文化需求的同感和潜移。[5] 在迁就时代审美的同时传播讲述历史文化，才能赋予公众考古新的生命力。情感表达和分享是社交媒体时代传播的本质，比起自下而上的告知式传播，“情绪转向”更容易触达受众心理，最终达到形塑公众认知的目的。比如文博科普新媒体“挖

啥呢”主理人奚牧凉，他摒弃了传统媒体的严肃语态叙事，采用“适度亲切感”的叙事方式进行文博科普，在尊重历史的前提下贴近公众，在保障传播内容质量之余加入情感元素，促进内容的下沉，实现传播效果最大化。《钱江晚报》记者马黎，深度追踪报道良渚遗址近10年，她擅长从一个微小的角度去看一段漫长的历史，每一篇讲述都与公众的知识、思维、情感紧紧勾连，实现更深层次的公众考古。抛开专业名词和说教姿态的话语表达，创新地将尘封的历史变成了复活的文化，用理性认识诉诸内心情感，让公众在寻求文化认同的路上获得更多共鸣。

受众想要的是参与。与专业人员在平等、共情的交流中达到信任，从而实现内心情感的升华。2021年，央视新闻在微博发起＃三星堆黄金面具PS大赛＃话题，邀请网友进行头脑风暴，一同来补齐“残缺”的黄金面具。此帖一出，网友就纷纷交出他们脑洞大开的作品，甚至有部分网友利用技术手段高度还原了面具的模样。另外，河南博物院推出了AR弹幕服务，游客在游览博物馆时，可以通过弹幕的形式与其他游客进行交流，以全新的参与形式活化历史。公众对考古而言从来都不是旁观者，而是过去、现在、未来的连接者，更是灿烂辉煌文明的传承者。当然考古对公众而言也从来都不是冰冷的石器，而是具有温度和强大穿透力的历史，更是刻在血脉中的文化自信。

二、融媒体语境下公众考古的实践创新

公众考古依托数字媒介技术逐渐打开局面，但在这个比任何时期都更充满不确定性的时代，我们面临的挑战远不至如此。虚拟数字技术与人文价值的缠斗、专业与娱乐审美间的品位区隔、国际传播的语境限制等困局都是我们亟须突破的。

（一）抓住元宇宙风口，拥抱智媒技术

当下，元宇宙走在话题的最前端，各行各业挤破头颅都想在市场上抢占先机，对考古领域而言，亦是如此。在5G网络和云计算的支持下，VR/AR/MR及可穿戴设备等人工智能技术，可将存在博物馆的文物故事和“闲人免入”的考古现场转化为具有高度沉浸感和参与感的虚拟情境。元宇宙的横空出世，在文物和考古现场保护和满足公众需求之间找到了完美契合。曾经法国政府为了防止拉斯科洞穴被进一步破坏，永久性地关闭了洞穴，不能前往这个被誉为“史前卢浮宫”的洞穴中一探究竟，对公众、对考古界、对艺术界乃至整个世界都是一大遗憾。2021年，达索系统推出了拉斯科洞穴的虚拟孪生La Grotte de Lascaux 1/1 Virtual Twin（拉斯科洞穴1∶1虚拟孪生），实现多人同时全方位的游览拉斯科洞穴，甚至还可将研究团队传送至洞穴进行实时研究。

在国内，一些博物馆以元宇宙的概念推出“数字文创产品”和“数字藏品”，他们将文物进行二次创作，赋予其第三次生命。简单的馆藏文物数字化已不能满足公众的内心需求，数字藏品作为一种新生代文化形式，在馆藏文物数字化的基础上加上了私藏和消费的概念，借助更年轻载体来传播文化。比如河南博物院推出的3D数字文创“妇好鸮尊”，一经推出就立马售罄。数字藏品在保留历史文化内核的同时，拓宽了考古的

外延。其小众性恰好满足当代年轻人想要标新立异彰显自我个性的心理，也契合了年轻人由现实转向虚拟的消费趋势。当然文物数字藏品不是对文物简单的复制，首先，这与法律规定不符。国家文物局相关部门规定，文博单位不应直接将文物原始数据作为限量商品发售。其次，让文物活起来，扩大其影响力才是此举的目的，而简单的数字化很难实现价值的增值，必须丰富文物的内容，展示其审美价值和时代价值。

（二）实现陪伴式社交，增强情感共鸣

社交媒体时代，受众不再满足于“看”或“听”，还要求参与其中，比如公民新闻、直播以及慢直播等。2021 年，三星堆挖掘期间采用慢直播的形式对考古挖掘过程进行全视角全方位呈现，每一个物件的出土都牵动着社会公众的注意力。慢直播实时传输考古人员的挖掘画面，公众的好奇心在第一时间得到满足，在屏幕前屏息以待每一次发现，都仿佛置身于第一现场，公众在“云考古”这一媒体仪式中获得了情感共鸣，强化了身份认同。

仪式化传播强调群体关联，媒介仪式的构建依赖于仪式主体间的互动行为和互动关系，这一点在慢直播所搭建的虚拟交往场景中尤为明显。一方面，慢直播以尽可能覆盖所有感官的方式同步复现个体传播的情境和场域，低进入门槛使社会各个群体都能通过直播渠道汇集在一起，实现跨屏交流，大大提高社会流动性。传统形式下，观看考古新闻或者纪录片大多是单向的过程，是私人行为情境，但慢直播的实时评论实现了私人情境向公共情境的转变，网友在观看直播的同时表达自己的意见和情感。“云考古”成为公众考古的媒介仪式，不管是惊叹文物之美，还是赞赏古人之智，又或是敬佩学者之专业，这些都会使得大家的民族自豪感和文化自豪感自然流露，聚集成强大的文化情感，实现文化认同。另一方面，慢直播适当地将考古工作人员的后台行为暴露在公众视野之中，工作人员在长时间陪伴直播中与公众建立密切的信任。同时，“后台前置”的方式也增强了传受双方的交互性，比如有公众在实时评论中调侃道，他们看似在挖土，其实挖的是论文。这种高度交互心理的满足强化了受众的参与感和身份认同感，驱使受众对相关内容的关注，为考古人员与公众平等友好关系的建立奠定了感情基础。

（三）技术内容两手抓，助力国际传播

中国有着悠久的历史，有着深厚的历史文化和民族精神，而如何让公众考古中“公众”的内涵更加泛化，实现世界级的公众考古是中国社会亟须思考的时代命题。

一方面，要抓住技术带来的机遇。随着智媒时代的到来，面对新的发展环境和国际形势，国际传播的舆论博弈已逐渐升级为认知干预。[6] 数十年来，我们一直处于西方话语主导和西方媒体双标报道的困境之中，认知传播很有可能成为我们的突围路径。国际传播存在的高低语境问题极其容易造成交流的错位，但感受是全人类共通的，因此触达外国受众认知成为国际传播打通海外建设传播矩阵的重中之重。这要求我国对新媒介技术的深度发展和利用，依托海外社交媒体，搭建全息平台，打造直播、VR 全景等沉浸式场景化的视听产品，多画面少文字，重感受轻叙述，设置全世界的共同议题，阐释全人类共鸣的情感。中国考古，其实也是世界考古，探寻的是全人类的发展脉络，展望的是全人类的未来，因此，世界级的公众考古需要我们站在人类的视角，而非国家视角，利用虚拟现实等技术尽可能消弭语言等具有国家特色的符号带来的分歧。

另一方面，“借船出海”是实现世界级公众考古的必然路径。在当前格局之下，国际传播不再只是国家或者社会的责任，而是一场全民运动，弘扬中国优秀历史文化的重担落在每一个人的肩上。技术赋权使得国际传播主体泛化，国际语境下的公众考古更需要协调多元主体，利用民间力量，当然这里的民间力量更多是指那些生活在国外、在海外平台有影响力的中国民众。第一人称的叙事角度，半中国半西方的平民化讲述方式，让海外受众的内心戒备松懈，不易上升到政治话题而产生抵触心理，而是纯粹地沉浸在厚重的历史之中，了解这个遥远而神秘的东方古国，探寻那些古老宝藏中人类起源的秘密，进而一步步瓦解西方民众对中国以及中国人的刻板印象。

三、结语

公众考古的动力主要来源于“公众的需求”和“时代的需求”，为了更好地表达，首先，需要明确公众考古是一项面向全社会的活动，公众的参与才是公共考古内涵的体现；其次，渠道门槛的高低影响公众对信息的接触，多渠道、多媒介叙事才能辐射更多的公众；最后，摒弃传播者本位的传播理念，从公众出发、从历史出发，以公众为落脚点、以时代为落脚点，才能实现内容价值的增值。技术的发展为公众考古创造了新机遇，在遵循以上传播机理的前提下，利用技术升级文物表达形式，更新传播理念，聚焦陪伴社交，“借船出海”打通国际传播的壁垒，最终实现世界级的公众考古。

历史看得有多深，未来才能走多远。站在当下去追溯遥远的历史，再以此窥探不可知的未来，随着时代的发展，文化自信被不断地重拾和重塑着，讲好历史故事，挖掘文物背后的故事，让公众发自内心的认可中华文化，真正做到文化自信尤为重要，考古成果与公众的距离更近，文化自信的根基也就越深厚。但目前考古学家、媒介、公众认知仍存在着一定的差异，公众考古依旧存在阻碍，如何消除他们之间的差异，让沟通更加通畅，依旧值得我们去深思。

---

［1］中华人民共和国中央人民政府．习近平主持中央政治局第二十三次集体学习并讲话［EB/OL］［2023-06-09］．https：//www．gov．cn/xinwen/2020-09/29/content_5548155．htm?ivk_sa=1023197a．

［2］申逸恺．公众考古的新闻传播实践与探究［J］．新闻文化建设，2021（17）．

［3］黄洋．考古成果在博物馆中的传播阶段与模型［J］．东南文化，2022（6）．

［4］史安斌，刘长宇．融媒时代提升国际传播力的理念升维与实践创新［J］．新闻战线，2021（20）．

［5］冷淞，郭菁．文化短视频创作传播：价值承继、内容创化与渠道赋能［J］．中国广播电视学刊，2022（7）．

［6］喻国明，赵景锋，窦培育．体验时代的传播转型：非理性认知逻辑的三要素及作用机制［J］．传媒观察，2022（10）．

“水利中国”课程馆校合作的探索与实践

贾兵强
华北水利水电大学马克思主义学院

摘要：“水利中国”是华北水利水电大学面向全校本科生开设的一门通识教育课程，也是学校重点打造的一门水利特色课程思政。在“水利中国”课程教学实践中，整合全国水利场馆资源，探索构建用活校内场馆资源、用足省内水情教育基地IP、用好全国水利博物馆联盟平台的“三元同构”教学模式，初步实现课程场馆优势互补、资源共享的目的，有力推动课程育人效果。本文以“水利中国”课程为对象，从课程开设与特色、课程教学与水利场馆的联动和水利场馆案例教学等三个维度，归纳总结“水利中国”课程的馆校合作的做法和成效，为弘扬新时代的水利精神提供有益探索，积极探寻“大思政课”的善用之道，努力推动新时代水利高校思政教育的高质量发展。

关键词：“水利中国”；水利场馆；新时代水利精神

为进一步贯彻落实《中共中央国务院关于加强和改进新形势下高校思想政治工作的意见》[2]《教育部关于深化本科教育教学改革全面提高人才培养质量的意见》[3]和《中共河南省委河南省人民政府关于加强和改进新形势下高校思想政治工作的实施意见》[4]等文件精神，进一步发挥课程育人作用，强化课堂价值观引领，促进各类课程与思政课同向同行，根据《华北水利水电大学“新时代高校思想政治理论课创优行动”工作方案》，结合华北水利水电大学省级特色骨干大学建设和“水利工程学科”创建国家“双一流”学科，以2019年校教育教学改革项目“‘水利中国’教学设计与实践”、2021年校级课程思政示范课程“水利中国”和2022年校教育教学改革研究与实践项目“新时代水利精神融入‘水利中国’教学路径研究”基础上，我们面向全校本科生开设通识教育特色课程“水利中国”，把习近平总书记治水思想重要论述、新时代水利精神、水利故事、工程水文化等融入我国大型水利工程建设之中，激发华水学子坚定治水兴国之初心使命，积极践行“勤奋、严谨、求实、创新”的校训，努力培养以服务国家水利水电事业和区域经济社会发展为己任的时代新人。

一、“水利中国”课程开设与特色

“水利中国”是一门把思想政治理论课、综合素养课程、专业课程融为一体，采取“线下与线上相结合、理论讲授与社会实践相结合、专题讲座与专家报告相结合、学校与涉水博物馆相结合”，实现知识传授与价值引领相结合，融通显性教育和隐性教育通识教育类水利特色课程。通过“水利中国”课程的学习，传承“情系水利，自强不息”的办学精神，可使学生对中国水利事业发展有更深刻的认识，旨在引发学生思考水利事业建设“为了谁、服务谁、怎么建、谁来建”核心问题，以激发大学生爱国爱校爱专业，讲好水利故事，为黄河流域生态保护和高质量发展、南水北调后续工程高质量发展等国家战略、新时代水利水电事业和区域经济社会发展高质量发展提供有力的人才、科技和智力支撑服务。

（一）“水利中国”课程开设

在借鉴华中科技大学《深度中国》、华东政法大学《法治中国》、上海中医药大学《岐黄中国》和东华大学《锦绣中国》的基础上，2020—2021 学年第一学期“水利中国”面向华北水利水电大学全日制本科生开设，32 学时，2 个学分，2 个学时 / 周，至今已运行 6 个学期，受益学生达 1800 余人。课程教学团队共 16 人，其中，专职老师 6 人，校内兼职老师 5 人，校友代表 5 人。与此同时，课程教学团队还聘请中华水文化专家委员会、中国水利史学会水利史研究专业委员会、中国水利博物馆联盟等 8 名专家进行专题报告。

“水利中国”充分利用学校办学特色和资源优势，以习近平总书记关于治水工作重要论述为指导，采用系列专题讲座的形式，选取重要水利人物、水利工程、工程水文化，讲述长江、黄河、淮河、海河、珠江、松辽和太湖七大流域的流域组成、流域面积、行政区划、地质变迁、气候特征、河流水系、社会经济、自然资源、治理规划、水利枢纽等内容，结合历史人物、典型工程中的思政元素，把国家水安全、水生态文明建设、大国工匠、中华民族的文明和智慧、文化自信等内容融入教学中，把家国情怀自然渗入课程，激发学习内生动力的同时，提高其责任感和使命感，大力传承弘扬新时代的水利精神，讲好中国水利故事，多维度展示中国水利事业的伟大成就。

在考核方式方面，加大平时考核的比例，注重过程考核，注重能力考核，注重学生平时德行的考核和参加社会实践活动的考核，完善考核评价体系，以更好体现课程思政的育人功能。“水利中国”的成绩构成为“50% 平时成绩 +50% 期末成绩”，加大过程考核力度。过程考核包括学生出勤、课堂表现、课堂讨论、实践考察，满分 100 分，按 50% 折算到期末成绩中，详见表 1。

（二）“水利中国”课程特色

1. 形式创新

“水利中国”是校内教师与校外专家、校友在

表 1 《水利中国课程》综合考评要素

成绩构成	平时成绩				期末成绩
考评方式	考　勤	课堂实践活动	小组选题说课	课堂作业	结课作业考核
计分依据	至少点名 3 次	课堂讨论、问答问题等	学生评委交叉互评	至少布置 2 次作业	依据评分标准
占总成绩比例	10%	20%	10%	10%	50%

教学形式上深度融合，采用高校教师、工程水文化专家、亲历水利工程校友同上一堂课，以“线下＋线上”混合式教学为主，增加学生互动，线上直播扩大受众影响力，充分利用华水学堂平台，让“水利中国”作为华水课程思政的品牌走向社会。比如通过邀请全国脱贫攻坚先进个人称号获得者华北水利水电大学 88 级校友胡红军、95 级校友胡孟各自讲述通过在平凡岗位上不懈的耕耘付出，以坚定的理想信念、精湛的业务能力、突出的工作成效获此殊荣，彰显了学校“下得去，吃得苦，留得住，用得上，干得好”的人才培养特色和“为人朴实，基础扎实，工作务实，作风踏实”的毕业生品牌形象。再如通过华北水利水电大学河小青志愿服务队的“绿水青山就是金山银山”实践活动，引导华水学子积极践行“情系水利、自强不息”办学精神，把青春书写在新时代水利事业发展的广阔大地上，让水利人才的摇篮这一办学特色更加彰显。

2. 内容为王

建立水利工程文化与校园文化对接机制，通过选取三峡水利枢纽工程、葛洲坝水利枢纽工程、万家寨水利枢纽、黄河小浪底水利枢纽工程、南水北调工程、红旗渠等水利工程，以思政专家价值引领、亲历校友讲背后故事、水利专家讲技术难度，达到以点带面、以小见大，从不同方面展示中国水利事业的伟大成就和新时代的水利精神。与此同时，我们还把《砥砺 70 年　奋进新时代——新中国水利 70 年》[5]、《水利的历史阅读》[6]、《中华水文化概论》[7]、《中国水利人》[8]、《中国水利历史上的今天（1949—2012)》[9] 和《当代中国水利史（1949—2011)》[10] 等代表性书目推荐给学生研读，拓宽学生的知识面。

具体教学安排，如下：

绪论（2 学时）

第一章　淮（海）河流域水利事业（上）(2 学时）

第一章　淮（海）河流域水利事业（下）(2 学时）

第二章　珠江流域水利事业（上）(2 学时）

第二章　珠江流域水利事业（下）(2 学时）

第三章　黄河流域水利事业（上）(2 学时）

第三章　黄河流域水利事业（下）(2 学时）

第四章　松辽流域水利事业（上）(2 学时）

第四章　松辽流域水利事业（下）(2 学时）

第五章　长江流域水利事业（上）(2 学时）

第五章　长江流域水利事业（下）(2 学时）

第六章　太湖流域水利事业（2 学时）

专题 1：当代中国水利（2 学时）

专题 2：习近平关于治水的重要论述（2 学时）

专题 3：华水参与建设的水利工程（2 学时）

结课考核（2 学时）

3. 方法创新

“水利中国”遵循课堂与课外相结合，以课外为主；坚持校内与校外相结合，以校外为主；坚持自主组织与合作组织相结合，以合作为主；坚持“请进来”和“走出去”相结合，以“请进来”为主，开拓课程思政教学资源，创新课程思政载体。比如课程组邀请校内的水利学院、水资源学院、地球科学与工程学院、河南河长学院、水利部水务研究培训中心、黄河流域生态文明研究中心、水文化研究中心的博士讲授以及校外的中国水利水电科学研究院李云鹏、复旦大学王大学、郑州大学戴庞海、淮河水利委员会吴旭、中国水利博物馆涂师平、河南大学闵祥鹏等专家教授作专题讲座，不断增强课堂教学的广度和深度。

通过组织学生按小组进行选题说课，通过选题的甄别界定学生们的兴趣点和关注点，无论是重大的水利工程和水利项目，还是水利工程背后的动人故事，乃至水利工程文化的集中反映，都可以反映出下一步教学的集中点，利用华水学堂、QQ 课程群、微信群及时回应学生的疑问，讲清楚讲透彻中国水利发展历程和巨大成就。

二、“水利中国”课程教学与水利场馆的耦合

“水利中国”立足校内课堂教学同时，还坚持用活校内场馆资源、用足省内水情教育基地 IP、用好全国水利博物馆联盟平台，不断丰富创新课程教学载体，探索课程场馆“三元同构”教学模式，实现课程教学与水利场馆优势互补、资源共享，努力满足学生对课程学习的目标达成度，有力推动“水利中国”教育教学改革发展。

（一）用活校内涉水场馆（所）资源

华北水利水电大学入选首批国家水情教育基地，也是首批的唯一一所高校场馆类水情教育基地。该基地在“水利中国”课程建设中初步形成“入学教育含水情、课堂教育有水情、校园随处见水情、线上线下话水情”的水情国情教育特色，已成为激发广大师生爱国、爱校、爱水、惜水之情的重要场所。作为场馆类国家水情教育基地，基地空间开阔，类型丰富，设施设备齐全，现有水文化陈列馆、集雨景观湖、农业高效节水实验室、水工模型实验室、中华水文化信息资源库、水科学信息资源中心专题书库、水情宣传展板等，可以带给学生多样化“沉浸式”互动体验感受。其中，水文化陈列馆是全国水利博物馆联盟成员单位，室内展陈面积约 200 平方米，现收藏展件 300 多件，有专业的讲解员和学生志愿讲解员 7 名，优先向选修课程学生开放。

华北水利水电大学校史馆以学校成长历程为中轴、记录办学历史、传承学校精神和弘扬校园文化，全景式展现学校办学历史和党的建设、人才培养、科学研究、国际交流合作、学科建设、师资建设、社会服务等方面丰硕成果。校史馆分为六个专题展区——“序厅”“长河流韵　七秩风华”“立德树人　培根铸魂”“博学笃行　争创一流”“经世致用　知行合一”“柔中蓄力　再赴征程”，校史馆展示的每张照片，珍藏的每件实物，都在讲述着华水的历史和故事，展现着华水的文化和精神。华北水利水电大学水文化馆以“流淌的文明”为主题，分“序厅”“源 · 天一生水、润

泽万象”“流·水无常形、智引千秋”“汇·人民至上、百年治水”“泽·胸怀江河、志守安澜”“尾厅”等六部分，全方位、多视角阐述中华水利五千多年来的辉煌历史，展现出中华民族与水“抗争”到与水“共生”的智慧。“水利中国”课程利用校史馆和水文化馆校内场馆资源，并结合校史校情专题讲座，加强对选课学生校史校情、节水用水爱水护水和中华优秀水文化教育，让学生深刻感受到学校发展的厚重历史和文化底蕴，并为自己身为华水人而感到骄傲和自豪，更加明确自身的责任与担当。

同时，华北水利水电大学还是首批河南省水情教育基地、水利部“强监管”人才培养基地，拥有黄河流域水资源高效利用省部共建协同创新中心，河南省水环境模拟与治理重点实验室、河南省农业水资源高效利用及防灾减灾国际联合实验室、河南省水资源节约集约利用重点实验室、河南省水工结构安全工程技术研究中心等省部级研究平台、水利部水务研究培训中心、水利行业监管研究中心、黄河流域生态保护和高质量发展研究院、岩土工程与水工结构研究院、河南河长学院、河南省公共安全与应急管理研究中心等，为“水利中国”课程建设提供独特资源禀赋。

（二）用足省内特色水情教育 IP

河南水情教育工作起步较早、基础较好，呈现出良好态势。河南特色水利工程与水文化有机融合，国家级水情教育基地、水利风景区、水文化展馆建设中部地区领先。自 2017 年以来，河南省水利厅结合省情水情特点，制订《全省水情教育实施意见》[11]，大力开展水情教育，按照“布局合理、种类齐全、特色鲜明、规模适度”的原则，着力构建全省水情教育基地体系。截至目前，河南省水情教育基地已达到 20 家，覆盖全省 13 个省辖市，其中场所类 9 家，工程设施类 11 家，详见表 2。其中，红旗渠、华北水利水电大学、驻马店“75·8”防洪博物馆是首批国家级水情教育基地。

表 2　河南省水情教育基地一览表

水情教育基地名称	批次
红旗渠、华北水利水电大学、驻马店市“75·8”防洪博物馆、人民胜利渠暨嘉应观、淮滨县淮河博物馆、开封市城摞城新郑门遗址博物馆	第一批（6 个）
安阳市节水宣传教育中心、许昌市河湖水系连通工程、郏县恒压喷灌实验工程、桐柏县淮河原文化陈列馆、河口村水库、五龙口镇水利灌渠古渠首、夹河乡京杭大运河	第二批（7 个）
南水北调干部学院、安阳市殷都区跃进渠红色教育基地、郑州市陆浑灌区纪念馆、南阳市鸭河口水库、济源示范区王屋山供水站、灵宝市窄口水库纪念馆、白沙水库	第三批（7 个）

借鉴“行走河南·读懂中国”百大标识数字化展示工程方法，利用河南特色的水情教育 IP，通过水情教材读物和电教视频，采取线上线下相结合方式开展课程主题活动，积极践行“绿水青山就是金山银山”的人与自然和谐共生发展理念，为现代化河南水利高质量发展贡献力量。“水利中国”课程带领学生到黄河博物馆、陆浑灌区纪念馆、红旗渠、人民胜利渠等实地参观考察，引导大学生增进对我国总体水情和河南省水情的认知，增强全民水安全、水忧患、水道德意识，促进形成知水、节水、护水、亲水的良好社会风尚。比如带领学生到红旗渠参观考察，一方面加强学生校情校史学习，因为华北水利水电大学与林县、与红旗渠、与红旗渠精神有着很深的渊源，华水师生曾经参与过红旗渠的勘察设计、人

才培养等工作，华水“情系水利、自强不息”的办学精神与“自力更生、艰苦创业、团结协作、无私奉献”的红旗渠精神高度契合；另一方面，通过参观考察、现场教学和专题报告等形式，尤其参观了“千年旱魔，世代抗争”“红旗引领，创造奇迹”“英雄人民，太行丰碑”“山河巨变，实现梦想”“继往开来，精神永恒”等红旗渠纪念馆展览内容，多角度全方位学习林县人民团结协作、攻坚克难的修建“红旗渠”的感人事迹，传承了中华民族自力更生、艰苦奋斗、不屈不挠的民族精神，使学生领悟了中国共产党人永不褪色的初心使命，坚定了不认命、不服输、敢于战天斗地的斗争精神，树立了吃苦耐劳、自力更生、艰苦奋斗的顽强作风。

“水利中国”课程以河南省水情教育基地为文本库，利用“云中原”手机客户端，通过习近平总书记生态文明中心仿真模拟智慧展示平台，推出形式多样的线上学习活动，丰富课程河南元素，开启云上沉浸河南水情教育基地，推动水情教育进课堂、进教材、进宿舍、进头脑，节水爱水护水理念逐步深入人心。比如云游跃进渠，坚持用红色治水文化感召人，通过观看跃进渠纪念馆、宏伟的实体工程、丰富的历史资料和修渠民工可歌可泣的英雄事迹，充分挖掘其中的奋斗精神、革命精神和教育内涵，不断加强大学生的跃进渠精神教育、理想信念教育、革命传统教育、爱国主义教育，引领华水学生，讲好当代河南治水故事。

（三）用好全国水利博物馆联盟平台

全国水利博物馆联盟由中国水利博物馆发起成立，已有70余家成员单位，搭建了全国水利博物馆协作服务平台，见表3。全国水利博物馆联盟充分运用数字化手段，秉承共建共享求实原则，联合开展水文化文物征集和研究、策划水文化交流联展，是水文化保护、传承、弘扬的主阵地，为新时代水利改革和高质量发展贡献力量。“水利中国”课程遵循课堂与课外相结合、校内与校外相结合、自主学习与线上学习相结合，以全国水利博物馆联盟成员单位统领实践教学场域，选拔优秀学生代表组成考察团，到博物馆联盟单位成员比如中国水利博物馆、陕西水利博物馆、长江文明馆、河道总督署（清晏园）、汪胡桢故居、黄河博物馆、红旗渠等开展社会实践，返校后组成报告团进行宣讲，运用多虚拟仿真实践平台，将课堂实践与社会实践贯通，打造课堂—校园—社会—虚拟“四域融合”的教育教学体系，实现课堂、校园、社会和虚拟实践场域协同推进。

在“水利中国”课程教学中，我们组织学生参观黄河博物馆，并参加“发现黄河水文化——书画摄影作品展”“黄河与文学艺术主题巡展”“水与风俗礼仪主题巡展”“水与衣食住行主题巡展”“黄河与中华文明主题巡展”，了解中华民族悠久的水利史和灿烂的黄河水文化；开展沿黄流域大学生黄河水文化遗产路线游学、课题调研活动，组织大学生到南水北调干部学院开展惜水爱水护水社会实践活动，既陶冶情操，又增强水利意识，使广大学生深切体会水文化的内涵和意义，丰富多彩的校园文化活动和社会实践活动，营造良好的课程学习氛围。借助专题性水利科技馆比如北京节水展馆、水利部科技推广中心华东智慧灌溉科技推广示范基地，向同学们介绍国情水情

表 3　全国水利博物馆联盟成员单位一览表

联盟成员单位名称	所在省份
中国水利博物馆、中国京杭大运河博物馆、杭州市富阳区富春江水电设备陈列馆、它山堰水利陈列馆、新安江水电站展览馆、丽水市博物馆、松阳水利文化博物馆、太湖溇港文化展示馆、绍兴市鉴湖研究会、杭州水利科普馆（杭州市南排工程建设管理处）、良渚遗址公园、浙江水利水电学院水文化展示馆、浙江同济科技职业学院、汪胡桢故居	浙江省（14 个）
黄河博物馆、林州市红旗渠风景区旅游服务有限责任公司（红旗渠纪念馆）、小浪底文化馆、华水水文化陈列馆、南水北调干部学院（南水北调精神展览馆）、驻马店市防洪博物馆	河南省（6 个）
河道总督府（清晏园）、中国漕运博物馆、淮安运河博物馆、洪泽湖博物馆、宿迁水利遗址公园、徐州文博文物勘探技术有限公司	江苏省（6 个）
陕西水利博物馆、西安汉风水务博物馆	陕西省（2 个）
重庆白鹤梁水下博物馆、三峡工程博物馆	重庆市（2 个）
黄河水利文化博物馆、黄河三盛公水文化博物馆	内蒙古自治区（2 个）
汴河博物馆、淮河水利委员会治淮档案馆（治淮陈列馆）	安徽省（2 个）
聊城中国运河文化博物馆、国家方志馆黄河分馆、蚌埠禹会村遗址国家考古遗址公园管理处	山东省（3 个）
湖北大学历史文化学院、长江文明馆、武汉大禹文化博物馆、长渠（白起渠）展览馆、长江博物馆	湖北省（5 个）
宁夏水利博物馆	宁夏回族自治区（1 个）
北京节水展馆	北京市（1 个）
天津节水科技馆	天津市（1 个）
邢台市郭守敬纪念馆、保定水利博物馆	河北省（2 个）
大泉山水土保持科技示范园	山西省（1 个）
水利部科技推广中心华东智慧灌溉科技推广示范基地、上海宽创国际文化科技有限公司	上海市（2 个）
南京水利展示馆	南京市（1 个）
深圳市水土保持科技示范园、深圳市水情教育基地	广东省（2 个）
都江堰博览馆、北川羌族民俗博物馆、东风堰水文化陈列馆（乐山市东风堰管理处）	四川省（3 个）
黔东南州民族博物馆	贵州省（1 个）
滇池流域生态文化博物馆、云南水利水电职业学院	云南省（2 个）
新疆坎儿井研究会吐鲁番坎儿井乐园	新疆维吾尔自治区（1 个）
鲁迅美术学院艺术装饰总公司	辽宁省（1 个）

状况及水资源分布、家庭节水用水常识、自来水的生产流程等节水文化知识。与此同时，通过云计算和大数据，利用 3D 仿真技术和虚拟技术，借助“互联网＋新媒体”，把中国大运河、国家水情教育基地、国家水生态文明城市、国家级水利风景区等场所作为课堂教学重要资源，增强大学生珍惜爱护水资源的意识，引领行业乃至全社会形成节约用水的良好氛围。

三、水利场馆在“水利中国”课程建设中的个案分析

黄河是华夏历史文明的源头，黄河水文化是中华传统文化重要组成部分，也是水利人精神家园，更是新时代水利精神标识。《传承黄河水文化　弘扬新时代水利精神》案例以习近平总书记

在黄河流域生态保护和高质量发展座谈会上的重要讲话精神为遵循[12]，借助黄河博物馆和华水优秀校友资源，大力传承弘扬新时代的水利精神，讲好中国水利故事，多维度展示中国水利事业的伟大成就。

（一）教学案例目标任务和知识要点

传承黄河水文化，弘扬新时代水利精神，对于新时代大学生坚守中华文化立场、传承中华文化基因，不断增强中华优秀传统文化的生命力和影响力，具有重要的现实和理论意义。《传承黄河水文化　弘扬新时代水利精神》属于“水利中国”第三章“黄河流域水利事业”的第四部分内容，本章计划学时4个学时，该案例计划学时1个学时。通过课堂教学与黄河博物馆展陈相结合，让学生了解黄河水文化的内涵，理解“黄河宁，天下平”的历史价值，掌握新时代水利精神内容和特征；深刻理解黄河治理取得成就。通过三维制作软件绘制新中国黄河治理历程图和黄河流域水利工程分布图，构建新时代水利精神图谱模型，践行新时代水利精神。在此基础上，通过学习，让学生进一步深刻理解70多年来，尤其是党的十八大以来，黄河治理事业取得举世瞩目成就及其原因，以激发华水学子爱专业爱学校，传承“情系水利、自强不息”的华水办学精神，坚定“四个自信”、做到“两个维护”，争做新时代水利事业建设者，实现课程育人的目标。

本案例主要知识点如下：

1. 引言：为了大地安澜　习近平情系黄河母亲河

2. 黄河水文化的标识与传承

2.1 水利文化是黄河水文化的标识

2.2 传承黄河水文化助力幸福黄河建设

3. 新时代水利精神的历史性与时代性

3.1 新时代水利精神形成与发展

3.2 新时代水利精神内涵和特质

4. 弘扬新时代水利精神的着力点

4.1 深刻领会精神实质

4.2 积极践行新时代水利精神

4.3 注重传承、保护与研究

5. 结束语：讲好华水故事　共谱“黄河大合唱”新乐章

（二）教学案例教学设计

为加深学生对黄河流域生态保护与高质量发展国家战略的认知，以黄河博物馆为依托，利用在线课程平台、虚拟仿真实验教学平台等，通过华北水利水电大学88级胡红军、95级胡孟两位优秀校友先进事迹，设计《传承黄河水文化　弘扬新时代水利精神》案例（表4），大力传承弘扬新时代的水利精神，多维度展示中国共产党领导人民治理黄河取得的伟大成就，从而坚定学生治水兴国之初心使命，努力为黄河流域生态保护和高质量发展做出贡献。

四、结语

馆校合作是博物馆与学校为实现共同教育目的，相互配合而开展的教育教学活动。[12] 通过馆校合作这一重要形式，“水利中国”课程把水利类博物馆丰富的非正式学习资源输送到课程教学，形成资源良性交流、社会共同参与的大教育生态。下一步，“水利中国”课程继续加大教学改革力度，充分挖掘长江、黄河、淮河、海河、珠

表 4 《传承黄河水文化　弘扬新时代水利精神》案例教学设计

序号	教学内容知识点	水博场馆融合点	教学方法
1	新时代水利精神主要特征 ①展示水利部党组印发《水利部关于印发新时代水利精神的通知》的水利部网站截图和中国水利报新闻报道 ②水利精神、水利行业精神和新时代水利精神的内涵 ③新时代水利精神生成逻辑 ④新时代水利精神历史性和时代性	①新时代水利精神坚定了“四个意识”，树牢了“四个意识”，践行了“两个坚决维护” ②观看《当代中国水利》剪辑视频，让学生理解新时代水利精神，体现了历史性，继承发展中华传统治水理念；体现了时代性；体现了行业性，展现水利行业的个性独特性，坚定做新时代水利事业建设者的决心和信心	理论授课；讲授法、案例设计法、自主学习法
2	积极践行新时代水利精神 ①展示我校 88 级胡红军、95 级胡孟两位校友荣获全国脱贫攻坚先进个人称号证书 ②播放我校河小青志愿服务队活动视频“情系水利绽光彩不负韶华护江河” ③传承新时代水利精神着力点：唱好华水校歌，讲好华水故事，答好时代问卷，做好水利新人	①传承新时代水利精神就是要把“忠诚、干净、担当，科学、求实、创新”真正落实到岗位上，体现到行动中 ②胡红军和胡孟校友通过不懈的耕耘付出，以坚定的理想信念、精湛的业务能力、突出的工作成效，彰显了华水人“忠诚、干净、担当，科学、求实、创新”的新时代水利精神，诠释了水利人的使命担当 ③我校河小青志愿服务队以“助力河长制，凝聚绿水情”为宗旨，立足黄河，践行“绿水青山就是金山银山”的绿色发展理念，积极践行“情系水利、自强不息”办学精神，把学识镌刻在祖国江河山川中，让青春在党和国家最需要的地方绽放光彩	理论授课；讲授法、案例设计法、课堂实践法

江、松辽和太湖等 7 大流域机构所属水利博物馆、水情教育基地、水利科研院所（校）等资源禀赋，建好“水利中国”教学课程图片库和专题讲座教学资源库，不断充实和优化课程教学内容，改革课程考核方式及成绩评定标准，努力讲好中国水利故事，积极引导学生践行“忠诚、干净、担当、科学、求实、创新”的新时代水利精神，培养担当民族复兴大任的新时代水利建设者和接班人。

［1］中共中央国务院关于加强和改进新形势下高校思想政治工作的意见［EB/OL］. https：//www. gov. cn/xinwen/2017-02/27/content_5182502. htm.

［2］教育部关于深化本科教育教学改革全面提高人才培养质量的意见［EB/OL］. https：//www. moe. gov. cn/srcsite/A08/s7056/201910/t20191011_402759. html.

［3］史晓琪. 培根铸魂育新人.［N］. 河南日报，2022-10-09.

［4］中华人民共和国水利部. 砥砺 70 年 奋进新时代——新中国水利 70 年［M］. 北京：水利水电出版社，2019.

［5］周魁一. 水利的历史阅读［M］. 北京：水利水电出版社，2008.

［6］中国水利文学艺术协会. 中华水文化概论［M］. 郑州：黄河水利出版社，2010.

［7］水利部精神文明建设指导委员会办公室. 中国水利人［M］. 北京：水利水电出版社，2016—2020.

［8］张伟兵. 中国水利历史上的今天（1949—2012）［M］. 北京：水利水电出版社，2016.

［9］王瑞芳. 当代中国水利史（1949—2011）［M］. 北京：中国社会科学出版社，2014.

［10］河南省水利厅关于开展全省水情教育工作的实施意见［EB/OL］. https：//m. slt. henan. gov. cn/index. html.

［11］习近平. 在黄河流域生态保护和高质量发展座谈会上的讲话［J］. 求是，2019（10）.

［12］朱新荣，曹宇，董俊青. 馆校合作共同体“四课堂联动”思政育人实践探析［J］. 中原工学院学报，2023（5）.

博物馆在河南对外形象提升中的地位和策略

丁　赟
河南博物院

摘要：“博物馆热”的持续升温，唤起大众心底对传统文化的崇敬和自信的同时，更成为彰显文化自信的鲜明标识。亮出馆藏文物，呈现中华文化的基因密码和独特魅力；展现社会教育，体现文博人的社会责任和文化传承；推出文创产品，证明博物馆的创新能力和精神弘扬。持续打造有颜值，有内涵的博物馆，只为呈现出一个更加开放、包容、多元化的博物馆，怎么利用好博物馆这个传播平台来提升城市对外形象就显得尤为重要。基于此，本文从博物馆对外宣传现状入手，发现博物馆在对外形象提升中呈现出文化、传承、创新、传播的地位。针对博物馆在对外形象提升中的优劣势提出了相应的策略，为更好地全方位、分类别对传统文化进行活态化展示、具象化传播，深入挖掘其蕴含的时代价值，延续历史文脉，坚定文化自信，为实现中华民族伟大复兴的中国梦凝聚精神力量。

关键词：博物馆；城市形象提升；地位和策略

博物馆承载了全人类或特定文明的历史记忆和文物佐证，在这里保存并记载了人类文明，它不仅浓缩了古人的智慧，讲述着历史久远的故事，还应成为新文化的传播器，连接过去与未来的纽带。它体现了历史、文化、社会服务三位一体的形象窗口，它是构建人类命运共同体的强有力的文化交流平台。因此探求博物馆与城市对外形象提升的内在联系，对于传承历史文化、增强文化自信、推动城市文明化进程，乃至构造和谐、繁荣、富强的社会无疑有重要理论和实践意义。一座博物馆就是一座大学，是一座城市的记忆。新时代让文物引领探索最美传统文化，我们更加需要坚定历史自信，展现新时代的城市对外形象，推动中华文明与世界文明的交往。

一、博物馆对外形象宣传现状分析

随着社会化进程迅速发展、人类文明跨越式成长，都需要稳固的根基来支撑，我们不希望未来人民的生活环境千篇一律，因此博物馆的职能发挥就显得尤为重要。通过我们对河南9家国家一级博物馆的调研分析，影响博物馆对外形象宣传质量的因素主要来自陈列展览的高质量、社会教育活动的吸引力、文创产品的多元化。

1. 博物馆在搭建陈列展览时都基于馆藏文物资源状况、目标公众需求研究及时代发展内涵趋势基础上，虽然9家国家一级博物馆都存在于华夏文明、中原文化的大背景圈，但是由于各个地区的历史时间、历史故事、历史主题还是存在着差异，因此每个馆根据自身情况设计出的展览都有其独特之处、出彩之点。

2. 河南省博物馆的社会教育工作已积累非常多的和有益的经验，取得了耀眼的成绩，但是由于9家国家一级博物馆区域经济、城市建设、历史文化发展侧重点不同，也就造就了各个博物馆在定制策划社会教育具体活动时存在区域性差异性。

3. 博物馆文创产业发展至今，已经从简单粗糙的“贴图”生产旅游纪念品阶段，发展到利用馆内丰富的文创资源和平台转化为文创产品的阶段。博物馆文创产业发展呈现出一些新趋势，文创产品内涵和形式更加丰富多样，许多博物馆立足本馆的文化内涵，以创新为中心，把有自身文化特色的元素融入新研发的文创产品之中，河南省博物馆文创正处于百花齐放的时期。[1]

二、博物馆在对外形象提升中的地位

城市形象是一个城市文化的外显，是城市内部与外部公众对城市内在实力、外显活力和发展前景的具体感知、总体看法和综合评价。[2] 随着国家整体综合实力提升，经济迅速腾飞，华夏儿女凭借着他们民族特有的勤劳与质朴，执着坚守中原文明、黄河文化之根基，打造出一座座现代文明的新都市。虽然拥有了时尚国际化的外衣，但是想要留住城市发展的人力资源、吸引更多的外来投资，打造可持续发展的城市化进程，则更多需要的是展现这座城市的内涵，是对这座城市发展理念的认同感，是源源不断的资源与机会的产出，而所有的这一切都需要文化信念的支撑，需要挖掘这座城市灿烂的文化思想精神、深厚的文化基石底蕴、丰富的历史文化遗产。文化就是一座城的根与魂，是一座城市的名片，是最终呈现出来的城市风貌及风土人情。作为拥有收藏、研究、展示、教育等多种功能的博物馆就成为刨根问魂的主阵地，是一座城市的窗口和媒介，能实现研究成果从神秘深奥向简明扼要转换，能激发普通民众坚定文化自信、传承华夏文明，进而实现文化事业和文化产业双丰收，推动一座城走向更辉煌的明天。

（一）博物馆在对外形象提升中的文化地位

博物馆是代表着地域文化印记的拓片，它提供给人们的不仅仅是文物的堆积和展示，它最终传达的是文物背后的故事，是一种精神性的聚集。在博物馆里，不同的展品来源和展示理念会赋予博物馆完全不同的风格，它能在无形中折射出一个国家、一个民族、一个地域、一个城市的精神文化厚度。一座城市丰富的历史资源和厚重的文明底蕴最终能让人民群众感受到、以实物的手法呈现出来，都离不开博物馆的研究、展示、传播，它们为城市的内驱成长和对外形象提升，供给了丰富的素材和夯实的文化基础。

（二）博物馆在对外形象提升中的创新地位

博物馆一直被定为传统行业，被展厅里古老的展品打上了古朴的标签。但随着日新月异的新经济觉醒，Z 世代的诞生等新鲜事物层出不穷，我们面临着百年未有之变局，博物馆在人们不曾关注的地方也被默默地演变着。当我们走进这些以文物品质优良、展览精细、环境优美的国家级博物馆，带给人们的不再是乏味晦涩，5G 场景的应用、VR 和 AR 技术的融入、藏品数字化、新媒体技术的推广、博物馆 IP 的打造等等，都给观众耳目一新和极为震撼的效果。这些变革无疑不昭示着博物馆在充分发挥自身优势的同时，把握新的变革机遇的战略方向是坚定的、与时代发展是同步的，在时代变迁的洪流中没有被摒弃，而是全方位发挥着自己的光和热，把自己打造成了城市形象对外提升的文化引领者，推动着城市有内涵的创新发展。

（三）博物馆在对外形象提升中的传播地位

通过传播学分析，在当今经济全球化和区域集团化日益加深的时代，文化软实力的作用更加突显，所以加强中外文化交流成为城市发展和现代化建设不可缺失的纽带。文化交流有利于增强各国及人民之间的友谊，加强相互了解，有利于促进中华文化走向世界，有利于扩大国际上的吸引力和影响力。“十四五”规划中，河南多家国家级博物馆锚定成为世界一流馆，不仅立足提升展览内容和科学研究的角度，而且在宣传推广方面加大创新力度，打造全方位宣传平台。过去的几年河南 9 家国家一级博物馆不断加强与国外知名博物馆合作，通过引进精品展览、人员互相交流学习、开设对外网络讲座、构建博物馆外文网站等手段，逐渐加深了中外交流，成为文明交流互鉴的前沿阵地。

二、博物馆在对外形象提升中的策略问题

（一）博物馆在对外形象提升中的优劣势

1. 优势

(1) 文化传播场地众多。依据《2019 年度河南省博物馆名录》公布，截至 2019 年年底，河南省共有 348 家博物馆，实现每个县都有博物馆纪念馆，免费开放的博物馆有 317 家，达到 91%，扩大了公众受教育场所的覆盖面。从博物馆的性质上看，河南省共有文物博物馆 188 家、行业博物馆 36 家。近几年，河南对非国有博物馆的扶持力度加大，非国有博物馆发展态势较好，截至 2019 年年底，河南共有非国有博物馆 124 家，占比 35.6%。近年来河南文物博物馆事业呈现良好发展态势，基本形成了以河南博物院为龙头，以国有市县级博物馆为主体，以非国有博物馆为补充的具有中原文化特色的博物馆网络体。

(2) 文化传播资源丰富。博物馆宣讲，讲“黄河”、讲“红色”故事，最大的优势就是资源丰富、质量优良、直观呈现。做好宣传，内容必须为王，河南 9 家国家一级博物馆，各个馆藏文物丰富，截至 2020 年 9 家国家一级博物馆藏品数 23 万多件／套，而且每个馆的陈展品内容侧重点各有千秋。在扎实的展品内容基础上，9 家国家一级博物馆再搭载实力雄厚的社会教育宣传品牌，形成了“陈展＋社教”的王牌宣传组合拳，为宣传媒体矩阵提供了丰富翔实准确的宣传素材，对

推动文博事业蓬勃发展加足马力，为河南文化城市、历史名城这张厚重的历史形象名片添上了浓重墨彩的一笔。

（3）文化传播能力专业。近几年，博物馆行业加大信息宣传力度，强化网络舆情管理，加强网络信息内容生态治理，常态化开展网上政治性有害巡查举报，取得良好成效，塑造了河南文明、开放、包容、厚重的城市形象。以河南博物院为例，2020 年全年新闻报道 1428 篇，借助省级以上媒体力量，拓展外宣渠道，精心组织主流媒体采访拍摄活动、直播活动，接待中央、省、市媒体 130 多批次，近 800 人，其中中央电视台电影频道拍摄的网络直播，全网关注度达 5 亿人次。三大网站访问量达到 190 万人次，发文量 3600 多篇，推出网络专题 10 部。

2. 劣势

（1）区域宣传不均衡。地缘化对博物馆宣传、文化传播、受众辐射面影响比较大。经济发达城市、省会城市、综合性博物馆的宣传途径及平台展现丰富多样，传播力覆盖面更为广泛，经济的发展带动城市人口的流动，人口多也就意味着博物馆受众面广，而且经济越发达的地方，群众对文化精神大餐需求更旺盛。

（2）传播渠道单一。随着现代互联网不断发展进步，人们获取资讯的方式和途径越来越宽广。但就目前而言，博物馆行业官方宣传的主流途径依然是官方网站、官方微信、官方微博为主的新媒体平台。

（3）传播形式传统。河南省 9 家国家级博物馆的历史都是悠久的，处处彰显着华夏五千年文明的起源，诉说着黄河文明的发展。每家博物馆的藏品不可谓不丰富，而且国之重器皆有之，除了综合类馆舍，还有专题性博物馆，但是从各个平台粉丝对比量来看，优势没有充分发挥。

（4）传播投入受限。随着人民群众生活水平的提升，越来越多的人愿意走进博物馆，去感受浓烈的文化氛围，沉浸在历史的长河中。博物馆成为一座城市的地标和窗口，而国家和当地政府对文博事业的发展日益重视，需要更多优秀的传统文化输出来匹配我国强劲的综合国力，因此近几年国家对博物馆的财力、物力、人力的投入也逐年提升。但是经过调研，对博物馆各方面的投入更多地侧重在陈列展览、文物修复、藏品管理等业务部门及场地基本建设、运维经费和人力输入。

（二）博物馆在对外形象提升中的策略

针对以上河南省 9 家国家一级博物馆在对外形象提升中呈现的特点与劣势，从以下四个方面进一步改善提升博物馆对外传播的形象。

1. 提升陈展原创性，增强区域特色。文物是具有历史、艺术、科学、文化、时代价值的历史遗存，作为收藏、展示、研究文物的博物馆，一直承担着保存人类社会文化遗产、向公众提供宣传教育并传输相关文物文化知识、加大研究为未来储备历史文档等责任，但是作为公益性行业，博物馆在城市发展进程中的话语权和角色定位还有待合理化分配。要有“国之大者”之担当，把博物馆的发展同城市建设同步规划，两者互融互通。首先要优化文化输出内容，提升陈展的原创性。只有创造出属于自己独有的资源，做精做专，因地制宜、扬长避短，增强区域特色，才能避免跳入“千馆一面”的坑，才能吸引更多的公众走入华夏大地，才能获得更多的文化认同感，拓宽国际影响力。

2. 加大宣传资源建设，提高区域联动。同属一个区域内的博物馆，在各自的领域都具有举足轻重的地位。但是从横向分析可见，作为省级馆的龙头博物馆不仅是国家一级馆还是中央地方共建国家级博物馆，这样无论从人、财、物还是政策等方面的投入和支持都是最大化，有了投入和支持，发展文博事业的责任压力和紧迫性也就最强，被观众和社会的认可程度自然而然也成为最高的，因此形成了良性循环，带动城市形象的知名度提升。而部分后期定级一级馆的博物馆，处于起步阶段，还需要通过建立完善的机制，大力扶持和发力。

3. 创新区域传播手段，拓展提升渠道。在博物馆对外形象提升过程中，有效运用传统媒体的宣传渠道，密切关注信息化时代传播技术发展新动向新趋势，注入科技赋能，充分利用新媒体平台，增强横向区域传播合作，拓宽纵向公众互动。坚持以公众需求为导向设计陈展主题、社教宣传教程、开发文创产品、打造博物馆IP等全方位宣传节点，升级陈列手段、提升公共服务质量、深入挖掘开发文物衍生品，全面提升博物馆软实力。加强跨领域联合，坚持文旅融合，把博物馆建设同科技、科研、教育、城建等领域协同规划发展、并驾齐驱，形成多元化与和谐共存。锚定热点，抓大放小，紧跟时代热点，结合城市文化内涵，精心打磨品牌，以知名品牌的特点撬动博物馆事业全局的杠杆。抓住机遇，让文化文物走出去，加强国际对外交流，用坚定的文化自信，寻求人类文明的认同感和命运共同体。

4. 提升专业人才建设，打造区域品牌。博物馆工作者肩负教育推广的使命，需提高自身素质，打造专业过硬，多才多艺的全能型选手，因此需聚焦博物馆宣传事业发展瓶颈，引入现代人才管理方式，制订人才培养计划，创新培养模式，依托国家一级博物馆圈群优势，创造阶梯形人才流动及业务交流条件，合理输送人员高级别培训。整合博物馆区域资源，依托各地市现有知名产品，开发专属文化符号，塑造联合系列品牌，形成合力，做大做强区域博物馆历史文化形象推广力度，推动文化产业发展，加快文化文物资源大省向强省跨越，更好地展示城市文明程度、增强区域文化软实力。

博物馆在城市对外形象提升中的文化地位、传承地位、创新地位和传播地位决定了要持续不断地提高自身展览质量和公共服务水平，充分发挥为公众输出文化信息、开展社会教育推广传播的职能，创新传播手段，具备发掘区域热点打造品牌效应的本领。以博物馆的正向热点助推城市对外形象提升的步伐，以传播中华文明为己任，做讲好传统文化的发声者，只为更好发挥博物馆“城市之肺”的功能，提升对外城市形象。

---

[1] 博物馆文创产业发展的新趋势［N］. 中国文化报，2021-05-27.

[2] 百度百科. 城市文化［EB/OL］. http://baike.baidu.com/item/城市文化.

文博专业图书馆如何做好文献保护与研究

——以河南博物院为例

王景荃[1]　崔晓琳[1]　宛　茹[2]
1.河南博物院；2.河南省图书馆

摘要：文博专业图书馆是为文博事业的发展和历史文化遗存的研究提供文献资料保障的重要基地。本文就河南博物院图书馆的职能、收藏的文献类别与现状、文献的保护、利用、研究和对文物展览的支撑，以及征集收藏文献资料等方面进行梳理，以期探讨如何更好地进行文献保护与研究。

关键词：文博图书馆；文献保护；研究；河南博物院

文博专业图书馆（图书室）是以文博专业藏书和古代文献收集、整理、研究和利用为目的的专业性较强的图书馆，它相较于社会图书馆和学校图书馆以及其他行业图书馆更具有极强的专业特征，它是一个传承和发扬中华历史文脉的宝库，为文博事业的发展和历史文化遗存的研究提供文献资料保障。习近平总书记在访问国家版本馆和中国历史研究院时，提出“要坚定文化自信、担当使命、奋发有为，共同创造属于我们这个时代的新文化，建设中华民族现代文明”；他还说：“我最关心的就是中华文明历经沧桑留下来的最富贵的东西。中华民族的一些典籍在岁月侵蚀中已经失去了不少，留下来的这些瑰宝一定要千方计呵护好、珍惜好，把我们这个世界上唯一没有中断的文明继续传承下去。”[1] 因此，文博专业图书馆的建设和发展，是当今文博事业发展的重要组成部分，它为让文物活起来，讲好中国故事提供资料保证。本文就河南博物院图书馆的职能、收藏的文献类别与现状、文献的保护、利用、研究和对文物展览的支撑，以及如何更好地征集收藏文献资料等方面进行梳理，以期与同行们交流互鉴。

一、文博专业图书馆的职能

1. 保存人类文化遗产

自从文字产生以来，用来记录文字的载体——图书也就应运而生。它记载了从古至今人类历史的发展和演变。图书馆的功能之一，就是要收集、加工、整理和科学管理这些珍贵的文献资源，以便广大的读者借阅使用。图书馆是作为保存各民族文化财富的机构而存在的，它担负着保存人类文化典籍的任务，是图书馆最古老的职能。它是以文献为物质基础而开展业务活动的，但近年来由于计算机网络化的实现，以及科学技术的突飞猛进，图书馆不但保存手写和印刷的文献，还保存其他载体形式的资源，而且保存是为了更好地使用。[2]

2. 开发信息资源

图书馆最基本的也是最重要的职能之一，是对其收藏的大量的珍贵的文献信息资源进行积极的开发和广泛的利用。鉴于现今社会的文献创作量庞大且增速迅猛；社会文献的类型复杂，形式多样；文献的时效性强；文献的传播速度加快；文献之间存在着内容交叉重复性；由于文献所用的语言范围正在扩大，其质量正在下滑等特点，这使得人们感觉对于实际的应用非常困难。图书馆通过对文献信息资源进行加工整理、科学分析综合、指引，形成有秩序、有规律、源源不断的信息流，进行更加广泛的交流与传递，使读者更好地利用它们。图书馆的文献资源开发包括：一是对到馆的文献进行验收、登记、分类、编目、加工，最后调配到各借阅室，以便科学排架，合理的流通；二是对馆外文献信息资源进行搜索、过滤，成为虚拟馆藏，形成更加宽广、快捷的信息通道；三是通过现代化的手段，使馆藏文献走向数字化。[3]

二、河南博物院图书馆（室）收藏的文献类别与现状

河南博物院现藏图书 10 余万册，古籍 2 万余册，碑刻资料 3000 余份，目前按照《中图法》分类存放在院专业库房、综合库房和工具书库房中，2015 年甄选其中 116 部 1143 册古籍善本，经相关专家鉴定，其中珍惜本 1 部、古籍善本 11 部、古籍普本 104 部。

1. 珍惜本为明刻《佛母大孔雀明王经》，1 部 3 册，经折装，1927 至 1930 年入藏前河南博物馆。经卷雕版印制而成，经文保存完整，楷体墨书，雕刻娴熟精美。3 册经卷内共有 195 幅彩色佛经插图。每卷卷前有扉页画，上卷卷首扉画释迦牟尼佛说法图长达九折，卷中众多彩绘插画与经文相互穿插，卷末拖尾画是护法天神韦驮像。刻画精美的吉祥八宝供养图案分布于整部经卷之中。3 册经卷所绘佛教诸神千余种。卷首、卷末附龙纹碑记，内刻颂词，使用蓝底泥金注。卷末题记“内官监太监赃罚库管事信官田有泽发心印造佛母大孔雀明王经一部永远供养法轮常转”。

2. 地方志是院藏古籍主要特色。河南博物院现藏河南地方志 591 种 2300 余册，其中旧志 100 余种。现存《彰德府志》(包括序、续志) 共 7 部，其中 2 部是明志，5 部是清志。河南博物院藏乾隆五十二年卢菘修、江大键《彰德府志》32 卷，是本地区最后一部府志，同时也是收罗最丰的一部府志。此外另有《河南通志》光绪二十八年（1902）补刊本和民国三年教育司补刊本 24 册，

乾隆三年赵广贵纂《续汤阴县志》4册，乾隆三十一年邱峨、吕宣增纂《新安县志》8册，《内黄县志》等百余种，内容详尽，极具史料价值。

3. 河南博物院藏的古籍善本主要有（元）朱德润撰《古玉图》和《集古玉图》各1册2卷，清乾隆二十八年（1763）黄晟亦政堂补刻本。它是中国现存最早的一部著录玉器的专著，二卷本。朱德润，字泽民，江苏昆山人，生卒年不详，以赵孟頫荐，官编修。该书收燕京诸王公家及秘府所见古玉而成，上卷收璧、环、带、钩等17器，下卷收珮、瑱、充耳、琀、瓛等23器，记明尺寸、形状、玉色，有的注出藏家。内容虽较简略，但有其历史价值。传世较早刊本有：明万历三十年（1602）吴氏宝古堂刻本，清乾隆二十八年（1763）黄晟亦政堂补刻本。此外还有赵一清撰《水经注释》，乾隆五十九年（1794）小山堂刊本，8册；严观辑《江宁金石记》，宣统元年（1909）清刻朱印本，4册；《词科掌录余话》，清乾隆刻本，12册；《何大复先生全集》，清乾隆刻本，8册。

4. 河南博物院藏的拓片主要有建馆初期收藏的金石碑刻及甲骨文拓片，其中以名碑名刻及千唐志斋墓志拓片为最多，数量达52000余张，现已划归文物库房保存。20世纪90年代，中原石刻艺术馆将河南豫北、豫西地区现存的碑刻进行传拓，数量达3000余种，5000余张，1997年两馆合并，遂将这批拓片归于图书资料部，丰富了碑刻文献的收藏。

5. 河南博物院收藏着1000多张20世纪建馆之初拍摄的玻璃干板底片，它们是记录历史的重要文献史料。简单解释“玻璃底片”就是“胶卷”的前身，一般使用2毫米厚的白玻璃片，既透明又轻薄，便于冲洗及扩印照片。玻璃版规格大则有14英寸、12英寸、10英寸的，小则有8英寸、6英寸、5英寸、3英寸、2英寸、1英寸的。19世纪中叶摄影术传入中国，并用于清政府的外交活动，20世纪初“玻璃底片”被广泛使用。在民用照相领域的使用一直持续到了20世纪50年代。[4]

三、河南博物院图书馆的文献保护措施

近年来，河南博物院对馆藏文献采取了一系列的保护措施，如对馆藏玻璃底片的保护，河南博物院珍藏的这批玻璃底片原来存放于图书资料库房中，由于这批玻璃底片尘封已久，又没有留下更多的文字记载，结果给底片的认定工作带来很大困难。对此我们研究这批玻璃底片耗费了五六年的时间，其间查阅了大量的文献资料，做了诸多相应的保护工作，从最初的无序纷乱，到现在每一张都经过精心的清洗保护，运用高清相机进行翻拍，提取数字信息对其数字化整理，并将其存放于专业定制的无酸盒中保存，如今它们都已成为重要的近现代文物进入河南博物院保管库房得到最大限度的精心保护。[5]

四、河南博物院图书馆的文献利用与研究

1. 对玻璃底片的利用与研究。对于这批珍贵的玻璃底片进行整理是首要问题。因为这批玻璃底片整体状况差异很大，规格尺寸也不一样，着手整理编目之前还需要进一步深入了解统计，遵循其形成规律和特点，便于保管和利用。首先进行前期基本的粗略整理、分类，查清家底。然

后是分类整理，这些底片涵盖内容十分广泛，因为底片资料是一种时间记录，在整理底片时，应该考虑它的时间顺序，最好能按照时间顺序来整理，然后按照分类结合重要程度进行排列。但是由于这批底片形成年代较远，过去没有记录和档案体系，我们对于它们知之甚少，最初阶段我们把同等类型的底片放置在一起，以张为单位按性质或事件内容相同或相近粗略归类，大致分为文物类、业务工作类、社会生活类等，然后在此基础之上再细分，文物类按文物质地结合年代分为碑刻砖雕拓片、青铜器、陶器、瓷器、字画等；业务工作类按问题结合重要程度归类，如考古发掘工作、对外展览等；社会生活类按照事件内容相同或相近归类为民情风俗、名胜古迹等。这样就能方便快捷地检索到所需的底片。

由于这些玻璃底片本身的特殊性质，它们无疑拥有宝贵的历史价值，为了减少对原件的伤害和磨损，需要改变它的存取方式对其进行复制备份。进行底片的复制，首先要实现底片的安全转换，需要把玻璃底片复制到具有更大的机械强度和抗高温性能聚酯片基上来，实现底片的转换。我们选择用数字化的方式来完成，通过数码相机直接拍摄修复过的底片或把已经翻拍过的底片通过扫描等输入手段存储在计算机内，并进行适当的修补，尽可能保持照片的清晰度，这样就可以避免底片受到内外因素的影响，保存尽可能多的信息，达到长久保存的目的。

为了保护好这批珍贵的资料，我们要改善环境控制，改善资料的储存和处理。由于玻璃底片本身易碎不好保存的特殊性质，为此我们根据这批玻璃底片的不同规格定制了专用的无酸底片存放盒，它们为底片提供保护和支持，避免受到损伤。

2. 对拓片文献的价值

河南博物院收藏的数万张拓片，主要包括器物铭文、碑刻、墓志、摩崖题记、画像石、画像砖等。时代上自商代的甲骨文、金文，下至明清的记事碑刻。文字涉及面广，内容十分丰富。譬如有人物传记，有改朝换代、军事战争的纪实，有地震、水灾、虫害的实录，有建筑物兴废的描述，有政府和民间制定的典章制度、法规手则的录文，还有诗赋名作的刻版等，可以说是一部不是书本的丛书，对纂志征事、正经补史有极其重要的价值。这些拓片除了具有珍贵的文献价值外，还作为书法艺术展品举办专题展览，或作为文献辅助展品参与各种文物展览。

3. 利用馆藏文献整理出版

河南博物院组织专门研究人员，对院藏拓片进行整理研究，并先后出版《河南碑志叙录》、《河南博物院藏碑志集萃》《河南画像砖》《中岳汉三阙》《河南清代碑刻资料汇编》《河南元代碑刻汇编》等专著10余本，并为其他图书编辑提供拓片图像资料。

对玻璃底版的利用，河南博物院所藏玻璃底版影像资料在拍摄之初就已经广泛用于学术研究和宣传推广，出版有《新郑古器图录》《伊阙石刻图表》等书籍，今天已经整理出的少部分图像资料中已有一些图像资料应用于科研工作中并发挥了极其重要的作用，它们被收录在2003年河南博物院和台北历史博物馆联合出版的《辉县琉璃阁甲乙二墓》一书中，这些玻璃底片虽然历经近百年的风雨，洗印出来的部分照片依然十分清晰，真实地再现了辉县琉璃阁东周墓地的考古发掘现场，使人们能目睹甲乙墓器物的全貌，其具有的历史意义不言而喻。

五、文献资料对博物馆展览的有力支撑

文献资料在博物馆展览中的作用越来越重要，它既是展览中的辅助展品，为文物展览提供资料支撑，也可作为专门展品向观众提供专题展览。在河南博物院的基本陈列展览中，我们运用了大量文献资料作为辅助展品，如甲骨文拓片、铜器铭文拓片、碑刻墓志拓片、老照片、古籍善本、佛经等，极大地丰富了展览内容，同时也增强了展览的知识性、艺术性和观赏性。此外，还利用拓片、老照片等组织专题展览，如 20 世纪 80 年代组织的“河南碑刻画像石拓片展”赴日本展出，深受日本观众欢迎。近年我们又举办了“汉魂——河南画像石画像砖拓片展”、明刻本《佛母大孔雀明王经》等专题展等。因此，文献资料对博物馆展览具有极大的支撑作用。

六、如何更好地征集收藏文献资料

河南博物院的现有文献收藏渠道主要是老馆旧藏和日常征集，这些渠道有其局限性，目前对旧藏的文献内容做整理和研究，但数量上有其局限性。日常征集多在拍卖会或文物商店进行购买，但有经济上的局限性。因此，如何更好地征集收藏文献资料，是文博专业图书馆当前要考虑的事情。近年来，河南博物院的文献收藏主要有以下几个方面：一是以科研课题带动文献资料的收藏，如河南博物院与南开大学联合承担的国家重大社科基金项目《元代北方碑刻集成》，我们对河南现存的元代碑刻进行调查、传拓，并对已不存在的元代碑刻拓片进行扫描，使其形成数字化，极大地丰富了元代文献资料的收藏。又如，我们承担的《中国美术全集·河南画像砖》一书编辑项目，将河南全省的画像砖进行了传拓，收集到大量汉代画像资料。二是以少量的经济投入，购买部分新发现的文献资料，包括画像石拓片、碑刻墓志拓片、名人信札、私人藏书等。三是个人捐献，河南博物院的一些老领导、老专家退休后将其个人的毕生藏书捐献给院图书馆，其中不乏重要的早期专业书刊和手稿，极大地丰富了文献资料的馆藏。

---

［1］赓续历史文脉　谱写当代华章——习近平总书记考察中国国家版本馆和中国历史研究院并出席文化传承发展座谈会纪实［EB/OL］. https：//www. ccps. gov. cn/xtt/202306/t20230604_158181. shtml.

［2］图书馆（公共文化机构）百度百科［EB/OL］. https：//baike. baidu. com/minilemma/%E5%9B%BE%E4%B9%A6%E9%A6%86/345742/224887638.

［3］图书馆（公共文化机构）百度百科［EB/OL］. https：//baike. baidu. com/minilemma/%E5%9B%BE%E4%B9%A6%E9%A6%86/345742/224887638.

［4］崔晓琳. 河南博物院馆藏玻璃底片的价值分析［J］. 文物鉴定与鉴赏，2020（14）.

［5］崔晓琳. 河南博物院藏辉县琉璃阁甲、乙二墓玻璃底片价值分析［J］. 博物院，2021（3）.

周秦之变
——以金文篆籀书风之嬗变为探讨

苏　超
重庆师范大学

摘要：中国文字的发展历史绵延流长，五千年中华文明，四千年汉字演变史，从某种意义来讲，中国汉字的诞生也即意味着中国书法艺术随之萌芽，至今发现的商代以甲骨为载体契刻书风、西周以青铜为载体的金文铭文至秦汉以碑碣为载体的篆籀书系，文字载体随时代变更，书风亦随之趋异，这种趋异随时空长河向前迈进成为必然，它既“润物细无声”，却又“天翻地覆”。本文将西周金文书风与秦汉篆籀书风条分缕析，分别对金文的产生，金文自商代、西周至春秋战国的发展历程与书风特征进行阐述，意在探明周秦书风嬗变的内在脉络，最后将石鼓文大篆与吴昌硕临石鼓文墨迹进行分析，说明古文字本身对书法艺术发展的重要性。

关键词：金文书风；大盂鼎；秦公簋；石鼓文；吴昌硕

周代早期金文书风与晚商金文书风一脉相承，而东周伊始，王道衰微，诸侯争霸，礼崩乐坏，政出私家，权在卿门，诸侯攻伐与兼并之趋势蔓延整个春秋时代，终至晋分三家，呈现七雄争霸之态势。七国各自为据，空间地理、诸侯姓氏、文化风俗、文字书风等方面存在巨大差异。王国维先生《观堂集林》谓：“战国时秦用籀文，六国用古文。”[1] 自秦统一六国，“书同文，车同轨，衡度量”，六国古文逐渐靡迹，秦籀文、大篆、小篆至汉篆一脉演变，这是一条古文字发展演变体系，它清晰、概括，并包罗万象。本文将对各个时代书法风格具体分析，探讨其变化的整个过程与各个阶段金文书法的时代特征，并将石鼓文大篆与吴昌硕临石鼓文墨迹进行细节分析，意在说明古文字学对书法艺术发展的重要性。

一、西周金文书法的特点

书法发展至西周早期，金文书法风格与晚商书法风格非常相似，而晚商的书法风格绝大多数表现出笔画的浑厚，首尾出锋，转折处多波折，字形上具有浓厚的象形意味，比如：“人”“子”“象”“泉” 等字，并偶有“亚”等族徽铭文出现。从文俊先生《中国书法史·先秦卷》

[2] 把西周金文书法大致分为早、中、晚三个时期，这一时期为西周金文发展第一阶段。西周早期金文的内部空间疏阔，字的大小不统一，一个铭文载体通常字数很少，铭文整体布局不齐整，竖基本成列，但横却多不成排，彰显出一种散漫状态。西周早期金文书法与商代书法风格如“子”“鱼”“鸟”“犬”等字形图例比较如下。[3]

商代《子雨己鼎》（图1：1）“子”字左右两手呈现高低摆动相反趋势，而西周早期《荣子鼎》（图1：2）“子”字两手呈现一致向上的特征，晚商的《子雨己鼎》“子”字头部为实，象形人的头部，西周的《荣子鼎》“子”字头部为中空，稍显规整化。商代晚期《亚鸟鱼鼎》与西周《鱼从鼎》（图2）的“鱼”字都完全象形鱼的实体。商代晚期《亚鸟鱼鼎》与西周早期《壬舟鼎》（图3）的“鸟”字，象形尖喙，《亚鸟鱼鼎》“鸟”字双爪，分尾，《壬舟鼎》“鸟”字单爪单尾。商代晚期《马天豕父辛鼎》（图4）“马”与“豕”等字中部实，完全与动物象形，商代晚期《亚犬父丁鼎》“犬”字与西周早期《犬王祖甲鼎》“犬”字外形完全是狗的形状，商代《亚犬父丁鼎》“犬”外加长框，表示这属于族徽。从商代到西周早期这个时段，描写具体物体的字均具有象形性，金文书法更倾向于写实。

时代变迁，西周书法艺术随之继续发展，又呈现出新的特点，到了康王、昭王时期，金文铭文字数已远超商代晚期的“五十字”，长篇铭文盛行，族徽铭文很少见，根据吴镇烽《商周青铜器铭文暨图像集成》记载，《庚嬴卣》（图5）为西周中期前段金文书法作品，其铭文整体章法均匀对称，局部还保留有肥笔；中期阶段为穆王、懿王时期，此时期金文字与字之间显得疏松，章法散漫、开阔。[4]《嬴氏鼎》（图6），为西周中

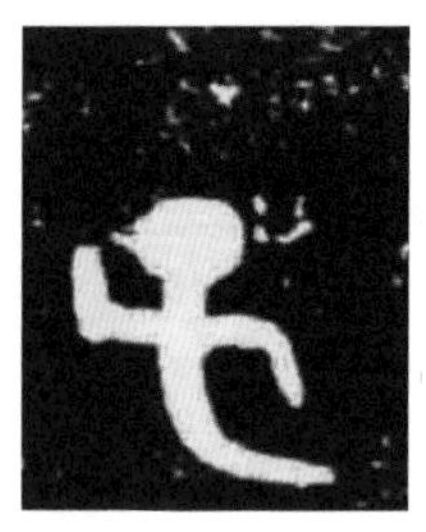
图1:1　子雨己鼎“子”字

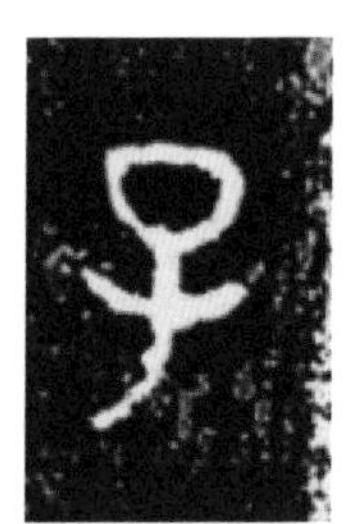
图1：2　荣子鼎“子”字

图2：1　亚鸟鱼鼎“鱼”字

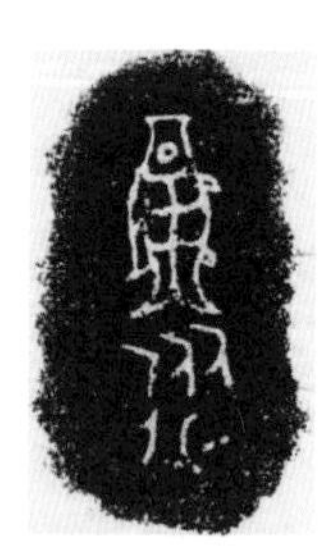
图2：2　鱼从鼎“鱼”字

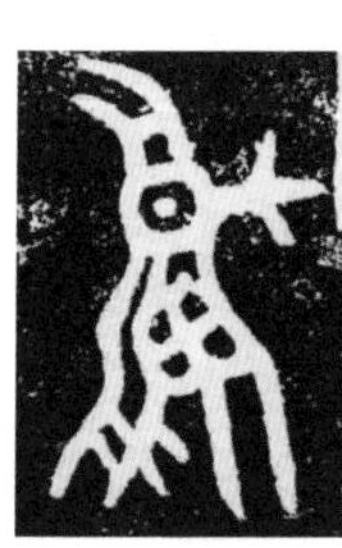
图3：1　亚鸟鱼鼎“鸟”字

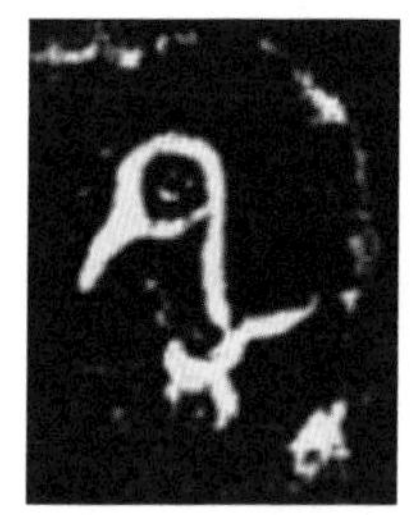
图3: 2　壬舟鼎“鸟”字

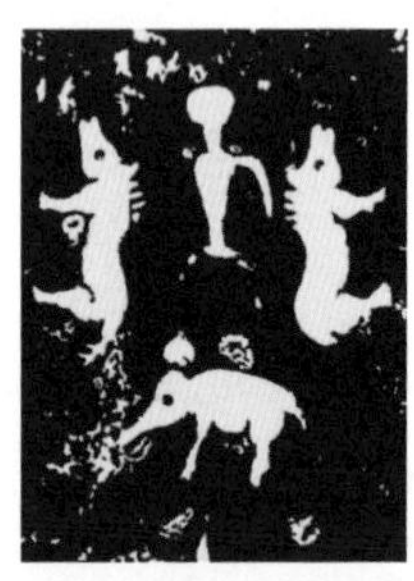
图4: 1　马天豕父辛鼎“马”字

图4：2　亚犬父丁鼎“犬”字

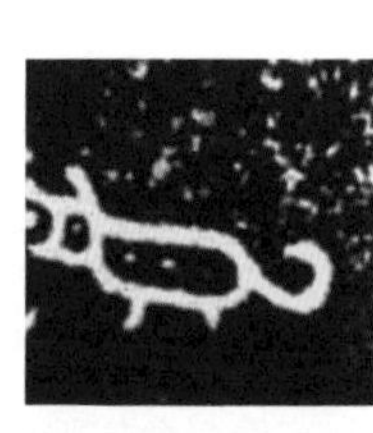
图4：3　犬王祖甲鼎“犬”字

图5　庚嬴卣铭文

图6　嬴氏鼎铭文

期标准金文书法作品，我们从铭文中可看出其字形已经渐趋规范成熟，作品个性也渐渐被纳入之中，铭文已经没有西周早期的肥笔现象，篆引笔法使金文书法作品的线条显得更加圆浑饱满[5]；第三个阶段为夷王、厉王时期，字形普遍为长方形，大小相近，线条细润，如《鄦子妆簠》，属于西周晚期金文书法作品，铭文在章法上已经没有了散漫之状，横竖排列规矩谨严，铭文字形显得较细，线条粗细均匀，彰显静穆之气，属于典型的西周晚期“玉箸体”[6]风格。（图 7）

图 7　鄦子妆簠铭文　图 8　素命镈铭文　图 9　齐侯盂铭文

图 10　国差甔铭文

二、春秋、战国六国书法之趋异

东周时代，诸国纷乱，列国字体在形体上呈现出鲜明特色，表现在书法艺术上则风格差异巨大，笔者将春秋战国金文分为齐鲁金文、吴越徐舒金文、楚国金文、秦系（关中）金文、晋国金文五个类别，并对其按类进行研究：

（一）齐、鲁金文书法

春秋战国时期齐国金文字形有两种风格：第一种，字形修长工整，线条流畅，竖笔经常长垂而迂曲，表现出庄重而优雅，例如：素命镈（图 8）与齐侯盂（图 9）金文。第二种，字形方正、笔画舒张，书法风格豪放，例如：国差甔（图 10）金文。两种形式中第一种应该属于规范书写时的书法风格，第二种属于接近平时流行的手写体，即俗体。[7]

鲁国金文书风不像齐国金文书风一般恣肆与豪放，鲁国为宗周姬姓诸侯国，恪守周礼，在国家形象上显得拘谨，不逾礼乐。鲁国其金文书法风格也显得敦厚而稳重，体现了其东周时代特征。典型的金文铭文，如鲁大司徒子钟白匜（图 11），我们从对齐国、鲁国金文书法风格的对比中可以发现它们在“其”“眉”“寿”“万”“保”这些套语用词上字型结构的差异性，之所以存在上述所说金文书法风格的趋异，是因为齐、鲁诸国在政治上独立性的增强与地域上割据状态的持续加深了列国之间的文化隔阂，即使齐国与鲁国地域近邻也不例外。

（二）吴越徐舒金文书法

南方吴、越、徐、舒等国在地理位置上临近江淮流域，这一地域距离宗周王室距离比较远，礼乐制度对列国之影响也较弱，江南地域书风第一种属于比较工整的艺术型字体，字形颀长，笔画细腻，竖笔挺直，左右笔势舒展，撇捺迂曲，平行笔画蜿蜒，具有一定的修饰性。[8]《吴王孙

图 11　鲁大司徒子钟白匜铭文

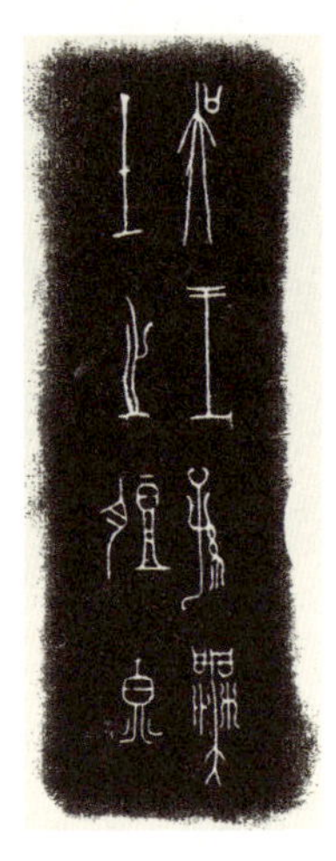

图 12　吴王孙无壬鼎铭文

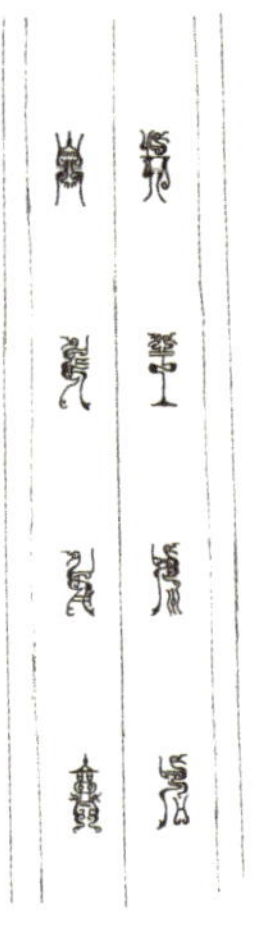

图 13　越王州句剑铭文

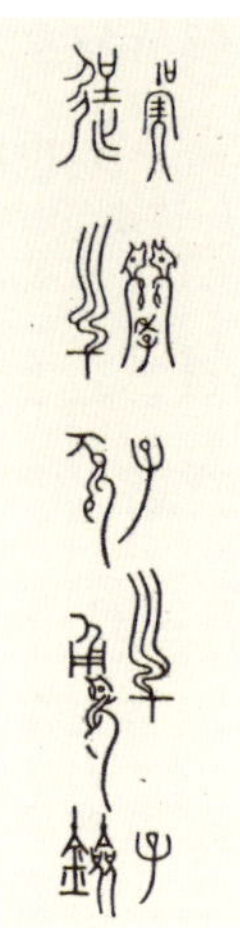

图 14　吴季子之子逞剑铭文

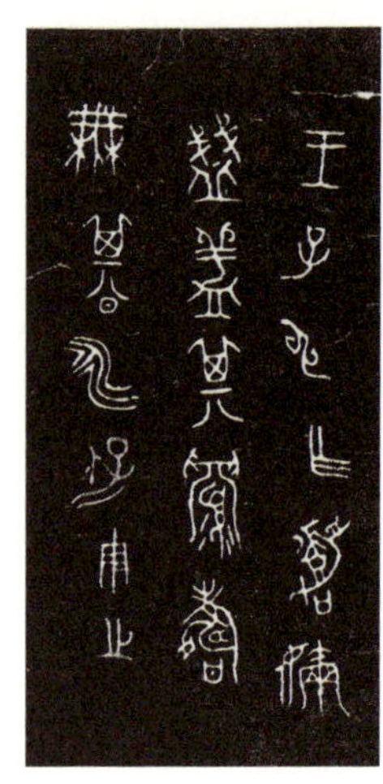

图 15　楚王子申盏铭文

无壬鼎》（图 12），章法稍显草率。第二种为特殊的图案化字体，即鸟虫书，经常以错金形式出现，高贵华丽，具有很强的装饰效果。但是，正因为它的装饰效果太浓重，削弱了这类铭文的文字可读性。此类字流行于春秋早期至战国时期，可细分为鸟书与虫书两种。鸟书字形整体作鸟形，文字与鸟相融，或于字部分加鸟形装饰，越王州句剑铭（图 13），流行于兵器、玺印、容器、汉代礼器、汉印、唐代碑额之中。虫书笔画蜿蜒盘曲，中部上鼓，首尾尖状，脚部下垂，如虫子身体之弯曲，如吴季子之子逞剑（图 14），流行于兵器、容器、古玺、印章、瓦当，许慎《说文解字》列其为“秦书八体之一”[9]。近年来关于研究鸟虫书的学者著作众多，可参见容庚《鸟虫考》[10]、董楚平《吴越徐舒金文集释》[11]、曹锦炎《鸟虫书通考》[12]。

（三）楚国金文书法

南方楚国为子爵，在诸侯国中爵位已经很低了，楚国距离宗周遥远，宗周礼乐文化之影响鞭长莫及，在书法上表现为春秋楚国金文字体较为随意，即俗体。圆笔多、粗犷、笔画细长，末端弯曲，字形大小不一，空间错动，如楚王子申盏铭。（图 15）战国时期楚国金文书法发生一些变化，字形变扁平，多弧笔，表现出松散、草率，同早中期楚国金文形成明显反差。[13] 如楚王酓忑鼎铭文。（图 16）

图 16　楚王酓忑鼎铭文

（四）晋国金文

位于中原地区的晋国受宗周及诸侯国文化影响，春秋时期的晋国金文书法风格多变，大致分为两种，第一种属于手写体风格，即俗体。这种字体形状与齐鲁金文俗体风格类似，竖成列，但横不成排，字的大小不同，笔画细劲方折[14]，如晋公奠。（图 17）另一种属于艺术型字体，字形修长，笔画工整而流畅，类似于齐侯镈类金文风格，如赵孟疥壶铭文[15]。（图 18）

（五）秦国（关中）金文

秦国位于关中地区，西南近巴蜀盆地，东距宗周空间距离涉远，位置偏僻，其金文书法风格与诸侯列国存在很大不同。对秦国金文的研究，文章将其书体与宗周金文、列国金文进行对比研究。

图 19 西周康王《大盂鼎》金文笔画浑厚，笔迹多圆转，少方折，字形上下结构，局部存有晚商书法的肥笔现象，“王”字本为斧钺象形，是王权的象征，“王”字末笔、“在”字中部、“天”字头部、“又”字的第二笔尾部均有衍笔，显得厚重、敦实，书法整体章法谨严、横与竖都排列地比较整齐。[16] 图 20 春秋时期的《秦公镈》[17] 金文字体比较舒展，多圆转用笔，起笔与末笔位置经常逾矩，字的上下不整齐、不对称，作品整体章法纵与横空间布局存在不协调的现象，如“眉”“有”字，恣肆与放任时时可见。图 21 战国时期的《中山王礐鼎》[18]，书法风格属于鸟书的变体，字形很优美，属于一种刻铭二次铸铭，金文向大篆发展的书体，字形修长，细劲而潇洒，

图 17　晋公奠铭文

图 18　赵孟疥壶铭文

图 19　西周康王大盂鼎金文

图 20　秦公镈金文

图 21　中山王礐鼎金文

点画之间具有装饰性，字内空间紧密，对称、沉稳、尾端出锋，堪称战国时期金文中最具艺术型的美术体。从这里即可看出中国两周时期幅员辽阔、地域之间多存文化差异，金文书法风格彰显璀璨斑斓、多姿多彩。

三、秦国金文篆籀之异动

（一）秦国金文大篆书风探析

1919 年在甘肃天水出土了秦国春秋中期代表金文青铜器秦公簋[19]，《秦公簋》（图 22）的书法风格与代表秦国春秋早期金文书法风格的《秦公镈》（图 23）书风存在差异，字体中宫收紧，内擫，在笔法上改《秦公镈》的圆转为圆折之笔，结构谨严、方正，字形更加规整。而更晚出土于陕西凤翔的秦《石鼓文》（图 24），即《猎碣》，更加闻名遐迩，被书法界奉为大篆之瑰宝，《石鼓文》的汉字载体为石刻，它的书法风格接近于《秦公簋》，点画与点画之间衔接紧实，字形结构左右对称，多圆笔，它的书写方法不类《大盂鼎》偶有直锋入笔，而是笔笔绞裹，圆转回锋收笔，在圆润之中显方正，浑厚之间彰显饱满。

通过对《秦公镈》《秦公簋》《石鼓文》三书体的“又”“以”“公”“蛮”（䜌）“天”“万”六字的对比，分析它们之间的渊源关系，观察《秦公镈》的“又”字两笔交接处，弧线幅度颇大，多圆转，而后两者三笔接近平行，两笔交接处以折转代替圆转；表现在“以”字上《秦公镈》的曲线入笔处弧线颇大，而后两者在此处多“方 U 形”，《秦公镈》的“公”字中宫疏朗，左右“撇”“捺”对称，单笔为弧状，《秦公簋》的“公”字上面两笔

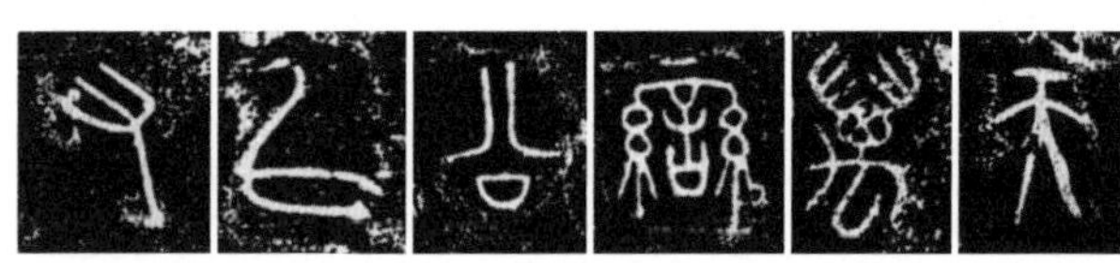

图 22　秦公簋金文

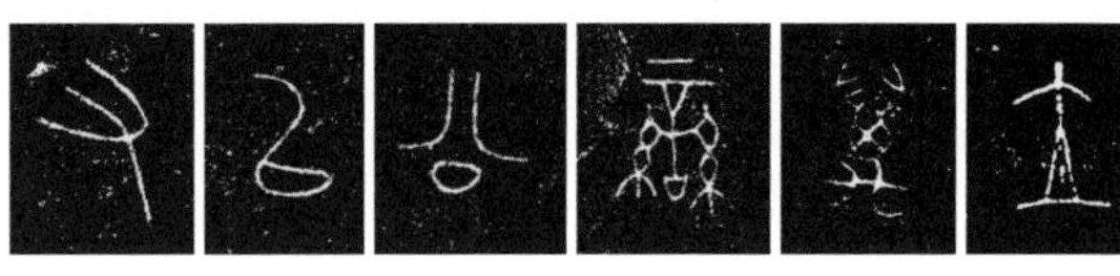

图 23　秦公镈金文

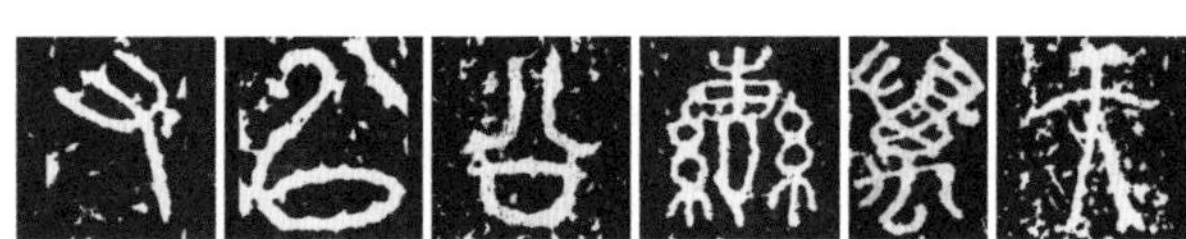

图 24　石鼓文

接近“竖折”，并且左右两笔向中间收缩，在“口”字的表现上，《秦公镈》“口”呈椭圆形，《秦公簋》与《石鼓文》“口”呈半“U”型，这一点也表现在“蛮”字上，《秦公簋》的“蛮”字“口”下部是方折，而《秦公镈》的“蛮”字“口”下部属于圆转（《石鼓文》此字为“䜌”）；另外，《秦公镈》的“万”字中部呈圆状，后两者均呈扁状，《秦公镈》的“万”字上部两个“又”属于圆笔，而后两者应属方笔，后两者在“万”字“U”状笔画交界处也都存在折转现象；最后一个“天”字《秦公镈》写得恣肆烂漫，《秦公簋》与《石鼓文》写得规矩谨严。综上所述，可以得出一条规律，秦国金文继承了西周晚期金文遗风，《秦公镈》《秦公簋》与《石鼓文》无论是在字形结构上还是书风上均比较接近，而三者之间《秦公簋》与《石鼓文》书风风格更加接近，因为两者年代更接近，这也就说明了秦国金文（篆籀）字体是从春秋中期开始进一步改造，从而更加规范，逐渐接近于《泰山刻石》《峄山刻石》等小篆。

（二）秦篆始末与吴昌硕《临石鼓文》

战国末期，始皇扫六合，书同文，把小篆作为官方公文标准书体，六国古文的废除，使纷乱的语言文字使用现象得到抑制，秦代的篆书流传至今的并不多，被书法界奉为小篆经典的《峄山刻石》毁于宋代，现在上海书画出版社出版的拓本属于宋人翻刻，其中字形结构早已失去了秦代篆书的原貌，《会稽刻石》碑石已不知所终，而《泰山刻石》与《琅琊刻石》残石风化严重，字迹漫漶不清，难睹其原貌。从中国国家博物馆所藏《泰山刻石》《琅琊刻石》残石亲睹其字形结构，仍能看出，《石鼓文》的字形、结构与秦代两残碑很接近，字形呈长形，字形均匀、对称、沉稳，恪守一种森严与法度；在用笔上，都是逆锋起笔，回锋收笔，行笔过程中不紧不慢、不偏不倚，粗细均匀，圆转中裹挟的沉着与遒劲；结体上呈现上紧下松的态势，点画之间相对均衡，甚至于均衡到近乎一种原始的“拙”的程度，几乎绝对对称，相拱相揖，秩序井然。

《石鼓文》被古往今来众多习书者称为篆书之祖，是集大篆之成，开小篆之先河，在书法史上起着承前启后的作用，被历代书家视为习篆书的重要范本，故有“书家第一法则”之称誉。《石鼓文》对书坛的影响以清代最盛，如著名篆书家吴昌硕就是主要得力于石鼓文而形成自家风格的。本文试将吴昌硕篆书《临石鼓文》[20]与《石鼓文》[21]原拓选字进行对比分析：

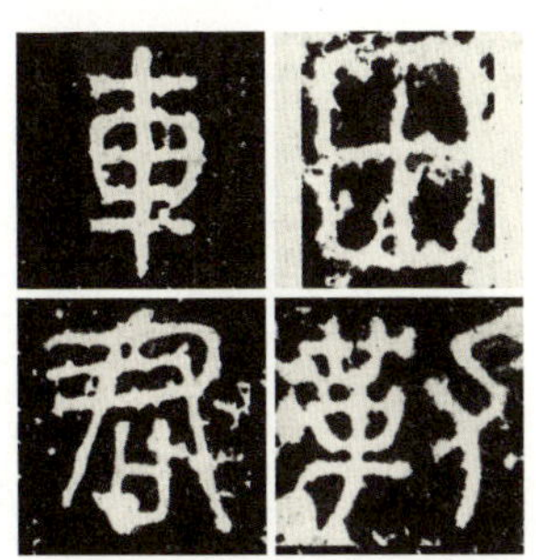

图 25　石鼓文拓本

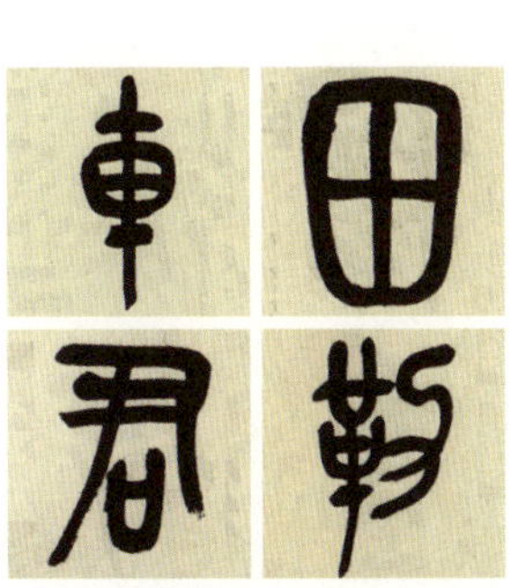

图 26　吴昌硕临石鼓文

比较分析上图，发现左边《石鼓文》选字：“田”“车”“君”“勒”，其中“田”字结体近方，横与竖长短一致，字内空间平均等分，横竖交接多方折，与前文《秦公镈》字形相似。右边吴昌硕《临石鼓文》“田”字，因为是手写体，书写性较强，线条上表现出上粗下细的特征，从墨迹能够清晰看出书写顺序先横后竖，上粗下细，竖粗横细，毛笔扎进纸里那种厚重感不自觉间溢出纸面。《石鼓文》拓本“车”字五横中上面四横长短一致，中间“田”字横竖交接处全部近方，呈现直角状，每根线条起笔、行笔、收笔，运笔匀速，大小一致、长短相宜，线条尾端回锋收笔，从容而不突兀。吴昌硕《临石鼓文》“车”字字形整体横短竖长，长条状，中间田字第三笔为竖折，但在运笔上吴昌硕并未折，而是以弧线代替折笔，笔力在笔尖转弯后突然变得纤细，线条拉到“田”字结构右边才停止，这样就把字内空间的对称性打破了，显得上宽下窄，左大右小。再看《石鼓文》拓本“君”字，字体上大下小，上部三横平齐，左撇右捺略微对称，撇与捺收笔处在一条水平线上，但吴昌硕《临石鼓文》又打破了这种平衡关系，“君”字上部第二横与第三横内部空间远大于第一横与第二横之间的内部空间，上紧下松，下部“口”字横短竖长，内部空间很窄，并向左倾斜，且左边撇比右边捺长。最后一个“勒”字，吴昌硕《临石鼓文》与《石鼓文》原拓本字形不太一样，左边“革”字的两次竖折都以曲线代折，把线条拉到了转角处和“车”字内部空间一样，导致内部空间左大右小，“勒”字右边字形被作者进行了改造，“力”上部弯度向左边移动角度明显加大，呈现圆转倒U形，三竖向下拉得颀长，并且锐利出锋，在吴昌硕《临石鼓文》中，几乎每个字均存在竖画出锋现象，吴昌硕这种对《石鼓文》拓本字形结构的改造，是其对石鼓文多年临写的习惯使然，这种打破字内空间的做法，使《石鼓文》每个字显得生动、活泼，每个字在吴昌硕笔下都具有了鲜活的生命力，也恰好彰显出了书法水墨的艺术性，表现出吴昌硕对书法艺术的一种天然敏锐力。

秦代作为中国古老汉字演变的转折节点，在书法艺术发展史上确实扮演着重要角色，然而，秦朝国祚短促，统一天下十五年即覆灭，官方对篆书推广的力量戛然而止，古文字发展几近终结了，但迎来了汉隶书法的兴盛时代。

从两周至秦，金文书法字数由少至多，线条从肥变细，结构由散漫向谨严，用笔由圆转到方折，经历了千年革新的漫长时代，每一种文化现象表现在书法艺术风格上，端正、谨严、静穆，烂漫、恣肆、放纵，均存在其背后深层的动因，武王、成王初立，王朝暗流涌动，金文书法显得恣肆、夸张，穆王、昭王国势沉平日久，金文书法彰显沉稳、静穆之气，春秋、战国诸侯国纷乱，金文书法多显错动与放纵，至秦始皇统一，九州威服，篆籀书法又变得端庄而谨严。另外，通过对石鼓文大篆与吴昌硕墨迹的细节分析，可得出书法家在创作时刻意改变古文字的文字结构，从而增加其作品艺术性与趣味性，时代塑造文化，文化感应时代，书法艺术的发展亦是如此。

---

[1] 王国维. 观堂集林［M］. 北京：中华书局，2004.

[2] 丛文俊. 中国书法史·先秦秦代卷［M］. 南京：江苏教育出版社，2009.

[3]［4］［5］［19］吴镇烽. 殷周青铜器铭文暨图像集成［M］. 上海：上海古籍出版社，2012.

[6] 丛文俊. 中国书法史·先秦秦代卷［M］. 南京：江苏教育出版社，2009（9）.

[7]［8］［13］［14］［15］［16］［17］［18］中国社会科学院考古研究所编. 殷周金文集成修订增补本·第一册［M］. 北京：中华书局，2007.

[9] 许慎撰，徐铉等校定. 说文解字·叙［M］. 北京：中华书局，2013.

[10] 容庚. 鸟虫考［J］. 中山大学学报，1964（1）.

[11] 董楚平. 吴越徐舒金文集释［M］. 杭州：浙江古籍出版社，1992.

[12] 曹锦炎. 鸟虫书通考［M］. 上海：上海书画出版社，1999.

[20] 南山书画主编. 吴昌硕临石鼓文［M］. 杭州：浙江摄影出版社，2019.

[21] 卢辅圣主编. 石鼓文［M］. 上海：上海书画出版社，2015.

青铜器腐蚀机理研究

郝玉洁　王　璐　郁田园
河南博物院

摘要：铜器由于埋藏数千年，经过长期而缓慢的化学及电化学反应，其表面具有多种腐蚀产物。本文以目前较为主流的理论，从化学腐蚀、电化学腐蚀及环境腐蚀方面，阐明了青铜器腐蚀的基本机理，揭示反应途径和反应产物之间的关系，为研究青铜器腐蚀产物提供参考，也为科学性保护提供理论依据。

关键词：青铜器；电化学腐蚀；晶间腐蚀；小孔腐蚀

中国最早期的青铜器距今已有六千多年的历史。中国古代冶炼的青铜器则为铜的合金，根据矿源和冶炼方法的不同，会具有不同的铜、锡、铅配比及其他元素。铜含量较高呈灿金色，随着合金中锡含量的升高，黄色逐渐变浅，当锡含量达到 30% ～ 40% 以上则呈灰白色。古代青铜器以灿金色为主，因此被称作“金”或“吉金”。《史记・孝武本纪》记载“禹收九牧之金，铸九鼎”，这里的“金”指的就是铜合金。[1] 出土的青铜器由于数千年来埋藏于地下，在土壤中受到了化学、电化学、生物等腐蚀，在其表面形成了不同化学成分的锈蚀产物，导致青铜器呈现绿色、蓝色、红褐色、灰黑色等色泽，其中以青绿色锈蚀居多，故而被命名为“青铜”。

青铜器所受到的腐蚀作用中，电化学腐蚀为最主要的腐蚀方式，所产生的“粉状锈”对青铜器的危害也最为严重。为更好地保护青铜器，本文重点围绕青铜器腐蚀机理展开综述。

一、青铜器锈蚀产物

锈蚀产物颜色的不同，导致青铜器表面呈现斑驳的颜色。钟家让认为青铜器的锈蚀呈现层状结构，从内到外依次为青铜器本体、CuCl、Cu_2O 及 $CuCl·3Cu(OH)_2$，如图 1 所示。[2] 而实际的锈蚀结构则更为复杂。

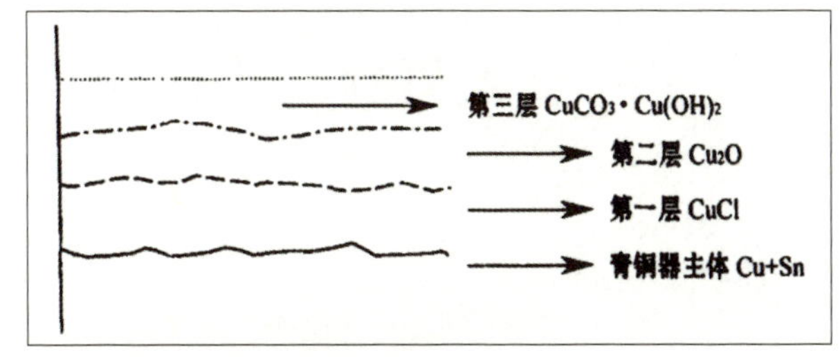

图 1　青铜器的锈蚀层横截面示意图

按照产生的锈蚀是否可以进一步对器物本身产生腐蚀可以分为无害锈和有害锈；例如黑色的 CuO（氧化铜）、褐色的 Cu_2O（氧化亚铜）、绿色或蓝绿色的 $Cu_2(OH)_2CO_3$（碱式碳酸铜）（图 2），还有少量黑褐色的 CuS（硫化铜）以及白色的 SnO_2（氧化锡）等，这些锈蚀产生以后相对稳定，不会使本体被进一步腐蚀，称为无害锈。[3] 这些锈蚀兼具审美与历史价值，一般在保护过程中不予去除。

有害锈主要包括灰白色的 CuCl（氯化亚铜）和亮绿色的 $CuCl_2 \cdot 3Cu(OH)_2$（碱式氯化铜），这些产物结构疏松，为土壤、空气中的化学成分提供了丰富的“通道”，加速了青铜器的腐蚀，对金属本体造成源源不断的伤害，因此又称为“青铜病”。[4] 有害锈会威胁青铜器本体的寿命，要及时处理。

图 2　战国蟠螭纹铜鉴

二、青铜器腐蚀机理

（一）化学腐蚀

吉布斯自由能是判断化学反应方向的热力学函数，系统在等温、等压（298.15K、100kPa）且不做非膨胀功的条件下，化学反应总是自发朝着吉布斯自由能减少即的方向进行，且数值越小，反应越容易发生。[5] 稳定单质的吉布斯自由能为零，对于一个确定的化学反应方程式而言，若参与反应物质的吉布斯自由能都是已知的（表 1），则 $\Delta_r G_m^\theta = \Sigma [\nu_B \Delta_f G_m^\theta (B)]$。[6] 根据计算可得以下反应方程式的 $\Delta_r G_m^\theta$：

$2Cu+1/2O_2=Cu_2O$

$\Delta_r G_m^\theta = -146.0kJ/mol$　　(1)

$Cu+1/2O_2=CuO$

$\Delta_r G_m^\theta = -129.7kJ/mol$　　(2)

$Cu_2O+2Cl^-+H_2O=2CuCl+2OH^-$

$\Delta_r G_m^\theta = +37.8kJ/mol$　　(3)

$2CuCl+O_2+2Cl^-+4H_2O=2Cu_2(OH)_3Cl+2HCl$

$\Delta_r G_m^\theta = -1510kJ/mol$　　(4)

表 1　部分物质的吉布斯自由能（298.15K、100kPa）

物质	Cu_2O	CuCl	CuO	H_2O
$\Delta f G_m^\theta$ (kJ/mol)	−146.0	−119.86	−129.7	−237

（1）式、（2）式可以看出，Cu 暴露在空气中会被氧化，生成产物有氧化铜和氧化亚铜，而（1）式的更负，所以优先反应生成的是 Cu_2O，再结合（3）式的为正值，反应不能自发进行。国内学者范崇正等较早从热力学角度阐释了青铜器腐蚀产物生成的难易程度，认为 Cu_2O 一旦生成，

在干燥的环境中不易继续反应生成 CuO 或 CuCl，而在含有 Cl^- 潮湿或酸性的环境中，Cu 会反应生成 CuCl。[7] 王蕙贞等认为 H_2O 是青铜器被氯化或硫化的必要条件，青铜器表面首先被氧化生成一层致密的 Cu_2O 薄膜，而后在 H_2O、O_2 的参与下继续发生反应生成碱式碳酸铜、碱式氯化铜等物质。[8] 碱式氯化铜虽然结构疏松，为其他分子的侵入提供了通道，促使 CuCl 进一步侵蚀金属基体。钱付德等 [9] 认为碱式氯化铜在热力学上是一种稳定形态的物质，不会与 Cu 发生反应，即碱式氯化铜本身并不具备化学活性，与青铜器基体发生反应的是 CuCl，(4) 式也表明这一反应具有极强的正向趋势，由此可以看出在粉状锈中，会对青铜器基体造成进一步腐蚀的成分应为氯化亚铜。

（二）电化学腐蚀

由于青铜器通常是铜、锡、铅的合金，由于原料和冶炼技术还会有其他金属杂质，如：铁、钙、镁、铝等。程德润 [10] 等学者提出“粉状锈”的成分应为 $CuCl_2 \cdot 3Cu(OH)_2$、PbO、SnO_2 的混合物，青铜器的金相组织包含有 α 固溶体、α + δ 共析体、Pb 颗粒等，不同微区有不同的电位 [11]，进而发生微电池反应，因此组织分布的“不均匀性”造成青铜器被腐蚀；文献认为青铜器表面的 Cu、Pb 首先被氧化即化学腐蚀，形成一层具有裂隙的氧化薄膜，在潮湿、含 Cl^- 的环境中会发生电化学腐蚀，其中 PbO－Pb 作为正极发生还原反应，Sn－Sn^{2+} 作为负电极发生氧化反应：

正电极：$PbO+H_2O+2e^- \rightarrow Pb+2OH^-$

负电极：$Sn+2Cl^- \rightarrow SnCl_2+2e^-$

电池反应：$PbO+Sn+H_2O+2Cl^- \rightarrow Pb+SnCl_2+2OH^-$

上述电池反应生成 OH－ 的则继续与 Pb、Cl^- 反应生成 PbO、Pb2O，而 PbO 又可以与附近的 Sn 构成新的微电池……由此源源不断地发生电化学反应，导致基体表面的氧化膜进一步破裂，进而形成点蚀。点蚀产生后 Cl^- 可逐渐接触到金属基体与 Cu 反应生成 CuCl，CuCl 与水形成平衡体系，由于生成的 Cu_2O 层接近点蚀孔，会继续发生反应生成 $CuCl_2 \cdot 3Cu(OH)_2$：

$Cu+Cl^- \rightarrow CuCl+e^-$

$2CuCl+H_2O \rightleftarrows Cu_2O+2HCl$

$Cu_2O+2HCl+2H_2O+O_2 \rightarrow CuCl_2 \cdot 3Cu(OH)_2$

参加反应的分子、离子继续从膨胀疏松的碱式氯化铜进入，沿着 δ—共析相中 Sn 的分布继续发生上述微电池反应，腐蚀在扩展的同时进一步向内延伸。

（三）小孔腐蚀与点蚀

周浩、祝鸿范 [12] 等学者在 Lucky 提出的“膜电池”理论基础上解释了青铜器腐蚀过程：出土前的器物表面会由吸附离子形成一层稳定的保护膜，一般认为是 Cu_2O 膜。但 Cl^- 会破坏氧化层薄膜，青铜器本身的缺陷如小孔、缝隙等也更容易被 Cl^- 渗入，由于电荷的作用，在小孔处形成微电池。由于膜内层相对缺氧，外层为相对富氧区，分别作为电池的阳极和阴极，导致 Cu 被氧化为一价或二价铜离子。

$Cu - e^- = Cu^+$　　$Cu - 2e^- = Cu^{2+}$

一价铜离子与 Cl^- 反应生成 CuCl，即有害锈，CuCl 作为不稳定的化学成分，在中性溶液中部分水解为 Cu_2O。

$Cu^{+} + Cl^{-} = CuCl$

富余的二价铜离子由于电荷中和的作用会向膜外层迁移，根据环境不同形成孔雀石 $Cu_2(OH)2CO_3$、蓝铜矿 $Cu_3(CO3)_2(OH)_2$、氯铜矿 $Cu_2(OH)_3Cl$、碱式硫酸铜 $Cu_2(OH)_2SO_4$ 等不同物质。(图 3)

此时电场的方向为阳极指向阴极，即膜的内层指向外层，Cl^{-}在电场的作用下向膜内层迁移，使得阳极区 Cl^{-}浓度增加，同时小孔腐蚀模拟实验的结果也表明 Cl^{-}浓度的增加会引起电流密度的增大，从而起到催化的作用。冯绍彬等[13]以电化学腐蚀为理论基础进行模拟实验，提出了多孔氧电极催化机理，并认为出土之后环境从缺氧到富氧的改变，是青铜器加速腐蚀的重要原因。

（四）晶间腐蚀

晶间腐蚀广泛存在于金属材料中，在特定的介质下，沿着晶界形成腐蚀并沿着晶粒边界延伸，破坏晶体间的结合力，对金属基体造成局部腐蚀，严重的晶间腐蚀会导致基体开裂甚至粉碎性破坏。[14] 刘煜、张晓梅等通过对青铜器的分析研究发现，铸造缺陷较大青铜器，往往会出现严重的腐蚀，而铸造精细的青铜器保存情况则较为完好。[15] 晶间腐蚀的根本原因是晶粒与晶界之间以及晶粒内部电位的不均匀性。对于组织分布均匀的单一等轴晶而言，由于组织间不存在电位差，因此也不易发生晶间腐蚀。而大多数青铜器为铜锡二元合金或铜锡铅三元合金等，晶界电位较高作为阳极，晶面电位较低作为阴极，易发生电化学反应，并且由于晶界面积小，腐蚀很容易穿透至晶面内部。[16] 由于 Sn 的电位高于 Cu，且 $\alpha+\delta$ 共析体内晶界较多，加上氯离子、水等必要条件的参与，更容易发生电化学反应被氧化，随着腐蚀程度的加深不断向内部推进，最后剩余成分单一的 α 相。[17]

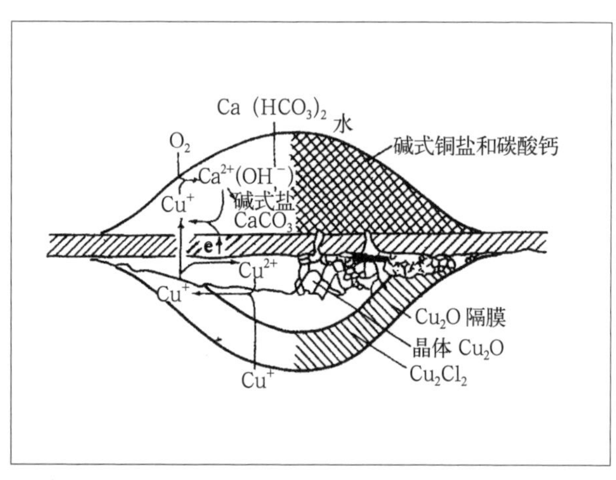

图 3　小孔腐蚀示意图

从文中的分析可以看出，小孔腐蚀、点蚀、晶间腐蚀理论针对青铜器腐蚀过程进行了局部微观模型化分析，其本质仍基于电化学腐蚀机理。电化学腐蚀是对青铜器作用最大的腐蚀方式，而在潮湿或酸性环境中，氯离子的存在则会加快青铜器的电化学腐蚀速率。

三、大气腐蚀

除了大气中氯化物的影响外，温湿度、光照、氧气、硫化物、大气污染物也会对青铜器腐蚀造成一定的影响。

（一）温湿度的影响

根据阿伦尼乌斯公式：$\frac{dlnk}{dT}=\frac{E}{RT^2}$可以看出，反应速率会随着温度的增加而变快。MARK G 等[18]根据实验结果发现，如果环境温度增加 2℃，空气腐蚀速率将最高升至15%。

湿度对于文物的影响比温度更严重。当湿度达到一定程度，在青铜器表面形成水膜，大气中的各种物质溶解在水膜中吸附在器物表面，如果有氯化物的存在，会加速青铜器的腐蚀反应。[19]

（二）光照

光照尤其是紫外光，对于有机文物的损害较大。研究表明，当波长小于486纳米时，会导致有机物中C－C键的断裂。[20] 除有机文物以外，光照对于青铜文物也会造成一定程度的损害。光量子具有一定的能量，根据量子能量公式E=hv（h为普朗克常量，v为频率），当具有一定能量的光子作用在金属表面，可激发金属表面具有半导体性质的氧化物，如Cu_2O、Sn_2O等。价带中的电子吸收光子的能量会跃迁至导带，因此在金属中产生电流，导致金属的腐蚀。[21] 然而青铜器的氧化物较为复杂，光照对其腐蚀响应方式仍具有较大的讨论空间。

（三）大气污染物

除温湿度以外，大气中的臭氧、氮硫氧化物等，也会对文物造成一定的腐蚀性损害。NOx、SOx作为酸性气体，在一定湿度下会形成H_2SO_4、HNO_3等强酸物质吸附在金属文物表面，不仅会对金属造成直接的化学腐蚀，还会作为电解质加速金属的电化学腐蚀。[22] 而臭氧本身就具有强氧化性，通过与NOx、SOx以及光照的协同作用，会对金属文物造成更强的腐蚀作用。[23]

四、小结

从前文可以看出，对青铜器腐蚀影响较大的有以下几个因素：从缺氧到富氧环境的变化、铸造时基体本身的不均匀性、氯离子、酸性介质、温湿度、光照及大气分子等等。学者们提出腐蚀的模型有很多，包括点蚀、小孔腐蚀、晶间腐蚀等，其本质大都归结于电化学腐蚀原理。发生电化学腐蚀的必要条件有：电位差（即阴极和阳极）、电解液、电流回路，其中电位差是由于合金原材料产生的，属于不可消除的因素。所以在保护的过程中，要注意避免电解液的形成，即保持干燥的环境、避免可电解物质的附着。

由于青铜器本体合金以及部分夹杂物的复杂性、埋藏环境的不可模拟性，使其腐蚀机理的研究趋向于复杂，目前尚未有绝对统一的观点。青铜器的腐蚀是不可逆转的过程，因此要正视这一现象，采取科学的手段延缓其腐蚀进程。

---

[1] 陈益民. 九鼎源流考［J］. 寻根，2013（4）.

[2] 钟家让. 出土青铜器的锈蚀因素及其防护研究［J］. 山西大学学报（自然科学版），2004（1）.

[3] 徐群杰，潘红涛，邓先钦. 青铜器文物的腐蚀与防护研究进展［J］. 上海电力学院学报，2010（6）.

[4] 廖原. 青铜文物锈蚀机理及有害锈转化剂研究［J］. 文物保护与考古科学，2003（2）.

[5] 张颖. 吉布斯自由能的多功能性质探讨［J］. 大学化学，2011（2）.

[6] 范广，张引莉，孙家娟. 氧化铜与氧化亚铜稳定性的热力学讨论［J］. 广州化工，2012（10）.

[7] 范崇正，王昌燧，王胜君. 青铜器粉状锈生成机理研究［J］. 中国科学（B辑 化学 生命科学 地学），1991（3）；范崇正，吴佑实，王昌燧，等. 青铜器粉状锈生长过程的动力学研究［J］. 中国科学（B辑 化学 生命科学 地学），1992（5）；范崇正，王昌燧，赵化章，等. 氯化亚铜氧化反应的化学动力学初探［J］. 物理化学学报，1992（5）.

[8] 王蕙贞，宋迪生，朱虹，等. 青铜文物腐蚀机理及保护

方法研究［J］．人类文化遗产保护，2003（1）；王蕙贞，魏国锋，朱虹，等．商代青铜戈腐蚀机理与保护研究［J］．考古与文物，2001（3）．

［9］铁付德，陈卫，于鲁冀．古代青铜器的腐蚀及其控制研究［J］．文物保护与考古科学，1997（2）．

［10］程德润，赵明仁，刘成，等．古代青铜器“粉状锈”锈蚀机理新探［J］．西北大学学报（自然科学版），1989（1）；程德润，程波，陈举．古代某些青铜器的腐蚀和环境研究［J］．考古与文物，1995（6）；程德润，王丽琴，党高潮．环境对青铜文物锈蚀的影响［J］．环境科学，1995（2）．

［11］范崇正，吴佑实，王昌燧，等．粉状锈生成的电化学腐蚀及价电子结构分析［J］．化学物理学报，1992（6）．

［12］祝鸿范，周浩．青铜器文物腐蚀受损原因的研究［J］．电化学，1999（3）；祝鸿范．青铜病的发生与小孔腐蚀的关系［J］．文物保护与考古科学，1998（1）；周浩，祝鸿范，蔡兰坤．青铜器锈蚀结构组成及形态的比较研究［J］．文物保护与考古科学，2005（3）．

［13］冯丽婷，刘清，包祥．青铜器加速腐蚀的多孔氧电极研究［J］．中国腐蚀与防护学报，2006（3）；冯绍彬，胡芳红，冯丽婷．青铜器腐蚀研究现状［J］．腐蚀与防护，2009（1）；冯丽婷，苏畅，冯绍彬，等．粉状锈对青铜器腐蚀影响的电化学研究及其形成机理［J］．材料保护，2010（11）；冯绍彬，商士波，张巍，等．应用电位活化理论研究青铜器的腐蚀与保护［J］．文物保护与考古科学，2005（1）．

［14］胡帅．低铬铁素体不锈钢晶界共偏聚诱导的晶间腐蚀研究［D］．北京：中国科学技术大学，2021.

［15］张晓梅，原思训，刘煜．周原遗址及鱼国墓地出土青铜器锈蚀研究［J］．文物保护与考古科学，1999（2）；刘煜，张晓梅，杨宪伟．天马－曲村周代晋国墓地青铜器保存状况研究［J］．考古，2000（9）．

［16］贾莹，高秀华．金属文物的腐蚀结构及文物保护相关问题［J］．内蒙古文物考古，2009（2）．

［17］王菊琳，吕国诚，许淳淳．青铜文物腐蚀机理研究进展［C］// 中国化学会应用化学学科委员会．文物保护与修复纪实——第八届全国考古与文物保护（化学）学术会议论文集．广州：岭南美术出版社，2004.

［18］Mark G, Stewart, et al. Climate change impact and risks of concrete infrastructure deterioration［J］. *Engineering Structures*, 2011（33）.

［19］马圆圆．环境因素对青铜质文物腐蚀行为的影响及关联性分析［D］．上海：华东理工大学，2021.

［20］S. B. Lee, J. Bogaard, et al. Darkening of Paper Following Exposure to Visible and Near-Ultraviolet Radiation［J］. *J Am Inst Conserv*, 1989（28）.

［21］刘星辰．可见光对铜大气腐蚀的影响机制研究［D］．北京：中国科学院大学（中国科学院海洋研究所），2018.

［22］张盼．空气环境中的臭氧对青铜文物腐蚀行为影响研究［D］．上海：华东理工大学，2013.

［23］陈元生，解玉林．博物馆文物保存环境质量标准研究［J］．文物保护与考古科学，2002（S1）．

北京平谷白各庄汉墓出土铁器科学分析研究

原　野[1]　杨　菊[2]　曹孟昕[2]　陈坤龙[1]　刘亚雄[3]

1.北京科技大学科技史与文化遗产研究院；2.北京市考古研究院（北京市文化遗产研究院）；3.河南大学历史文化学院

摘要：本文对位于北京市平谷区白各庄的一处汉墓中出土的铁器进行了科学检测分析。结合金相组织观察、夹杂物成分分析及数据处理，对其中出土的14件工具、兵器类器物的原材料及制作技术进行了初步判断。分析数据显示，这些器物均以共析或亚共析钢制成，晶粒细小，多经过锻打处理，且通过淬火以进一步增加硬度。这些器物的原料来源包含了生铁炒钢制品及块炼铁制品两类，且块炼铁集中于西汉中晚期墓葬。本文进一步讨论了西汉不同时期出现块炼铁的可能原因，并推测北京地区在西汉中晚期“盐铁官营”背景下冶铁技术的多样性可能与其地理位置及政治独立性有关。

关键词：白各庄墓地；块炼铁；炒钢；夹杂物；汉代

白各庄汉墓群位于北京市平谷区白各庄新村南侧。2021年2月25日至5月14日，北京市文物研究所在白各庄新村南侧进行了全面的考古发掘。发掘两汉时期墓葬群一处，实际发掘面积4366平方米，清理墓葬共计130座。（图1）墓葬的空间分布较为集中，根据墓葬间的距离，可以看出其内部有较为明显的分群、分组现象。墓葬的方向一致，均为南北向。根据墓葬的形制和建筑材质，主要可以分为土坑墓、砖框墓与砖室墓三大类，前者的数量较多，保存基本完整；后二者的数量相对较少，均遭到晚期破坏。其中，土坑墓还可再分为两型，一型不带墓道，平面呈长方形；另一型带墓道，平面呈刀把形。砖室墓绝大多数为单室墓，有少量为双室墓。葬具有一棺一椁和单棺两种类型。

这批汉墓中出土陶器的数量最多，此外还有铜器、铁器、玉石器等，共计661件（套），以及铜钱358枚。陶器的类型丰富，以泥质灰陶为主，主要有罐、壶、盆、盘、碗、钵、鼎、豆、灯、盒、奁、樽、井、灶、仓、耳杯、厕所以及人物俑、动物俑等；铜器有镜、印章等；铁器有刀、剑、匕首等。综合墓葬形制和出土器物，初步推断这是一处从西汉中晚期一直延续到东汉晚期的墓葬群。白各庄汉代墓葬排列有序，时代连贯，随葬器物多样，对于认识北京东北部区域汉代的文化面貌、家庭与家族的内部构成等具有非常重要的价值。尤其是，这些墓葬为准确地区分与把握西汉中期、新莽时期和东汉初期等几个重要汉代考古时间节点的文化面貌、衔接、过渡与转变的关键因素提供了重要的研究资料。

为了揭示该墓地出土铁器的制作原料及技术，并进一步探讨以该墓地为代表的北京地区两汉时期的冶铁技术，本文采集了白各庄墓地出土的部分铁器的样品，开展系统的科学检测分析，以期为早期冶铁技术研究提供新的研究资料。

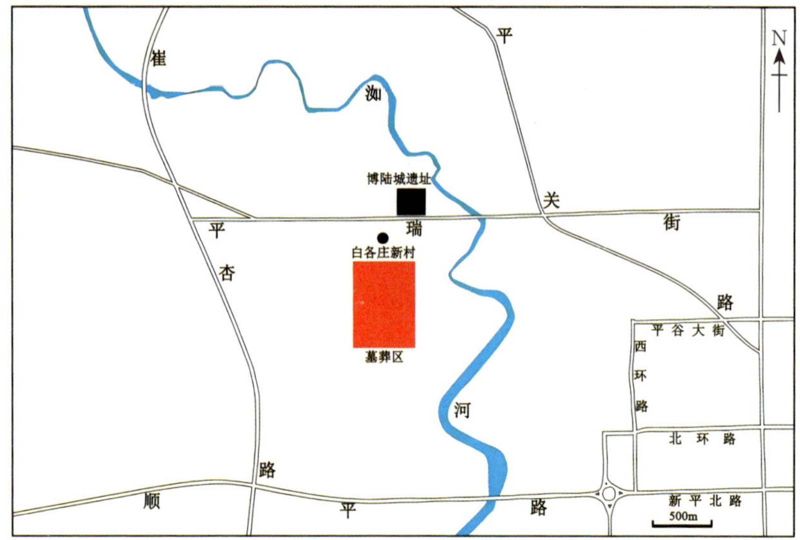

图 1　白各庄汉墓位置示意图

图 2　实验采样使用的白各庄汉墓出土的部分铁器

1. 矛 BGZ-03；2. 铁剑 BGZ-07；3. 铁刀 BGZ-15；4. 匕首 BGZ-08

一、材料与方法

根据出土器物的种类和保存状况，在最大限度保证文物原貌的前提下，我们分别对该墓地出土的各类铁器进行了采样，样品包括削刀、剑、匕首、矛等器类。除 7 件锈蚀严重的样品外，本次取样共获得可供分析的样品 14 个（表 1），部分经取样的器物照片如图 2 所示。这些出土铁器的墓葬年代为西汉中晚期至东汉晚期。出自同一墓葬的器物有三组，分别为 BGZ-02、17，出自墓葬 M32，BGZ-03、04、05、06 出自墓葬 M39，BGZ-07、08 匕首出自墓葬 M5。

为揭示这些铁器的材质及制作技术，我们对所采集的样品进行了金相组织分析，并使用扫描电镜及配套能谱仪对其中的夹杂物进行了成分测量。金相组织是指金属的内部晶体组织结构，其承载了金属的合金成分、成型方式及所经过的后期热处理等重要信息。而夹杂物则是指在金属的冶炼、再加工过程中未能实现分离的残留非金属化合物，在早期铁器中多为各类形态的炉渣。通过获取夹杂物的成分信息，可以对该金属所采用的冶炼原料及加工技术进行判断。

表 1　白各庄墓地出土铁器取样信息表

样品编号	考古编号	器物名称	取样部位	年代
BGZ—01	2021PBM122：9	削刀	刃部	东汉晚期
BGZ—02	2021PBM32：10	环首削刀	刃部	西汉晚期
BGZ—03	2021PBM39：1	矛	侧面	西汉晚期
BGZ—04	2021PBM39：2	剑	刃部	西汉晚期
BGZ—05	2021PBM39：6—1	环首削刀	刃部	西汉晚期
BGZ—06	2021PBM39：6—2	环首削刀	刃部	西汉晚期
BGZ—07	2021PBM5：3	剑	刃部	西汉中晚期
BGZ—08	2021PBM5：5	匕首	刃部	西汉中晚期
BGZ—11	2021PBM81：7	削刀	刃部	东汉中晚期
BGZ—13	2021PBM114：13	剑（铜首）	刃部	东汉中晚期
BGZ—15	2021PBM18：1	刀	刃部	西汉中晚期
BGZ—16	2021PBM2：1	剑	刃部	西汉中晚期
BGZ—17	2021PBM32：7	剑	刃部	西汉晚期
BGZ—21	2021PBM36：1	剑	刃部	西汉晚期

为进行上述分析，首先在实验室内对样品进行了树脂包埋，随后经过磨光、抛光处理以获取1微米级别的光滑截面，再使用浓度系数为4%的硝酸酒精溶液对样品进行浸蚀，以观察金相组织并拍照。金相分析完成后对样品进行再次抛光以除去浸蚀层并进行喷碳，然后使用扫描电镜及配套能谱仪进行夹杂物成分分析。金相组织分析所用仪器为莱卡 DM4000 P LED 金相显微镜。夹杂物分析使用的仪器为TESCAN VEGA3 XMU扫描电子显微镜及Bruker Nano Gmbh 610M能谱仪。分析所采用的加速电压为20kV，工作距离为15±0.1毫米，能谱信号收集时间为100秒。为避免单个样品内部不同区域的夹杂物成分波动影响分析结论，每个样品在条件允许的情况下对尽可能多的尺寸较大（大于10微米）的具有代表性的夹杂物进行了成分测量，以常见氧化物的形式计算成分数据并进行了归一化处理。

二、分析结果及技术重建

（一）金相组织分析

白各庄墓地出土的铁器，根据金相组织观察结果，可以看出其材质以亚共析钢或共析钢为主，部分器物有较为明显的以不同含碳量为界的分层现象，此外还观察到与热处理产生的魏氏组织与马氏体组织。此外金属基体内还存在大量各类形态的夹杂物，通常沿加工方向排列。对于这些样品金相组织的详细描述以及基于此做出的制作加工工艺的判断可见表4与附表1。

（二）夹杂物成分分析

由于本文所分析样品均为含碳量不等的钢制品，且基体内包裹有大量非金属夹杂物，因此仅通过金相组织观察尚无法判断其是否为块炼铁制品或是生铁经液态炒炼脱碳后的制品，故本研究进一步对这些样品中的夹杂物进行了成分测量并对成分数据进行了分析，以此作为基础进行生产工艺的判断。

夹杂物成分分析辅助古代钢铁制品工艺判别是古代钢铁制品夹杂物研究的重点。国内学者利用夹杂物进行冶铁考古研究时，多采用形貌分析结合成分分析的定性分析方法。[1] 同时，伴随着现代成分分析方法及统计学方法的进步，判定方法也逐渐演变，从最初的形貌归类到后期的成分数据统计、特定物相的识别，准确度以及对个人经验的依赖也逐步降低。本文在前人研究的基础

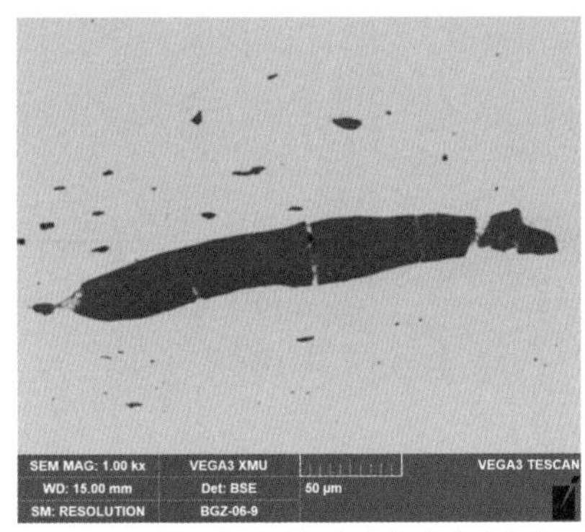

1. BGZ-06 样品中的单相玻璃态硅酸盐夹杂

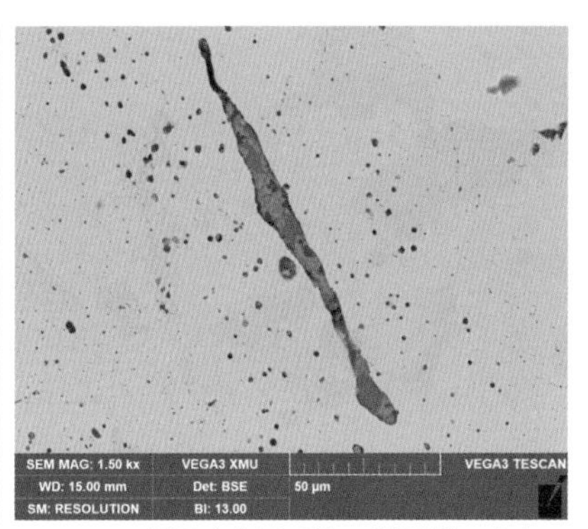

2. BGZ-16 样品中的浮氏体 – 铁橄榄石夹杂

图 3　块炼铁与炒钢典型夹杂物

上，综合了上述研究方法，利用夹杂物分析对所采集样品的生产技术进行了进一步的判断。

初步观察可以发现，本文样品中的夹杂物从形态到成分都会有较大的波动（图 3），为排除锈蚀、孔洞、过度氧化以及锻造过程中夹杂物分裂造成的区域性成分聚集效应，本文依据 Dillman 等提出的方法首先对这些夹杂物数据进行了纯度检验及初步筛选，以移除成分偏差较大，不能代表原始冶炼 / 炒炼炉渣的数据。[2] 该方法选用一些在冶炼及后续加工过程中一些较为稳定的化合物，如 MgO、Al_2O_3、SiO_2、K_2O、CaO 进行含量比值分析。如果最终产品的夹杂物来源于相同的炉渣残留且经历了同样的加工过程，那么即使这些氧化物的绝对值会产生变化，其相互之间的比值在理论上应保持恒定，并展示出明显的线性相关性（图 4），而如果器物在后期加工过程（如锻造、焊接、修补）中引入了新的夹杂物，或加入的助熔剂、造渣剂未与其他杂质充分混合形成炉渣，抑或器物在经过重复的深加工过程中大块夹杂物碎裂而形成具有独特成分特征的小型夹杂，都可能影响整体 NRC 的线性相关性。通过移除成分数据偏移较大的夹杂物来将线性拟合系数（R2）控制在 0.7 以上，即可获得一组较为可靠的、可以用来判断原始生产技术的夹杂物成分数据。

在此基础上，为了避免主观判断带来的可能的误差，本研究采用了 Disser 等提出的基于多元分析夹杂物成分数据的铁器生产技术判定方法。[3] 该方法等使用逻辑回归对 138 件已知生产技术的样品夹杂物成分特征进行机器学习，从而获得了通过 Mg、Al、Si、P、K、Ca 和 Mn 元素氧化物的含量来判断特定成分的夹杂物属于不同生产体系的概率（公式一）的方法，并给出来基于该样本群体获得的参考系数。（表 2）通过将样品夹杂物中特定氧化物数值代入公式，即可计算 p(概率) 值，当 $p < 0.3$ 时，样品可判断为块炼铁制品，而当 $p > 0.7$ 时，样品可判断为炒钢制品，p 值位于两者之间则存在一定的误判可能。

$$\mathrm{Logit}(p) = \beta^{0} + \beta^{Mg}[\%MgO] + \beta^{Al}[\%Al_2O_3] + \beta^{Si}[\%SiO_2] + \beta^{P}[\%P_2O_5] + \beta^{K}[\%K_2O] + \beta^{Ca}[\%CaO] + \beta^{Mn}[\%MnO]$$

表 2　基于已知样品计算出的参考系数

	β^{0}	β^{Mg}	β^{Al}	β^{Si}	β^{P}	β^{K}	β^{Ca}	β^{Mn}
参考值	5.22	0.13	−0.95	0.007	0.16	−0.84	0.088	0.018
标准误差	3.320	0.35	0.25	0.043	0.065	0.44	0.058	0.091

由于 Disser 的原始研究中采用了夹杂物加权平均值的方法进行了计算，该方法可以简单理解为各个夹杂物的成分乘面积数值之和除以整体夹杂物的总面积，但本研究所使用设备无法计算夹杂物

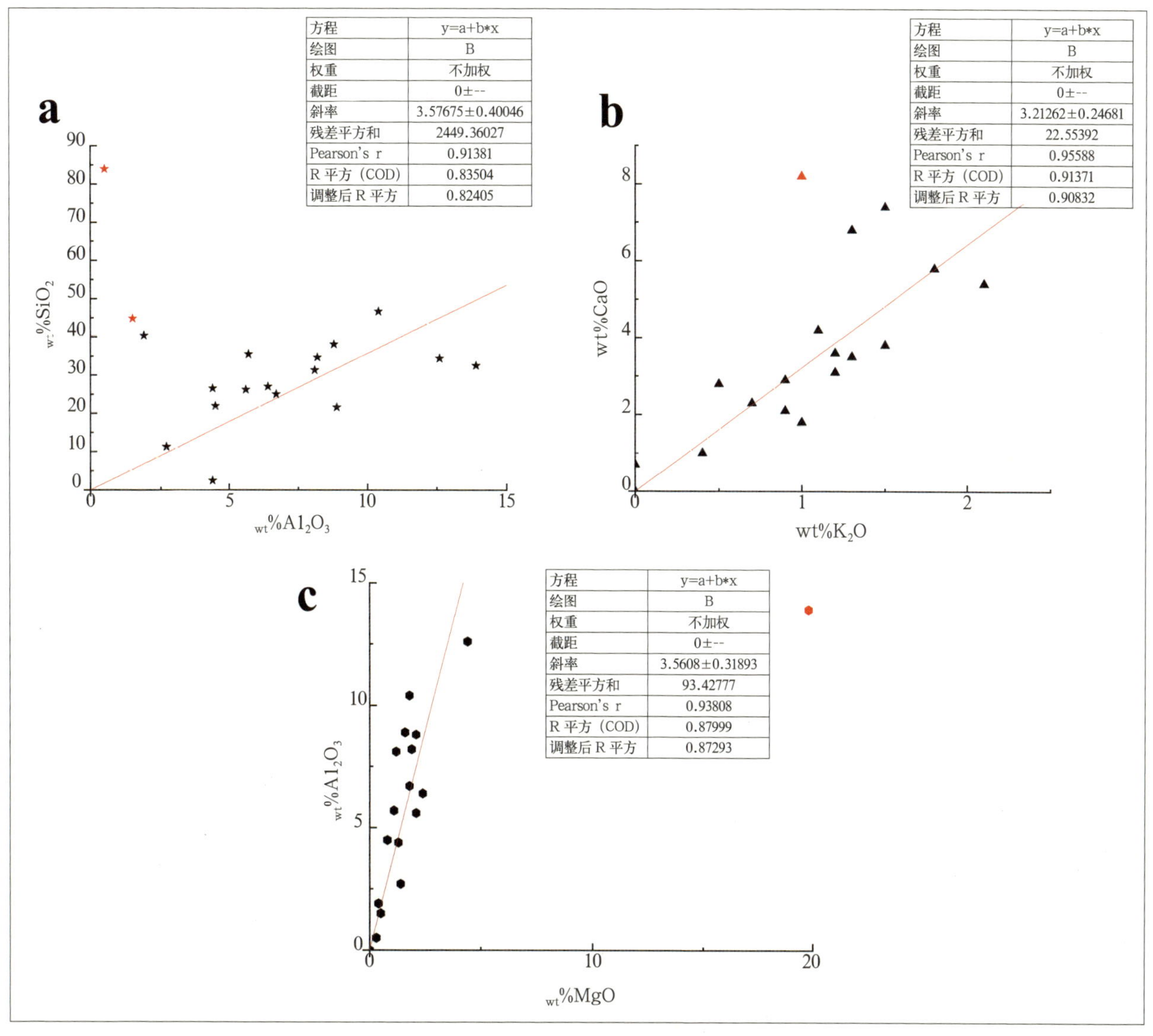

图 4　BGZ-04 铁剑样品中非还原化合物（NRC）的恒定比值分析及异常值筛选（标红为舍弃的异常值）

面积，因此本文分别使用了各样品夹杂物的平均值和中位数分别进行计算。表 3 给出了本文所分析的 14 件样品经筛选后的夹杂物成分的平均值及中位数。在此基础上，我们将 MgO、Al_2O_3、SiO_2 等元素重新归一化后代入公式，计算出了其所对应的 p 值，并在此基础上对生产技术进行判断，如下表 3 及表 4 所示。其中，p 值位于 0.3 ~ 0.7 的不确定区间时，以及有平均值与中位数结论不一致时，本文将其判断为不确定状态。

需要指出的是，上述判定方法是基于早期欧洲铁器的夹杂物成分数据，而我国最早的炒钢技术的应用与欧洲相比相差有将近两千年之久，两者间具体技术细节上的差异无从得知，而在生铁熔化方式、炒炼温度、添加剂的选择以及深加工程度上的不同都会导致最终产品中夹杂物成分上的差异，因此在此特别指出本文采用该方法所得出的结论具有局限性，也期待未来研究方法上的完善可以再次验证此结论。

表 3　夹杂物成分的平均值及中位数

样品编号	夹杂物数量		Na	Mg	Al	Si	P	K	Ca	Ti	Mn	Fe	p
BGZ—1	n=11	平均值	0.0	0.0	0.11	12.9	1.4	0.0	1.0	2.7	17.5	66.5	1.00
		中位数	0.0	0.0	1.21	14.1	0.9	0.0	0.5	0.4	20.8	66.0	0.98
BGZ—2	n=8	平均值	0.6	2.3	3.8	35.4	0.5	1.3	18.9	0.6	6.3	29.9	0.87
		中位数	0.9	2.7	4.0	39.1	1.3	1.9	19.6	0.7	6.0	26.1	0.84
BGZ—3	n=10	平均值	0.1	7.6	2.9	48.7	0.8	3.8	16.5	0.8	7.6	17.6	0.87
		中位数	0.3	7.1	2.8	48.1	3.9	3.5	14.1	1.1	7.1	12.7	0.93
BGZ—4	n=18	平均值	0.0	2.5	6.2	35.0	0.6	1.0	3.7	0.7	3.8	45.9	0.00
		中位数	0.7	1.6	6.4	33.6	1.3	1.2	3.5	0.5	4.2	49.3	0.00
BGZ—5	n=8	平均值	1.6	2.1	8.9	52.2	0.0	2.8	13.6	0.0	1.8	16.0	0.00
		中位数	2.4	2.2	11.6	52.3		3.3	15.6		0.8	10.8	0.00
BGZ—6	n=19	平均值	0.6	1.5	4.4	43.1	1.1	1.5	8.4	0.8	2.4	36.0	0.24
		中位数	1.6	2.3	4.7	48.6	3.0	2.6	12.3	0.8	1.5	27.8	0.34
BGZ—7	n=14	平均值	0.4	1.6	4.8	30.0	2.6	1.2	17.1	0.5	1.8	40.2	0.45
		中位数	0.6	1.4	3.8	29.5	6.4	1.0	14.1	1.0	1.0	47.7	0.90
BGZ—8	n=12	平均值	1.2	1.3	6.9	61.6	0.0	1.9	5.2	0.0	1.0	19.5	0.02
		中位数	1.4	1.5	6.4	58.3		2.2	6.2		1.3	14.7	0.03
BGZ—11	n=15	平均值	0.2	1.8	2.4	38.1	0.8	0.8	20.8	0.0	5.5	28.5	0.99
		中位数	0.4	2.9	3.6	39.8	4.3	1.2	30.0		3.8	20.0	0.99
BGZ—13	n=5	平均值	0.1	1.2	0.0	8.6	33.4	0.0	26.3	0.0	0.8	36.1	1.00
		中位数	0.6	0.7	0.3	2.0	32.9	0.1	26.1		1.2	33.6	1.00
BGZ—15	n=11	平均值	0.5	2.4	3.4	20.4	2.3	1.4	20.1	0.3	0.7	37.6	0.84
		中位数	0.7	2.6	3.3	40.3	2.1	1.8	19.8	0.4	0.5	17.7	0.92
BGZ—16	n=14	平均值	0.0	0.4	0.2	14.7	19.4	0.2	5.9	0.0	1.2	58.2	1.00
		中位数	0.4	0.3	0.4	6.3	25.4	0.4	5.9	0.5	1.0	59.5	1.00
BGZ—17	n=22	平均值	0.6	1.7	2.7	27.5	1.3	0.7	11.2	0.3	0.7	53.3	0.87
		中位数	0.7	1.2	2.8	27.7	1.3	0.8	11.5	0.4	0.9	47.3	0.91
BGZ—21	n=15	平均值	0.0	0.1	0.1	9.0	18.2	0.1	3.8	0.1	2.1	65.0	1.00
		中位数	0.2	0.3	0.5	8.4	18.5	0.2	1.2	0.7	1.6	66.2	1.00

表 4　白各庄汉墓出土各兵器材质及工艺初步判断

样品编号	器物名称	材质判断	制作工艺	年代
BGZ—01	削刀	炒钢	锻打	东汉晚期
BGZ—02	环首削刀	炒钢	锻打渗碳	西汉晚期
BGZ—03	矛	炒钢	锻打	西汉晚期
BGZ—04	剑	块炼铁	锻打渗碳，淬火	西汉晚期
BGZ—05	环首削刀	块炼铁	锻打	西汉晚期
BGZ—06	环首削刀	无法确认	锻打渗碳，淬火	西汉晚期
BGZ—07	剑	无法确认	锻打渗碳，淬火	西汉中晚期
BGZ—08	匕首	块炼铁	折叠锻打，淬火	西汉中晚期
BGZ—11	削刀	炒钢	锻打渗碳，淬火	东汉中晚期
BGZ—13	剑（铜首）	炒钢	锻打	东汉中晚期
BGZ—15	刀	炒钢	折叠锻打，淬火	西汉中晚期
BGZ—16	剑	炒钢	锻打	西汉中晚期
BGZ—17	剑	炒钢	锻打渗碳，淬火	西汉晚期
BGZ—21	剑	炒钢	锻打	西汉晚期

三、讨论

通过实验分析结果，可以初步判断所分析样品原材料包含了块炼铁与炒钢制品两类。其中样品BGZ-06、07由于夹杂物成分特征不明显，使用现有算法未能给予明确的判断。虽然两件样品的夹杂物中CaO含量较高，但并未发现可以确认为炒钢制品特有的磷钙化合物物相[4]，因此谨慎起见，本文暂不对这两件器物做出判断。

这些样品中，年代位于西汉中晚期的样品有4件，除BGZ-07无法确认，BGZ-08为块炼铁外，其余2件均为炒钢制品。年代位于西汉晚期的样品有7件，除BGZ-06无法确认外，其余6件包含有2件块炼铁制品，4件炒钢制品。其中块炼铁制品均出自同一墓葬M39。另有3件出土于东汉中晚期及晚期墓葬的样品均为炒钢制品。

通过上述归纳总结可以初步看出，生铁炒炼脱碳技术，即炒钢技术在汉代的北京地区已完全普及，本次分析中涉及的工具、兵器类器物大多数均由该方法获得原材料并进一步加工成型。淬火、折叠锻打等技术也得到广泛应用，以增加器物的机械强度。

值得注意的是，在生铁冶炼技术及脱碳技术得到大规模推广的西汉时期，小规模的块炼铁生产技术依然存在于某些地区。陈建立等在对狮子山楚王陵出土铁器的分析中发现了6件块炼铁制品[3]，林永昌等在对位于关中地区西汉早期的邰城铸铁遗址中发现了少量块炼铁制品[5]，刘亚雄等通过对血池祭祀遗址出土的西汉早期铁器进行分析时，也发现少量块炼铁制品被用于制作或修补马衔。[6]西汉初年文帝“弛山泽之禁”，“纵民得铸钱、冶铁、煮盐”，在此背景下，小规模的块炼铁冶炼可能成为一个合理的技术选项。Larreina-Garcia等认为在地理环境相对闭塞、运输成本高昂或者自然资源较为丰富的地区可能更适合阶段性小规模块炼铁冶炼[7]，而血池遗址中出土的块炼铁马衔也被认为是远离城市及人口聚集区的边远地区的工匠的技术选择[8]，因此这些西汉早期遗址中出土块炼铁制品或许是不同自然、社会、经济背景下技术自由选择的产物。而本文研究的铁器中，位于西汉中晚期或晚期的墓葬中也出现了块炼铁制品。西汉中期在汉武帝盐铁官营的政策下，政府对铁矿的开采及铁的冶炼进行了严格管控。针对这一时期冶铁遗址的研究证实官营作坊均采用了统一的生铁冶炼及脱碳技术，未发现块炼铁冶炼的直接证据。此时民间采冶行为又被严令禁止，如此一来本文发现的西汉中晚期的块炼铁制品其来源就需要进一步讨论。

西汉中期，汉武帝在全国各地设立48处铁官，其中位于北京地区的为渔阳郡铁官，在今北京市密云区。[9]大葆台汉墓中出土一件铸有“渔”字铁斧，即为渔阳郡铁官作坊出品。[10]该墓葬墓主初被定位燕王刘旦，后更为广阳顷王刘建，但年代均为西汉晚期，表明这一时期该官营冶铁作坊仍在运营。[11]平谷与密云紧邻，因此本文聚焦的白各庄墓地可能亦在渔阳郡官营冶铁作坊的辐射范围之内。

依据文献记载，汉武帝元狩六年（公元前117年），封皇子刘旦为燕王，设置为燕国，定都蓟。昭帝元凤元年（公元前80年），燕王刘旦反，国废除，改为广阳郡。治蓟，管辖蓟、广阳、方城、阴乡4县。宣帝本始元年（公元前73年），封子刘建为广阳王、改广阳郡为广阳国。[12]如此一来，北京地区自西汉武帝后长期处于半自治状态，该地区的铁器生产是否受到与中央直辖地区一样的严格管控亦是需要进一步论证。本文中经科学分析确认的块炼铁制品，与基于生铁冶炼获得的炒钢制品并行存在于该地区，似乎表明该地区西汉中晚期的铁器生产并非来源于单一渠道，而是有着多样化的选择。这也进一步对“盐铁官营”在不同地域、不同时期、不同政治环境下的执行严格程度提出了新的疑问。

四、结论

本文对白各庄墓地出土的14件西汉中晚期至东汉晚期的铁器样品进行了科学检测分析，并结合金相组织观察、夹杂物成分分析及成分数据处理等方法对这些器物的原材料及生产加工技术进行了初步判断。通过分析结果可以看出，白各庄墓葬群出土的铁器均以熟铁或钢为原材料，而这些原材料的来源可分为两种，一种是基于生铁冶炼及后续经炒炼脱碳的方式，占所分析样品的绝大多数（9/14），另一种则为通过块炼铁冶炼法直接获得，仅有3件，且集中在西汉中晚期。基于此，本文认为鉴于北京地区在西汉时期为燕国、广阳国所辖，“盐铁官营”政策在此地的实施可能受影响于地方上的宽松管理而未能做到严格禁止私营采冶，尽管官营冶铁作坊生产的生铁及生铁脱碳制品仍占据主流，块炼铁技术在这一地区仍旧有小规模运营，作为官营作坊生铁冶炼制品的补充。

附表1

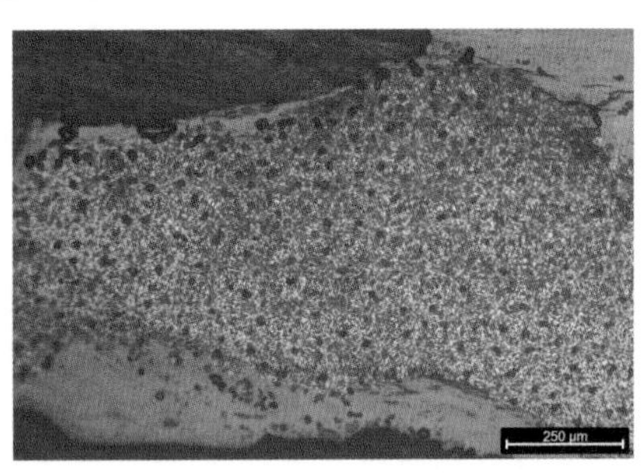

BGZ—01.x100 刀．铁素体及珠光体组织，亚共析钢，锈蚀较严重

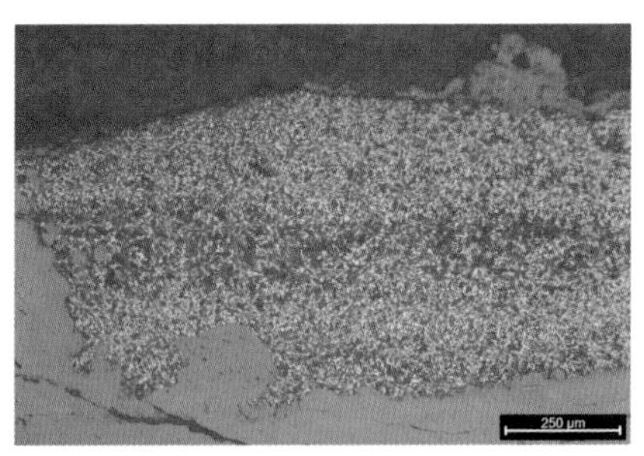

BGZ—02.x100 铁环刀．铁素体与珠光体组织，芯部含碳量略高，亚共析钢

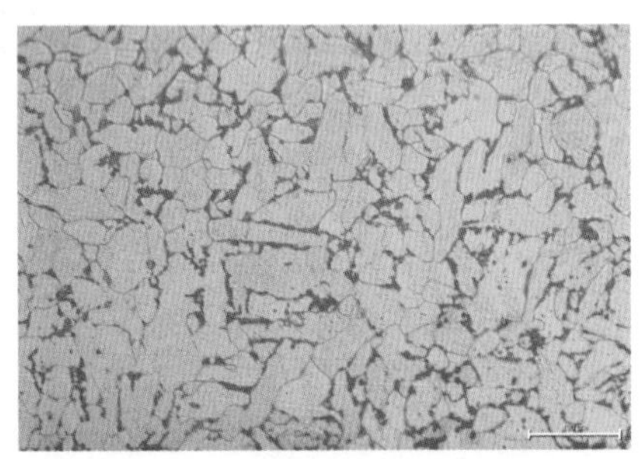

BGZ—03.x200 矛．由两件原料锻接而成，左侧含碳量较低，接近纯铁，右侧含碳量略高。连接处有大量细小夹杂物

BGZ—04.x100 剑．铁素体与珠光体组织，亚共析钢

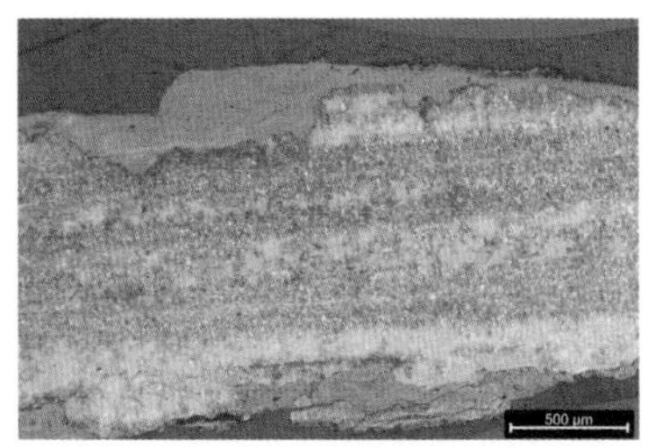

BGZ—05.x50 铁匕．有分层组织，不同含碳量组织带状分布，含碳量从熟铁向亚共析钢过渡

BGZ—06.x200 铁匕．铁素体＋珠光体组织，亚共析钢

BGZ—07.x100 剑．淬火马氏体和魏氏组织

BGZ—08.x50 匕首．明显分层组织，深色组织为珠光体，浅色为珠光体＋铁素体组织

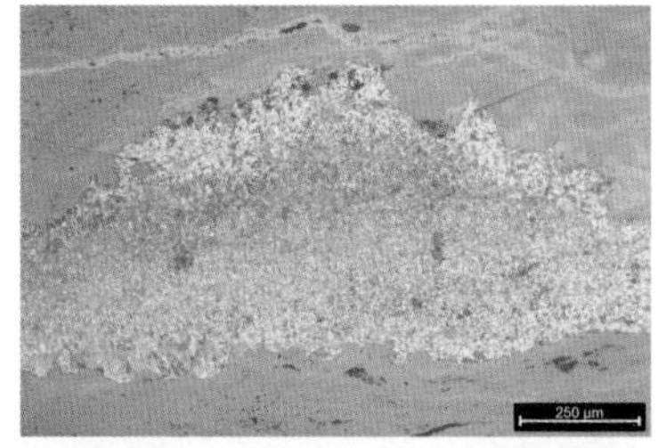

BGZ—11.x100 刀．铁素体＋珠光体组织，亚共析钢，两侧含碳量略低

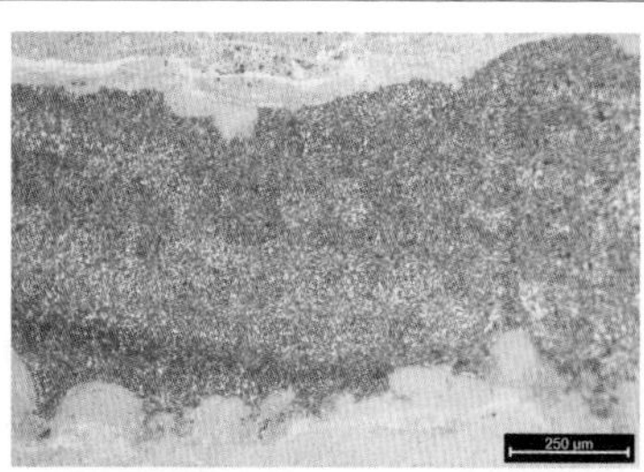

BGZ—13.x100 剑（铜首）．铁素体＋珠光体组织，亚共析钢

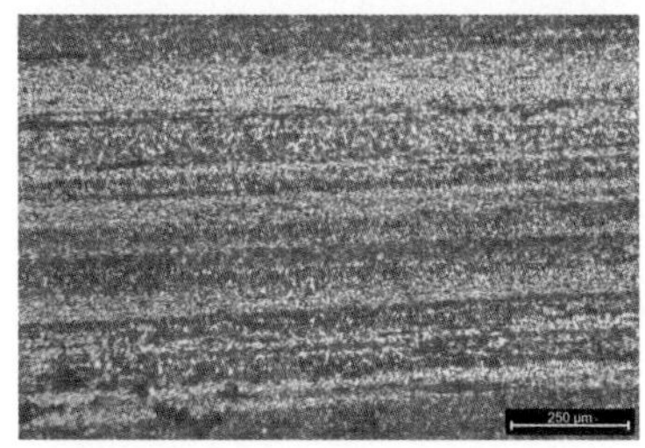

BGZ—15.x100 刀．明显分层组织，深色组织为珠光体，浅色为珠光体＋铁素体组织

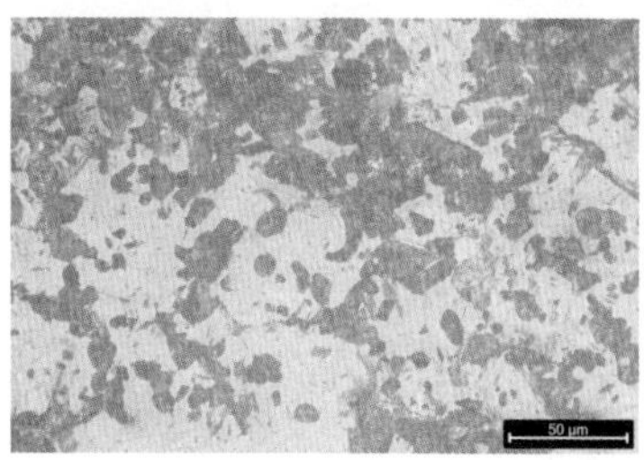

BGZ—16.x500 剑．锈蚀较为严重，残留组织为铁素体及珠光体组织

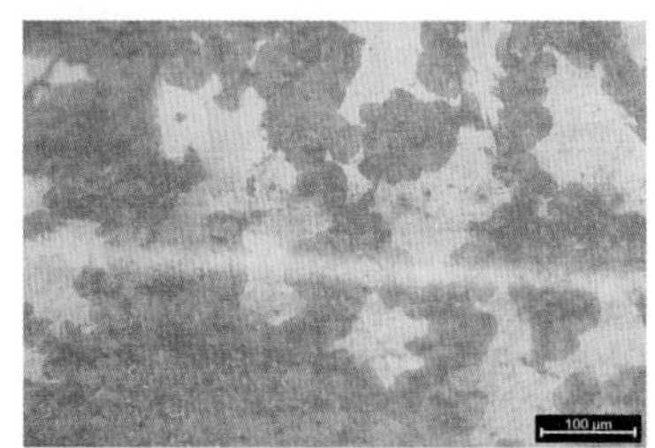

BGZ—17.x200 剑．边缘残余铁素体，含碳量低，接近共析钢。外部靠刃部，边缘大块白色马氏体，淬火形成

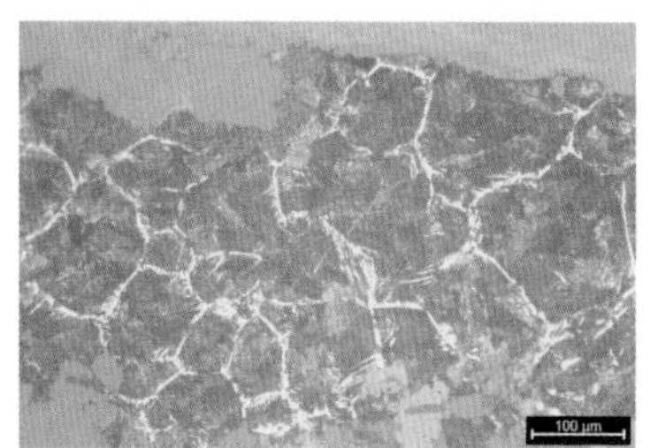

BGZ—21.x200 剑．亚共析钢，珠光体铁素体的魏氏组织

[1] Gordon, R. B.(1997). Process deduced from ironmaking wastes and artefacts. *Journal of Archaeological Science*, 24(1); Starley, D.(1999). Determining the technological origins of iron and steel. *Journal of Archaeological Science*, 26(8); 陈建立，韩汝玢. 徐州狮子山西汉楚王陵出土铁器的金相实验研究[J]. 文物，1999(7); 陈建立，韩汝玢. 汉晋中原及北方地区钢铁技术研究[M]. 北京：北京大学出版社，2007; 杨菊，李延祥，赵福生. 北京昌平马刨泉长城戍所遗址出土铁器的实验研究——兼论炒钢工艺的一种判据[J]. 中国科技史杂志，2014(2); 陈建立，张周瑜. 基于炉渣分析的古代炒钢技术判定问题[J]. 南方文物，2016(1); 黄全胜，李延祥，陈建立，等. 以炉渣分析为主揭示古代炼铁技术的研究与探索[J]. 中国国家博物馆馆刊，2016(11).

[2] Dillmann, P., & L' Héritier, M.(2007). Slag inclusion analyses for studying ferrous alloys employed in French medieval buildings: supply of materials and diffusion of smelting processes. *Journal of Archaeological Science*, 34(11).

[3] Disser, A., Dillmann, P., Bourgain, C., l' Héritier, M., Vega, E., Bauvais, S., & Leroy, M.(2014). Iron reinforcements in Beauvais and Metz Cathedrals: from bloomery or finery? The use of logistic regression for differentiating smelting processes. *Journal of archaeological science*, 42.

[4] 杨菊，李延祥，赵福生，等. 北京昌平马刨泉长城戍所遗址出土铁器的实验研究——兼论炒钢工艺的一种判据[J]. 中国科技史杂志，2014(2); 陈建立，张周瑜. 基于炉渣分析的古代炒钢技术判定问题[J]. 南方文物，2016(1); Lam, W., Chen, J., Chong, J., Lei, X., & Tam, W. L.(2018). An iron production and exchange system at the center of the Western Han Empire: Scientific study of iron products and manufacturing remains from the Taicheng site complex. *Journal of Archaeological Science*, 100; 张周瑜，陈建立，潜伟. 浅析中国古代生铁冶炼中的磷[J]. 南方文物，2018(3).

[5] Lam, W., Chen, J., Chong, J., Lei, X., & Tam, W. L.(2018). An iron production and exchange system at the center of the Western Han Empire: Scientific study of iron products and manufacturing remains from the Taicheng site complex. *Journal of Archaeological Science*, 100.

[6][8] Liu, Y., Tian, Y., & Chen, K.(2024). Archaeometric study of the iron objects from the Xuechi sacrificial site and its implication for bloomery iron smelting during early Western Han period in China. *Archaeometry*, 66(5).

[7] Larreina-Garcia, D., Li, Y., Liu, Y., & Martinon-Torres, M.(2018). Bloomery iron smelting in the Daye County(Hubei): technological traditions in Qing China. *Archaeological Research in Asia*, 16.

[9] 潮见浩，赵志文. 汉代铁官郡、铁器铭文与冶铁遗址[J]. 中原文物，1996(2).

[10] 北京市古墓发掘办公室. 大葆台西汉木椁墓发掘简报[J]. 文物，1977(6).

[11] 北京市古墓发掘办公室. 大葆台西汉木椁墓发掘简报[J]. 文物，1977(6); 王灿炽. 大葆台西汉墓墓主考[J]. 文物，1986(2).

[12] 王灿炽. 大葆台西汉墓墓主考[J]. 文物，1986(2).

荆州七星堰墓地出土清代金属坠饰的Micro-CT分析

高　祎[1]　张　吉[1]　刘建业[2]　刘思然[1]
1.北京科技大学科技史与文化遗产研究院；2.荆州博物馆

摘要：Micro-CT是一种无损分析方法，分辨率较高，可以尽可能详细地揭示样品内部结构和显微信息，在考古学领域具有广阔的应用前景。本研究利用Micro-CT技术，结合成分分析，对一表面覆盖泥土和锈蚀物的金属坠饰进行材质、内部结构、加工工艺的表征和分析。表面成分结果显示，该坠饰为Cu-Zn合金，应为黄铜制品，外部有鎏金层。Micro-CT扫描结果显示，该坠饰主体部分为一圆球状结构，器壁有凹凸状花纹，上部有一用于穿系的圆环。二者之间的连接部分有一包裹在金属内部的钉子，应是采用失蜡法铸造时用于连接环部和球部蜡模的支钉。利用Drishti（v3.0）软件对三维重建结果进行了智能分割，剥离了样品金属本体外的锈蚀和包覆物，还原了坠饰原始的外观结构。

关键词：Micro-CT；黄铜坠饰；制作工艺

计算机断层成像（Computerized Tomography）技术是一种非侵入性、非破坏性的成像技术，通过获取物体一系列特定层面上的二维图像构成三维图像，探知样品内部详尽的三维结构信息。[1] CT技术不会对分析样品产生破坏，在考古学研究领域具有广阔的应用场景。[2] 对于出土后表面覆盖较厚腐蚀层的金属文物，X射线CT（X-CT）分析可以在不改变文物原状的前提下揭示锈层覆盖下文物表面关键信息，同时提取文物内部的三维结构，辅助文物的工艺技术研究。刘勇等应用X-CT技术成功识别出被锈蚀物完全覆盖的热水墓群2018血渭一号墓出土印章印文，为今后此类出土遗存的科学辨识提供了可资借鉴的成功范例。[3] 丁忠明等人对子仲姜盘进行了X-CT分析，对内部复杂结构与各部分的连接方式进行了精确呈现。[4] 宋薇等人运用显微CT（Micro-CT）对铜镜文物碎片以及出土、海洋出水铁质文物样品进行扫描探测，并结合X射线荧光、X射线衍射等检测手段，开展金属文物材质、工艺及腐蚀矿化程度的综合分析。[5] 杜静楠等人运用Micro-CT对两件隋唐命妇礼冠饰的内部显微结构进行了分析，观察到表面鎏金层、基体、锈蚀和焊接痕迹，结合表面成分分析对两件冠饰的材质、制作工艺和保存状态进行了研究。[6] 郭建波等人利用工业 CT 分析了部分三星堆青铜器残件标本，并结合表面痕迹观察，对三星堆青铜神树等形状复杂器物的铸造与连接工艺开展了研究。[7] 本研究拟运用 Micro-CT，对湖北荆州七星堰墓地出土的一件表面覆盖泥土和锈蚀物的金属坠饰进行扫描探测与三维重构。结合 X 射线荧光（XRF）分析与图像分割技术，对这件文物的材质、内部结构和加工工艺进行了研究。

一、样品介绍

七星堰墓地位于荆州区纪南镇三红村四组，距离荆州古城西北约 5 公里，距楚故都纪南城西南约 9 公里。2013 年荆州博物馆对七星堰墓地进行了第一次抢救性考古发掘，共发掘墓葬 127 座，时代包括战国、东汉、唐、宋、明、清。M60 位于七星堰墓地东部，为清代竖穴土坑墓。该墓地发掘时出土一件表面被泥土和绿色锈蚀物覆盖的金属器物（M60∶1），露出的本体部分呈金色，发掘者初步判定为金质坠饰。（图 1）这件坠饰的主体部分呈圆球形，上部可能有一个用于穿系的圆环，但目前已经被锈蚀物完全覆盖。坠饰样品上部与下部的连接区域存在较大裂隙，整体状态脆弱，为避免对坠饰样品造成不可逆的损害，发掘人员未在出土后对样品表面进行清理。

1

2

图 1　金属坠饰

1. 实验样品照片　2. 超景深显微照片（30X）

二、分析测试

本研究首先采用 XRF 分析坠饰样品的表面化学成分，对其材质进行判定，之后利用 Micro-CT 分析揭示样品的内部结构，最后利用 Drishti 软件对样品的三维重构模型进行分割，对样品的原始形态进行复原。

本研究使用的 X 射线荧光分析仪为 Bruker PUMA　S2 型能量色散 X 射线荧光分析仪的样品盘中，启动测试程序，对样品进行了空气校准、能量校准和漂移校准。测试条件为：Ag 靶，管电压 40—50kV，电流 2mA，光斑直径 28mm，Smart-Elements 模式。

本研究使用的 Micro-CT 为 Bruker Skyscan 1273，最大管电压 120kV，最大电流 300μA。将样品放置在载物台上，载物台及控制系统支持成像对象作直线或旋转运动，能对其精确定位，扫描角度为 360 度，旋转步长为 0.15 度，分辨率 17.74 微米。采用 NRecon　v.7.1.0 软件将二维投影图像重建为三维实体。为了改善成像效果，还需对重建后的三维数据进行射线硬化校正、环形伪影校正、错位校正和平滑。重建完成后，将文件导入 DataViewer 软件，观察样品不同界面的 CT 切片图，以获得其内部结构信息。为更直观地展示样品不同部位材质的区别，还对其进行了色彩拟合处理。

最后利用Drishti（v3.0）软件对重建后的图像堆栈进行分割处理，去除表面的附着物与锈蚀产物，重建该样品的原始三维模型。Drishti（v3.0）采用体渲染，体素射线投射和纹理切片等算法，使用2D传递函数（2D Transfer Function）对数据进行渲染，使成像结果不仅能呈现出物体外表面，还能呈现出物体的内部细节，再通过照明，阴影或非阴影塑造在不同的材质和纹理上加强体数据渲染的真实感[8]。Drishti在各领域已经充分展示了其高质量的3D渲染能力和丰富的科研应用场景[9]。本文主要用到了Drishti（v3.0）软件的两个模块：Drishti Import（导入）和Drishti Render（渲染）。首先将切片图导入Drishti Import，将体积数据转化成Drishti（v3.0）可读的数据格式（.pvl.nc），然后将.pvl.nc格式文件导入Drishti Render，通过调节2D传递函数实现Segment(分割）功能，根据样品金属本体和外层包裹物对X射线的衰减系数不同，将金属本体的三维数据提取出来。然后通过添加照明和阴影，使三维数据成像效果更好。

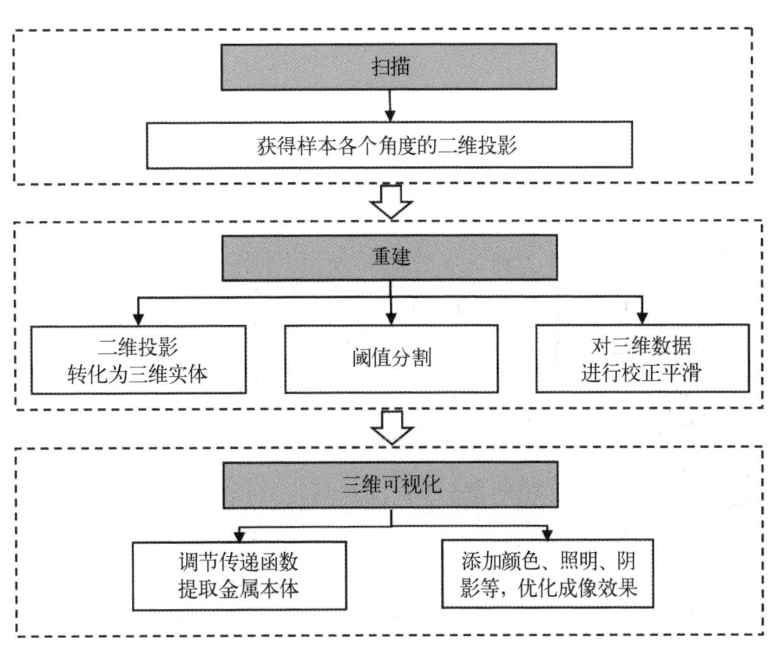

图2　Micro-CT分析流程图

三、分析结果

（一）材质分析

为提高材质分析结果的准确性，对坠饰表面的锈蚀物进行了清理，针对其表面露出的黄色部分进行成分测试。表1为坠饰的成分分析结果，其Cu、Zn、Pb、Au含量较高，且能检测到Hg。基于此判断样品的胎体为Cu-Zn合金，应为黄铜制品。样品表面采用了金汞齐进行鎏金装饰。明天启年间单质锌冶炼黄铜技术飞速发展后，工匠已掌握了金属铜与金属锌直接合炼的技艺，黄铜开始广泛应用于铸造货币以及日常生活用器[10]。明清时期铜制品样式丰富多彩，制作精美，器外表常鎏金以达到装饰的目的。

（二）内部结构和制作工艺分析

采用Micro-CT对坠饰进行扫描，获得了高分辨率的内部特征信息。（图3：1）为使结果更加直观，使用Data Viewer软件对切片图进行了颜色的拟合，根据各类材质对X射线衰减系数的大小区分成了不同的颜色，具体的区别如图例所示。（图3：2）由于鎏金层相比于黄铜胎体而言厚度非常小，所以在色彩拟合结果中，鎏金层显示不明显。下面结合成分测试结果，对该坠饰的结构

表 1　坠饰表面 XRF 分析结果

Al	Si	P	Ca	Cu	Zn	Sn	Pb	Fe	Au	Hg
0.44	0.57	0.74	0.16	47.48	20.42	2.76	11.16	2.12	10.54	0.42

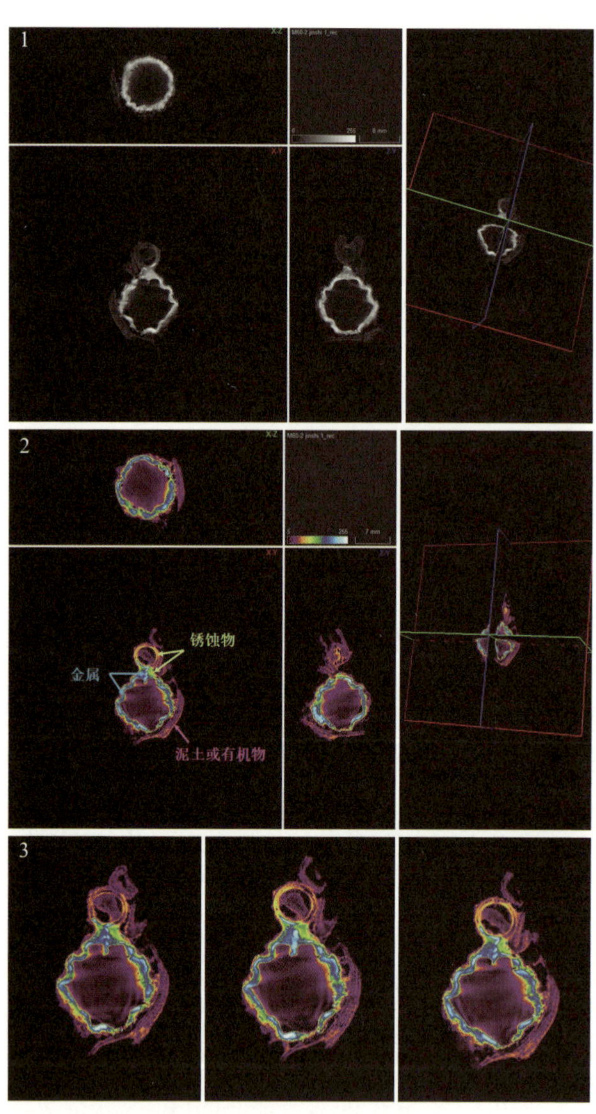

图 3　坠饰 Micro-CT 结果

1. 坠饰整体　2. 坠饰整体色彩处理结果　3. 圆环与圆球连接处色彩处理结果

进行描述。坠饰由两部分组成，蓝色主体部分为黄铜空心圆球状结构，器壁凹凸，表面应有花纹，整体保存良好，结构未被破坏。坠饰上部有一空心圆环，大部分为绿色和黄色锈蚀物，保存状况较差。圆球上方有一蓝色长条状物质（图 3：3），呈螺旋式，从不同位置的切片图观察，该物质与圆球连接处界限清晰，与圆环连接处由于锈蚀比较严重，部分位置已不可见。从残存的部位可以判断，该金属条边缘与圆环存在界限，可能为制范时使用的支钉。紫色部分相比于金属和锈蚀物，对 X 射线衰减系数较低，难以从灰度值的大小上来区分出是否为泥土或有机物。圆球内填充的紫色部分可能为制作过程中残留的泥质内芯，但由于 X 射线具有散射效应，难以判断泥质内芯的具体形态。坠饰外部的包覆物有类似有机物细胞的结构，可能为泥土和有机物的混合物，显示在埋葬时坠饰外部可能包裹一层有机物。

经过观察，未在切片图中发现该坠饰的外部存在明显的锻打痕迹，而且圆球与圆环连接处颜色仍为蓝色和绿色，不存在明显的分层，未发现分铸、焊接痕迹，所以推测该坠饰应为整体铸造而成。圆球器壁凹凸，难以脱模，而且未在表面发现范线等范铸法痕迹，并结合支钉的存在，推测该坠饰应采用失蜡法铸造。首先分别制作圆球与圆环的内芯和外部蜡模，之后将两个蜡模连接起来，并用支钉进行固定，保证浇铸时圆球和圆环的相对位置不变。支钉的一端穿入圆球蜡模内的泥芯，另一端穿过圆环的蜡模插入泥芯。连接好之后，在蜡模表面涂挂泥浆，制作外范。之后对铸型进行加热和焙烧，蜡模融化、流出后，即可进行浇铸。这样操作后，支钉就会保留在圆球与圆环的连接处，呈现出切片图中的结构。

（三）三维重建和图像分割

将重建后的三维数据导入 Drishti Render，进行原始样品形态的可视化。在未调节 2D 传递函数之前，基本可见坠饰的主体结构。其下部为一圆球形结构，点缀有花纹，左侧包裹有锈蚀物。圆球形结构上方连接一圆环，大部分被锈蚀物覆盖。此时仍难以实现金属和锈蚀物的分割，金属表面的花纹也比较模糊，无法对坠饰的结构进行详细观察和描述，因此需要调节 2D 传递函数，以更精确地分离金属本体和锈蚀物。Drishti（v3.0）中的 2D 传递函数采用体渲染三维可视化方法，合成图像后具有较高的质量，能更准确地识别不同材质的边界，从而将感兴趣区域更好地提取出来。图 4：2 为调节了 2D 传递函数后的三维成像模型，已能较清晰地展现金属本体的全貌，精准地实现了金属本体和锈蚀物的分割。

图 5 为 M60：1 金属本体的三维模型，利用 Drishti（v3.0）软件可以在无损的前提下准确地呈现样品的形态结构。其整体形状保留较为完整，坠饰的主体部分呈圆球形，受腐蚀程度较低，表面有花纹，做工精细，上方有一圆环，受腐蚀程度较高，部分区域未能完全重建。

四、结语

本研究利用 Micro-CT 对一表面覆盖泥土和锈蚀物的清代坠饰样品进行扫描，在无损的

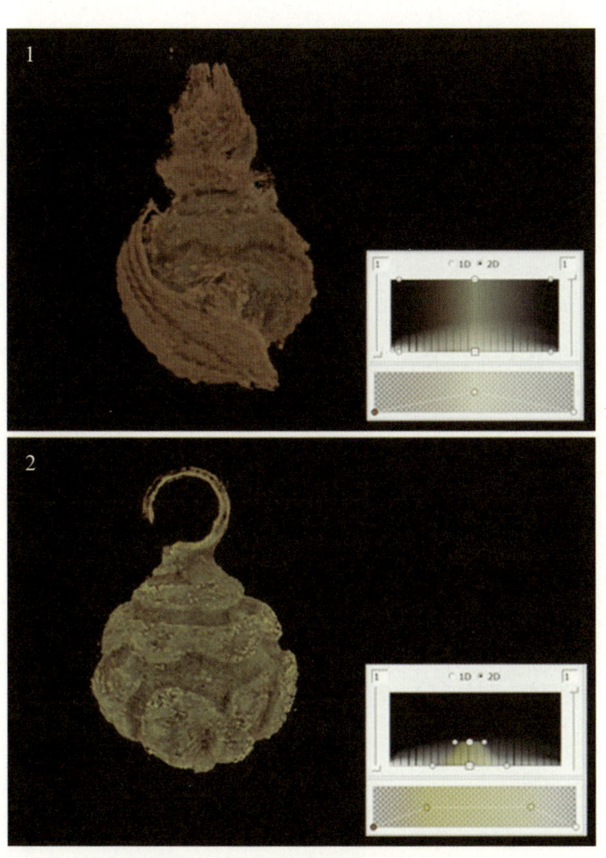

图 4　Drishti Render 中 2D 传递函数范围的选取

1. 原始三维模型　2. 调整 2D 传递函数后的三维模型

图 5　在 Drishti（v3.0）中提取的 M60：1 金属本体的三维模型

前提下，实现了其内部结构的详细表征，并结合XRF，对其材质和加工工艺进行了分析。表面成分分析结果显示，该坠饰主要成分为Cu-Zn合金，应为黄铜制品，外部有鎏金层。通过Micro-CT扫描，根据切片图中的色彩拟合结果，对坠饰中不同材质的部位进行区分，并结合可视化软件，对重建后的三维成像模型进行阈值分割，从而将坠饰金属本体与外部包裹的泥土、锈蚀物分离开，对其本体进行精准提取，最终实现了样品结构的详细表征。该坠饰主体为一圆球状结构，上部有一用于穿系的圆环。坠饰采用失蜡法进行整体铸造，器壁上有凹凸花纹。圆球和圆环的蜡模分开制作，用一支钉进行连接。Micro-CT扫描分析可以对样本的材质、内部结构、加工工艺和保存情况进行研究，可以在无损的前提下，实现以往有损分析才能获得的结论，为文物的科学研究提供新的思路。

---

[1] FOLEY H C. Carbogenic molecular sieves：synthesis, properties and applications[J]. *Microporous materials*,1995,4(6)；高丽娜，陈文革. CT技术的应用发展及前景［J］. CT理论与应用研究，2009（1）.

[2] 魏偏偏. 三维虚拟技术与古代历史研究［J］. 学术月刊，2022（9）；英格里德·思坦纳，约尔格·斯特兹纳尔，约尔格·马丁内兹－加西亚，等. 使用CT技术无损评估保护处理后的考古木材［J］. 中国博物馆，2021（S2）；王莹莹，徐金明，黄继忠. 基于CT影像的砂岩文物结构特征分析［J］. 中国地质灾害与防治学报，2020（1）；王媛媛，王翠，王学芹. X射线计算机断层扫描技术在生物遗迹识别方面的应用［J］. 现代地质，2020（6）；谢燕. 显微CT技术在鉴定植物有机质文物中的应用［J］. 文物保护与考古科学，2014（2）.

[3] 刘勇，许琼，韩建华. 热水墓群2018血渭一号墓出土印章的科学分析与相关研究［J］. 江汉考古，2022（183）.

[4] 丁忠明，周亚，吴来明. 计算机断层扫描技术（X-CT）在子仲姜盘制作工艺研究中的应用［J］. 文物保护与考古科学，2017（5）.

[5] 宋薇，张欢，王全玉. X射线显微CT成像技术在金属文物制作工艺研究与腐蚀状态评估中的应用［J］. 文物保护与考古科学，2022（6）.

[6] 杜静楠，杨军昌，卢艳平. 显微CT技术用于隋唐礼冠腐蚀饰件的结构研究［J］. 文物保护与考古科学，2022（6）.

[7] 郭建波，田灏，余健，等. 三星堆出土青铜器铸造工艺补议［J］. 南方文物，2021（3）.

[8] LIMAYE A，STOCK S R. Drishti：a volume exploration and presentation tool［C］//SPIE，2012：85060X；HU Y，LIMAYE A，LU J. Three-dimensional segmentation of computed tomography data using Drishti Paint：new tools and developments［J］. *Royal Society Open Science*，2020（12）；杨慧. 医学图像三维重建与可视化专利技术综述［J］. 中国新通信，2018（8）.

[9] CUNNINGHAM J A，RAHMAN I A，LAUTENSCHLAGER S，et al. A virtual world of paleontology［J］. *Trends Ecol Evol*，2014（6）；LAUTENSCHLAGER S. Reconstructing the past：methods and techniques for the digital restoration of fossils［J］. *R Soc Open Sci*，2016，3（10）；JOHNSON E H，CARTER A M. Defossilization：A Review of 3D Printing in Experimental Paleontology［J］. *Frontiers in ecology and evolution*，2019.

[10] 赵匡华. 中国历代“黄铜”考释［J］. 自然科学史研究，1987（4）；成小林，柳敏，李沫，等. 几种罕见的黄铜钱币锈蚀产物的识别与形成原因探析［J］. 文物保护与考古科学，2022（4）；杜廼松. 宋元明清铜器鉴定概论［J］. 故宫博物院院刊，1990（4）.

山西孝义木偶皮影戏台的创建与民俗文化研究

郭晓宇
郑州商代都城遗址博物院

摘要：孝义木偶戏、皮影戏是历史悠久的汉族传统民间艺术形式，是中国的非物质文化遗产。作为我国的皮影戏发祥地之一，孝义如今还保存着5座木偶皮影戏台建筑。目前学界对于木偶皮影戏的固定戏台建筑遗存关注得还不是很充分，通过对孝义地区留存至今的几座木偶皮影戏舞台建筑进行实地调查与研究，发现孝义木偶戏、影戏的蓬勃发展及孝义民众的文化需求，是促使其戏台建筑创建的最主要因素。木偶、皮影戏台建筑不仅反映出民间祭祀、酬神与影戏之间的密切关联，还是孝义民间礼制观念与文化传承的重要实物见证。

关键词：木偶皮影戏台；孝义皮影；戏曲文物

孝义市作为晋剧的主要演出地点，拥有丰富的戏曲文化和戏台建筑文物资源。近年来，相关机构和学者对孝义市的戏台数量进行了统计，根据《吕梁市不可移动遗产文物名录表》与相关田野调查报告可知孝义市现存53座古戏台，在这其中有一个特殊的类别——木偶皮影戏台缺乏关注与研究，相关研究著作只有冯俊杰在《山西神庙剧场研究》[1]、孔美艳在《山西影戏研究》[2]中对吕梁孝义、交城和晋中介休现存的7座木偶皮影戏台进行了相关介绍；武益禾在《山西孝义古戏台调查报告》[3]中分析了孝义53座戏台遗存的建筑形制；王璐伟、苗田在《山西平遥现存木偶皮影戏台调查研究》[4]中对平遥现存的4座皮影戏台进行了田野考察并分析了其创建缘由，王潞伟、张浩然在《山西传统剧场遗存现状调研报告》[5]中论述了山西境内14座木偶、皮影戏台遗存的区域分布特点。但以上研究成果大部分仅限于对戏台整体形制的简单介绍，数量统计并不全面，多有遗漏，并且缺乏对戏台背后的人文精神与文化内涵进行分析。

在孝义皮影戏博物馆内搬迁保留下来的4座木偶、皮影戏台与柱璞镇上令狐村龙天庙内的皮影戏台保存完整、建筑特点鲜明、形制罕见，是研究当地木偶皮影戏演出性质、演出面貌的重要实物参考。本研究在清代政府明禁傀儡戏、夜戏的社会背景下，分析孝义地区出现大量木偶皮影戏台建筑的缘由，并从社会史的视角，探究戏台背后反映出的民俗文化与社会生活秩序。

一、孝义现存的木偶皮影戏台概况

早在康熙年间，孝义境内就已经出现了皮影戏的专用戏台，分为临时戏台和固定戏台两种，临时戏台演毕即拆，孝义留存至今的均为固定戏台建筑。这些固定戏台规模一般较小，面积在十平方米到三十平方米左右。据孝义木偶皮影戏协会会长侯建川先生回忆，孝义原保留有清康熙至民国时期的皮影戏台实体十余座，但因年代久远无人照看，已变得荒草丛生、破败不堪，有的或已坍塌，早已无迹可寻。如今只剩被集中搬迁保护的 4 座和留存于原地的 1 座，为山西别处少见之建筑。本文通过搜集文献资料和实地考察对 5 座戏台的形制结构规模考据如下：

（一）下堡镇桃树沟村关帝庙皮影戏台

桃树沟村关帝庙皮影戏台（图 1），始建于康熙五十年（1711），原位于桃树沟村关帝庙山门外 10 米处，坐北朝南，台口朝向正殿。整体形制分为屋顶、屋身、台基三个部分。屋顶为复合顶形制，前半部分为硬山半坡顶，后半部分为平顶窑洞，与前半部分组成“丁”字形。前台灰脊筒瓦覆盖，窑洞顶砖墁，其上原有一座硬山顶小神殿，内祀观音，现已不存。屋顶正脊处有雕花装饰，屋脊两侧鸱吻、垂脊、垂兽一应俱全。檐下共设五攒斗拱，平身科三攒，柱头科两攒，柱头

图 1　下堡镇桃树沟村关帝庙皮影戏台

斗拱在一斗三升的基础上往外出挑了一跳，耍头变体。屋身部分共三间，通间面阔 6.48 米，进深 5.7 米，明间宽 2.9 米，进深 2 米。明间彩色木雕垂花，影窗安装在明间的中间，高 1.44 米，宽 1.5 米，下裙板高 0.86 米，两边各设六抹隔扇一窗。影窗原为纱窗，表演时借灯显影，现实物上的玻璃是博物馆为保护纱窗而安装的。次间裙板与明间等高，其上安装两扇方窗。檐柱为圆木柱，柱上挂有木制楹联：“百年世事三星月，千古风流一时间。”整个戏台分为前后两部分，前半部分为表演区，后半部分的窑洞为艺人休息区，左山墙辟一拱券小门，为戏台出入口，前有砖砌台阶。戏台台基为砖砌台基，高 0.65 米。

（二）下堡镇前庞沟村佚名庙皮影戏台

下堡镇前庞沟村佚名庙皮影戏台（图 2），创建于乾隆三十五年（1770），佚名庙已不存，无法得知戏台在庙宇中的具体方位。屋顶为卷棚硬山顶，灰脊筒瓦覆盖，两侧有垂脊垂兽。檐下斗拱设置与桃树沟村关帝庙皮影戏台相似，五攒斗拱，柱头科为斗口跳形式，梁架直接伸出做耍头。栌斗之上一抄华拱出跳，橑檐枋下无令栱，平身科与柱头科之间用泥道板封堵，上施彩绘。屋身

部分面阔三间，通宽 4.55 米，进深四椽，为 4.59 米。明间 2.35 米，次间 1.1 米，檐下两侧有叠涩式墀头。明间影窗高 1.26 米，宽 2.19 米，次间安装格棂窗，影窗与格棂窗下设木制裙板。影窗被木板封堵，其上绘一手持月琴的女乐人。影窗两侧平柱为圆形木柱，鼓镜础，柱上施平板枋、大额枋、雕花雀替，柱上有木刻楹联："一口道出千古事，双手操纵百奇兵。"右山墙处有戏台的出入口。舞台为砖砌台基，基高 0.47 米。

据博物馆工作人员介绍，此戏台创建于乾隆三十五年（1770），后来也经过多次维修。

（三）下堡镇马术岭村关帝庙皮影戏台

下堡镇马术岭村关帝庙皮影戏台（图 3），初建于嘉庆七年（1802），原位于马术岭村关帝庙山门前 15 米处，坐西向东。屋顶形制为卷棚硬山顶，灰脊筒瓦覆盖，两侧有垂脊垂兽，屋檐下有保存完好的叠涩墀头。屋顶梁架为四檩式，四根檩条直接插入山墙内，墙体沿着排山柱、梁架、瓜柱砌成阶梯状。屋身部分面阔一间，通宽 4.3 米，进深 3.8 米，影窗位于舞台上半部分的中部，高 1.22 米，宽 1.75 米，影窗下砌墙，无裙板，影窗已被木板封堵，上绘一吹唢呐的男艺人，两侧有石刻楹联："能复幻千年陈迹，可聚观万古奇情。"影窗两侧装有小格棂窗，下砌裙板。右侧山墙砌门，戏台下半部分砌墙，无台基。

图 2　下堡镇前庞沟村佚名庙皮影戏台

图 3　下堡镇马术岭村关帝庙皮影戏台

据介绍该戏台初建于嘉庆七年，光绪十六年大修，搬迁至博物馆时也有修葺。马术岭关帝庙现已不存。

（四）高阳镇神福村观音堂木偶、皮影两用戏台

高阳镇神福村观音堂木偶、皮影两用戏台（图 4），初建于光绪二十年（1894），原址位于神福村观音堂山门外 10 米处，坐南向北，是一座木偶、皮影两用戏台，这种戏台比皮影专用戏台大，比大戏专用戏台小。屋顶形制为卷棚顶，两侧有垂脊垂兽，砖雕墀头上雕有皮影人物、瑞兽和花木。柱头科两攒，成斗口跳，耍头作三幅云，平身科各一攒，主要起装饰作用。泥道栱砌封。屋身部分面阔三间为 6.37 米，进深三椽 5.22 米，明间中间辟高 2.03 米，宽 2.4 米的长方形台口，是孝义现存戏台中台口最大的，既可表演皮影戏，又可以表演木偶戏，只需安装各自演出的不同装置即可。舞台台口处有用于遮挡艺人头部的栏杆，事实上，孝义一带皮影戏班临时搭建的草台，台口与此也是相同的，也有这样的栏杆。差别在于草台左右和后面均用草席围裹，顶部是用草席搭成的，用毕随时可以拆除。次间格棂窗上有精美的戏曲壁画。影窗两侧檐柱为圆木柱，鼓镜础，柱头横贯大额枋，上施平板枋，柱上有木刻楹联："没掌杆人无法出头露面，非说戏者焉能吐气扬眉。"右山墙砌门，台基为砖砌台基，高 1 米。

据博物馆工作人员介绍，此戏台创建于光绪二十年，民国时曾经维修，搬迁时更换过一些砖瓦，对于原物的形制、规格未加任何改动。

图 4　高阳镇神福村观音堂皮影、木偶两用戏台

（五）杜濮镇上令狐村龙天庙皮影戏台

杜濮镇上令狐村龙天庙皮影戏台（图 5），是孝义目前唯一一座留存于原地的皮影戏台，始建于康熙三十五年（1696），为"山门"戏台，坐西向东，台口朝向正殿。屋顶为卷棚硬山顶，灰脊板瓦覆盖，筒瓦补边。梁架部分为由山墙承重脊檩，柱子也砌入山墙，额枋由两条横梁直接承接在柱子上。屋顶垂脊垂兽俱全，屋身部分面阔一间，进深二椽，宽 3.33 米，深约 3.54 米，柱高 1.5 米。影窗位于明间正中偏上，影窗下为砖砌墙壁，左山墙辟一小门，为戏台出入口，前有砖砌台阶。戏台下砌一拱券窑洞孔，设为庙门。

图 5　杜濮镇上令狐村龙天庙皮影戏台

通过对以上五座木偶皮影戏台的建筑形制进行分析可知，孝义木偶皮影戏台存在以下几个特点。第一，戏台形制小巧玲珑，进深只有三椽或四椽。这是因为皮影戏班规模较小，一个戏班最少 5 人也可完成表演，表演所需空间较小，后台还可供艺人住宿。第二，这种小型戏台所用建筑材料少，成本低，同时导致其保存极为不易，若不是博物馆集中搬迁保存，恐怕早已荡然无存。第三，在过去，人们流行的是以临时搭台的形式表演皮影戏，演毕即拆，这些固定的戏台建筑是孝义皮影戏繁荣的侧面印证，也是研究孝义社会文化史的重要实物依据。

二、孝义木偶皮影戏台创建的缘由

由于皮影戏的演出需要特殊的光影装置，不能和其他小剧种一样，与大戏共用一座舞台，其剧场结构是比较特殊的，所以演出皮影戏往往需要搭建专门的舞台。演出场地以往多是用草席、芦席围成的临时舞台，民间称作布台，直至清代才有不少庙宇建起了适合木偶、皮影演出的专用固定戏台。虽然由于各种自然与人为因素，孝义当地现仅存 5 座木偶、皮影戏台，但王易风先生在《孝义皮影木偶考察记》中记录道："据说直到1897年，仅孝义一地至少还有19座这样的小戏台。"[6] 足以想象在乡村木偶皮影戏发展鼎盛的清代前中期孝义修建木偶皮影戏台的盛况。在清政府明令禁止夜戏的社会背景下，修建大量的木偶、皮影戏台建筑是有多方面缘由的，除相关学者研究提出的经济成本低、演出频率高以及特殊的地理区位和场域[4] 等一般性原因以外，本文从孝义当地的区域文化特殊性出发，认为其主要的创修缘由有以下几点：

（一）孝义木偶戏、影戏的蓬勃发展

孝义木偶戏、影戏文化的源远流长、繁荣发展是戏台建筑创建最主要的因素。中国的木偶戏、皮影戏皆兴起于唐，《故都百戏图考》中记叙唐玄宗李隆基提倡影戏，五代孙光宪《北梦琐言》中记载："频于宅使堂前弄傀儡子，军人百姓，穿宅观看，一无禁止。"[7] 说明此时官府内也经常举办影戏演出，同时允许百姓观看。但戏剧形态的真正形成是在北宋。每日必有演出，观看人数众多，孟元老《东京梦华录》卷五"京瓦伎艺"条载："影戏丁仪瘦吉等，弄乔影戏……不以风雨寒暑，诸棚看人，日日如是。"[8]"枝（杖）头傀偶任小三，每日五更头回小杂剧，差晚看不及矣"。皮影表演形式丰富多彩且种类众多，耐得翁《都城纪胜·瓦舍众伎》条载："凡傀儡敷演烟粉灵怪故事、铁骑公案之类，其话本或如杂剧，或如崖词，大抵多虚少实，如巨灵神朱姬大仙之类是也。"[9]《武林旧事》卷六"诸色伎艺人"条载："傀儡：悬丝、杖头、药发、肉傀儡、水傀儡。"[10] 吴自牧《梦粱录》中载："买卖品物最名……马儿、闹杆儿、花篮、龙船、黄肥儿、麻婆子、桥儿、棒槌儿及影戏线索、傀儡儿……"[11] 说明当时的商户已将傀儡做商品出售，可见当时汴梁城影戏已十分繁盛。同时影戏颇受小儿喜爱，"每一坊巷口，无乐棚去处，多设小影戏棚子，以防本坊游人小儿相失，以引聚之"[12]。台北故宫博物院藏宋代《四季婴戏图》与河南济源出土瓷枕上的婴戏图中都有小儿弄影戏的场景，傀儡戏在全国的普及程度可想而知。

同样，山西的木偶戏、影戏在宋金时期已经发展成熟，元代持续繁荣，明代已经出现了固定的神庙木偶皮影戏台，如运城市新绛县城隍庙二层大乐楼之皮影木偶戏台。清代是乡村木偶皮影戏发展的鼎盛期，木偶皮影剧场也成为一些偏远地区和小型寺庙祭祀神灵、娱乐生活的必要建筑。在山西，最有代表性的是孝义皮影戏。孝义皮影戏在历史上有过比较长的兴盛时期，关于它的起源，孝义居义村的一方碑刻记载："孝邑，古属魏地，子夏设教于西河，魏文侯倾听其侧，三贤演其影乐。"[13] 战国时期，"三贤"卜子夏、田子方、段干木到孝义讲学，利用皮影演绎的形式来传授孔子的儒家学说。卜子夏演影乐授课是孝义皮影戏的起源，距今已有2000多年的历史。

金代以来，孝义一直是山西中部、东部、西部皮影戏活跃的中心，当地发现的几则考古资料及影戏至今仍然活跃于孝义的现状，也支持这一判断。1980年，在孝义驿马乡榆树坪村南的古墓发现一皮腔影人头像壁画，根据壁画文字记载该墓建于金代正隆元年（1156），壁画内容为夫妇对坐图，其中男子右手执一皮腔影人头像，与明代孝义皮腔纸窗影戏头像实物基本相符。孝义还发现了两座建于元大德二年（1298）的古墓，一座于1950年在孝义旧城西门外发掘，墓中壁画刻画了皮影造型的侍卫形象，画中侍卫手持武器，壁画采用空实显影、实处着色的技艺描绘。另一座于1980年夏在孝义新城东北侧发掘，内绘两幅表现农家生活的壁画。画中除有大人进行农事劳动外，还有数个儿童，有的吹唢呐，有的手持影人在草坪上玩耍，墓壁还有一则题记："王同乐影传家，共守其职。"[14]（乐影传家可以理解为皮影世家）这些考古资料可以证明，宋元时期皮影艺术在孝义当地民间十分盛行，它已成为孝义民众休闲娱乐的常见方式。由此可以判断，孝义皮影戏在12世纪前后已经发展成熟，并且在元大德年间，已经出现了专事皮影艺术的世家。

明清时期，影戏风靡于晋中、晋南大部分地区，山西影戏由此分为南北两路，而孝义则是山西北路影戏的中心，不少皮影戏班在此安家落户。太原、榆次、太谷、平遥、介休、文水等晋中地区的影戏班社不断增多。晋中地区众多实力雄厚的晋商出于喜爱和吉庆的寓意都供起了皮影班，少则一班，多至三班。不少晋商的影戏班都是以商号名为班名，这是晋中皮影戏班的一大特色，如文水县徐家镇商号"元生合"就供有两班影戏，即"吉庆班""成庆班"。介休城南街"增盛昌"赁铺，供有三班皮影戏，两班叫"增盛昌"，一班叫"增盛轩"。[15]孝义作为北路影戏的中心，境内有"庆成园""万和班""二义园""五美园"等班社，清末民初，孝义全县有近四十个皮影戏班。可记班名者二十有余，从事其职业者达数百人之多。随着其班社规模与活动范围越来越大，虽达不到与大戏"分庭抗礼"的局面，但显然有着分一杯羹的势头。所以，孝义木偶皮影戏台建筑的大量出现，与其戏曲文化的蓬勃发展是密切相关的。

（二）孝义民众的文化需求

民众的文化需求是滋养孝义木偶戏、影戏的沃土。孝义民众在传统节日、庙会、神灵诞辰、农业祭祀、农业丰收、贺喜、庆生、葬礼等重要的仪式场面都会请木偶皮影戏班进行演出。在孝义民间几乎"村村有戏台，逢事必演戏"。每到岁时节日的时候，唱演木偶戏、影戏是必不可少的仪式环节。农历"破五节"、正月十五元宵节、二月二龙抬头、四月二十八三皇庙会以皮影戏祭祖已经成为当地的一种民间习俗。亦有集社许愿敬神者，为牛王神、马神、龙王唱灯影。除节日、庙会外，孝义民众的成年礼、贺寿礼、婚礼、丧礼等重要的人生仪式都会有皮影戏的表演。

不只孝义，山西的其他地区和其他省份也有类似的风俗，临汾曲沃县："每年的元宵节和七月古庙会，仅具城就有十余班皮影开台竞演。上演剧目以神话戏和武打戏为主，如《火焰山》《武松打虎》《祝家庄》等，也有专供农家红白喜事和祝寿还愿演出的剧目，如《全家福》《满床笏》等。"[16]张壁古堡关帝庙则于每年四月初八演出木偶戏和皮影戏祈求祛虫除害、风调雨顺，如果祈求"灵验"，还会筹办还愿演出。清代四川乐至县曾演傀儡戏祭神以驱虫："立夏后，乡农各建青苗会，祈去螣蟊，演以影戏或傀儡，亦古齐鸣击鼓御田祖之遗，蜀通俗也。"[17]清代四川达县演傀儡戏祈祷农业丰收："八月二日与二月二日为社公、社母诞辰，乡间多兴土地会，演傀儡庆神，亦春祈秋报之意。"[18]

战乱期间也需要木偶、皮影演出来安抚人心。太原地方史学家刘大鹏在《退想斋日记》中，描述了清末民初晋中一带村落里上演傀儡戏的情况：

光绪三十一年七月二十五日：此村有傀儡之戏，弟子因而不来读书。

民国三年（1914）五月初一日：里中本社演傀儡戏，俗呼“猴儿”，今日为古来之期，多历年所谓“不唱演，神不我佑”，流俗相沿已久，牢不可破。

民国四年四月初四日：明仙峪村演傀儡戏第二日，予于夜观之。

四月初五：明仙村系一峪之大村，然仅十数家，丁口寥寥，演傀儡戏第三日，家家待客亦如山外川民之俗也。

煤黑子皆不下窑，以村中演小戏也。[19]

日记中的记载真实地描述了清末民初中国政治制度大变革时期人们的祭祀、唱演活动，即使当时社会十分动荡、军阀混战、普通民众的生存非常艰难，但越是战乱的年代，人们越要演剧祭祀以祈求神灵庇佑，“不唱演，神不我佑”的观念已深入人心。

从清末到抗战爆发，在这一时期众多爱国志士将木偶戏、影戏作为教化民众、弘扬先进思想的媒介。陕西著名皮影班社“强聒社”不断响应时事、创新剧目内容，编排的《鸦片战》《剪发令》等剧目旨在启发民智，移风易俗，反对封建礼教与外国侵略。抗战爆发后，孝义众多皮影班社的活动也从未停息，他们积极配合战争需要、主动将先进思想文化融入皮影表演，开发编排新剧目以动员群众。他们革新旧影戏、宣传民主革命思想，加入抗战学院文化队，成立大众剧社，并排演出了《劳军》《大战汾阳城》等皮影戏。这种形式罕见、内容鲜活的新剧目受到了广大劳动人民的欢迎，先后在保德、偏关、太原等地进行了慰问演出，孝义皮影戏也因此迎来了一次较大的发展。木偶、皮影表演在特殊的战争时期鼓舞了人民士气，增强了群众凝聚力，发挥了不可忽视的作用。

以上大量的史实和文献资料都反映出，木偶戏、影戏演出满足了群众的审美需求、调节了民众生活节奏、传递了民间传统文化、寄托了人们众多的精神需求和美好愿望，是孝义众多特殊节日与特殊时期必不可少的存在。孝义民众对木偶戏、影戏的文化需求是木偶皮影戏台创修的主要缘由之一。

孝义木偶戏、影戏文化的源远流长、繁荣发展、孝义民众对木偶戏、影戏的文化需求等多方面的因素促使大量木偶皮影戏台的建设。这些木偶皮影戏台建筑满足了人们的祭祀和娱乐需求，促进了当地文化生活的发展，是研究当时社会文化发展状况与当地戏曲文化发展脉络的重要实物，其中也蕴含了众多的民俗文化值得我们探索。

三、木偶皮影戏台蕴含的民俗文化

木偶、皮影戏台的创建、发展汲取了民俗文化的精华，山西地区独特的风土人情、民众信仰、酬神赐福的传统观念都对戏台建筑造成了很大的影响。对山西的十几座木偶皮影戏台进行观察研究，可以通过戏台的建筑属性了解其与民间习俗之间的密切联系，同时，木偶、皮影戏台的创建也是民间对礼制观念与文化的物化体现。

（一）民间祭祀、酬神与影戏的密切关联

山西现存的十五座木偶、皮影戏台中，十三座均为神庙的附属建筑，为何木偶、皮影戏台不

作为独立的建筑而要依附于神庙而存在，这正是因为神庙祭祀酬神与影戏有密切的关联。孝义民间庙宇林立，敬神成习，通过唱演戏曲来祭祀神灵，这是民俗意识和审美意识在传统民间戏曲中的凝聚与传承。孝义民众信奉佛、道文化，而孝义影戏能够久盛不衰，其关键是良好的发展土壤——庙会。孝义有三月初三娘娘庙会、三月十八祭祀禹王日、四月十七清虚宫庙会、四月二十八三皇庙会等，围绕庙会，开展一系列活动，届时都要请皮影戏班去表演。庙会时一般唱“神戏”，也称“圣戏”。不同的庙会演剧活动对剧目要求也不一样，形成了很有特色的“庙会戏”。如三皇庙会为祭祀伏羲、神农、黄帝会上演《黄帝战蚩尤》《收五毒》等皮影戏。

孝义皮影戏传统剧目现存200多本，在孝义木偶、皮影戏博物馆内现存的“明嘉靖二年庆成园影戏单”“清顺治二年二义园影戏单”中记载的影戏剧目来看，孝义皮腔传统剧目以神魔故事尤其是封神故事剧为主。如《火烧西岐》《摘星楼》《文王逃关》《社稷图》《诛仙阵》《黄河阵》《七剑书》等。“从民俗的角度，‘封神榜’对民间神仙信仰意义深远，民间祀神莫不奉为俎豆，其中诸多神仙甚至被列入民间宗教的神谱。下层民众在很长的时间里，把它当作上古史以及神仙谱系的教科书。”[20] 所以孝义影戏演出的内容多迎合民间祀神的需求，这也导致其成为神庙祭祀不可或缺的活动形式。

这些神庙剧场证明，在经济实力有限的基础上，民间多采用唱演木偶、皮影戏的方式来满足神庙礼乐活动。这些戏台建筑说明，在神庙祭祀活动当中用于酬神，是影戏的一项重要民俗功能。

（二）民间的礼制观念与文化传承

木偶、皮影戏台的创建是民间对礼制观念与文化的物化体现。在中国漫长的农耕文明时代，传统的礼制观念影响着人们的戏曲唱演活动。在县城中的重要节日或重要庙宇庙会之时，一般会搭建戏台或在固定戏台上唱演大戏，但普通小庙的酬神演出和祭祀土地神等小型神灵时，规模不可能那样宏大，但是出于对神灵的敬畏和千百年来传承的礼制观念，人们便搭建小型的木偶、皮影戏台演唱“小戏”来祭祀。同时，在一些经济条件有限的偏远乡村一带，人们无力修建大型戏台，请大戏班子来唱戏，但“不唱演，神不我佑”的观念已深入人心，于是当地的人们便搭建起木偶、皮影戏台来满足神庙的礼乐活动。

而对于有些神庙、祠堂来说，木偶影戏台的兴建与否在当时也是一件比较原则因而也是比较重要的事情。襄汾县古城镇西街邓氏祠堂民国二年（1913）《创建影戏台碑记》谈到该庙：“迄今历年浸远，殿阁神像沉仑（沦）失真，兼演影戏乏台，巷人注意，每怀靡及。”演出皮影戏没有戏台的事情使他们一直耿耿于怀，而当皮影戏台建成之后，碑中便说：“从此隆祀典，尚虔心，演戏酬酢，神之听之，未有不终和而且平。赫赫濯濯，可瞻声灵之显著；雍雍熙熙，端示太平之景象，卓卓乎可称剧观矣。”[21] 其欣喜之情溢于言表，可见建皮影戏台酬神是当地民间非常重要的文化仪式。

甚至有些经济实力较强的大型庙宇在修建了多座大戏台之后，又建起了皮影戏台。如山西蒲县柏山东岳庙，人们在已经拥有了三座“品”字形排列的山门舞楼之后，又在土地祠前建造了一座皮影戏台，庙中石碑中还有“十月初二仅演影戏”“十月灯影钱叁仟贰佰文”等记载。还有新绛县城隍庙明代阁楼式二层大乐楼，乐楼的修建者将大戏戏台与皮影戏台巧妙融合，上层明间为皮影戏表演区域，下层明间规模较大是大戏的表演区域。从礼制规范的角度来讲，同时建有大戏戏台和皮影戏台的庙宇其形制规格较高，体现当地人们敬神祭祀的礼制观念强烈，是礼制观念在当地传承的重要体现。

总之，山西木偶戏、皮影戏的繁盛，为山西营造出了众多的小舞台，这些小舞台承载了民众的娱乐生活需求，创造着独属于当地的民俗空间，同时，这些木偶皮影戏台与大型戏台一起，共同营造了清代山西神庙剧场欣欣向荣的发展局面，虽然历经多年的天灾人祸，这些小戏台大多已经毁灭、荡然无存，但其在山西乃至整个中国戏曲史上发挥的作用不可忽视，是珍贵的戏曲物质文化遗产。

---

[1] 冯俊杰. 山西神庙剧场考［M］. 北京：中华书局，2006.

[2] 孔美艳. 山西影戏研究［M］. 太原：三晋出版社，2008.

[3] 武益禾. 山西孝义古戏台调查报告［D］. 临汾：山西师范大学，2014.

[4] 王璐伟，苗田. 山西平遥现存木偶皮影戏台调查研究［J］. 文化遗产，2022（2）.

[5] 王潞伟，张浩然. 山西传统剧场遗存现状调研报告［J］. 江苏师范大学学报（社会科学版），2022（2）.

[6] 王易风. 孝义皮影木偶考察记［M］. 太原：北岳文艺出版社，2000.

[7] 孙光宪. 北梦琐言［M］. 北京：中华书局，1980.

[8]［12］孟元老. 东京梦华录注［M］. 北京：中华书局，1982.

[9] 耐得翁. 都城纪胜［M］. 北京：中国商业出版社，1982.

[10] 周密. 武林旧事［M］. 杭州：西湖书社，1981.

[11] 吴自牧. 梦粱录［M］. 北京：商务印书馆，1960.

[13] 白佐莲. 山西吕梁地区古代音乐史料探微［D］. 太原：山西大学，2013.

[14]［16］中国戏曲志编辑委员会. 中国戏曲志·山西卷［M］. 北京：文化艺术出版社，1990.

[15] 张一，朱景义. 山西皮影［J］. 文史知识，1989（12）.

[17]［18］梁志刚. 关中影戏叙论［M］. 郑州：大象出版社，2013.

[19] 刘大鹏. 退想斋日记［M］. 太原：山西人民出版社，1990.

[20] 刘彦彦. 宗教文化视野下对《封神演义》的解读［J］. 哈尔滨工业大学学报（社会科学版），2011（3）.

[21] 此碑现存邓氏祠堂正殿内，高 120 厘米，宽 55 厘米，侧宽 11 厘米。

新疆维吾尔族手工桑皮纸制作与传承

热柯普·阿卜杜杰力力　曾　容
贵州民族大学

摘要：新疆维吾尔族手工桑皮纸制作技艺是国家级非物质文化遗产项目，也是我国四大发明中能够展现中国少数民族造纸史水平的一个文化结晶。本文主要从新疆桑皮纸历史、新疆蚕桑的价值、桑皮纸制作工序、传承和发扬等几点探讨新疆维吾尔族手工桑皮纸的存续现状和制作技艺的传承情况，来展现我国少数民族地区非物质文化遗产在中国新时代的发展历程。

关键词：桑皮纸；新疆；造纸；技艺

新疆维吾尔自治区和田地区墨玉县普恰克其镇（桑皮之乡）的布达村是国家级非遗——新疆维吾尔族桑皮纸的制作基地。2006 年，新疆桑皮纸生产技艺入选国务院、文化和旅游部“国家级非物质文化遗产”的名单。[1] 笔者采访了国家级非物质文化遗产项目维吾尔族桑皮纸生产技艺的代表传承人托乎提·吐尔迪的孙子比拉力·吐尔孙，并亲身体验了桑皮纸制作工艺的浸泡、剥皮、蒸煮、捶捣、发酵、入模、晾晒、揭纸等过程，参观了桑皮纸世家的展销厅、绘画史、操作台等，真正体会到了我国少数民族地区非遗的魅力。

一、新疆桑皮纸历史

新疆桑皮纸是一种具有悠久历史的传统纸张，源于中国古代丝绸之路的交汇地新疆和田地区。它以桑叶为原料制作而成，具有独特的纹理和质感，被广泛用于书法、绘画和传统文化艺术中。据考古学家的研究和文献记载，新疆的桑皮纸制作可以追溯到公元前 3 世纪至公元前 1 世纪的西汉时期。[2] 当时的新疆地区桑树的品种较多，桑叶也十分茂盛，成为制作纸张的理想原材料。古代人们采集桑树的嫩叶，经过几道复杂的制作工序，最终制成细薄的桑皮纸。在西汉时期，新疆是丝绸之路的重要节点，与中亚、西亚等地区的丝绸贸易频繁。桑皮纸作为一种贵重的纸张，不仅为书写记录提供了便利，也成了文化交流和经济贸易的载体。同时，桑皮纸也被广泛应用于官府文书、法律文件、宗教经典、经商文书等方面。随着时间的推移，桑皮纸逐渐传播至其他地区，成为中、西亚，乃至欧洲地区的一种受欢迎的纸张类型。它在文化交流中发挥了重要的作用，为不同地域的艺术和文字表达提供了媒介。

新疆桑皮纸制作技艺发展历程已有千年历史，也是我国现存传统手工纸的重要组成部分。在纸和造纸术未传入西域前，古代新疆各族人民曾先后使用木简、木牍、皮革等材料记事。[3] 根据考古发掘和出土文物资料，魏晋至隋唐时期的造纸术被传播到西域高昌、于阗等地区。1908 年，斯坦因在和田地区墨玉县麻扎塔格寺院遗址，找到一份（桑皮纸）记账文书，记载佛教寺院购置本地生活用品。1975 年，在新疆吐鲁番哈拉和卓的墓葬里，发掘了一些文书，据考古专家考证[4]，这件文书的纹理是桑皮纸。1972 年新疆吐鲁番阿斯塔纳 169 号夫妻合葬墓，出土高昌建昌四年（558）、十六年（576）字纸即桑树皮纸共三张，最大者高 14 厘米，42.6 厘米，有帘纹，其薄而平滑，白色，纤维均匀，能够展现出古代魏晋南北朝时期桑皮纸造纸技艺水平新的突破。（图 1 、图 2 ）

图 1　桑皮纸博物馆

图 2　桑皮纸世家门牌

二、新疆蚕桑价值

新疆桑皮纸的生产依附于养蚕植桑业，蚕桑业的发展为传统手工造纸户提供了丰富的桑树皮，满足对原料的需求。[5] 国产桑树多为桑科木本植物的真桑及其变种，包括小叶桑和多叶桑。我国南北各地都有分布和种植。桑树主要产于四川、江苏、浙江、山东、河北等省份。[6]

新疆维吾尔自治区的南部（南疆区域）、东部地区，气候高温，水土资源充足，适宜农桑生长。从古至今，这一地区种植桑树、养蚕的制桑业都比较发达。随着蚕桑生产发展，人们逐渐认识到利用本地桑树皮制造桑皮纸，桑皮纸由于质地柔软，富有弹性，易于印刷等特点，成为我国古代劳动人民生活中的重要组成部分。新疆桑树资源具有区域优势，为手工生产桑皮纸提供基本性的原料保证。

新疆桑树分布广泛，自东部吐鲁番至南部塔里木，又向北延伸至准噶尔盆地，桑树遍地生长。桑树为多年生植物，它光合作用旺盛，长势旺盛，生物量及储炭量均较大。新疆的南疆地区“庭院桑”是维吾尔族家庭特有的景观。[7]

桑树在农业生产中属于净利润较大的农业产

业之一，桑树生长于新疆这一特殊而又独特的环境中果桑和饲料桑资源丰富，对新疆沙漠化治理起到很高的作用。[8]

三、新疆桑皮纸制作工艺及详细流程

桑树自古以来就在我国各地种植，桑叶用于养蚕制丝。经过先民的实践发现，桑树枝条嫩皮剥下来，浸泡、蒸煮、捶捣等工序的处理后，可以制作成一张完整的桑皮纸。新疆手工桑皮造纸过程中也用固定床纸面纸模抄纸，其纸较厚，柔软性强。它保留了古代的造纸技术。新疆手工桑皮纸详细制作流程如下：

图3　浸泡桑皮

（一）备料

备料包括砍条、浸泡和剥皮三个部分。每年4至5月，造纸户对桑树进行砍条。然后将桑树皮放入清水中浸泡，放置12～24小时左右，直到桑树皮浸泡至柔软。（图3）同时利用刀具（剥皮）剥去桑树条表面的深色表皮，保留其内层白色的桑树皮。（图4）内层皮更加柔软，便于加工。手工一天，可剥3～8千克桑皮材料。

（二）制浆

制浆包括蒸煮、锤捣、发酵三个部分。

首先是将剥皮完的桑皮放入灌满热水的锅中（自制的铁锅）进行水煮，边煮边搅拌（防止粘锅），直到桑树皮煮软到一定程度，其锅内加入适量的土碱。一般需要6～12小时左右，待桑树皮变软变黏捞出备用。小型农户，5天煮一次，一次煮10～20千克（具体看市场需求量）桑树皮。（图5）

其次是把蒸煮好的桑皮，放在加工石台上，利用榔头（木制）锤打桑皮原料，直到桑皮打砸成黏糊饼子的形状，并将其杂质过滤。（图6）人工捶打桑皮料是造纸最费体力与实践的工序。捶

图4　造纸户剥桑树皮

图5　蒸煮桑皮

图6　捶捣桑皮原料

捣的目的是以机械力使桑皮纤维捶短，分散成较细的纤维，让分丝造成紧密的纸。捶捣时用力要均匀，捶打的粗细程度直接影响桑皮纸的质量。捶捣成泥饼的形状，放入水池中清洗，筛出其中的杂质物，为保证入模时用的纸浆质量。用木槌捶打桑树皮直到泥饼形状，该工序一般需要 10 ～ 20 分钟左右。捶捣目的是将桑树皮中的纤维打碎，使其更加柔软并有韧性。木槌一面带有铁钉子，另一面是光面，这样有效控制捶打时桑树皮黏在一块。

最后是将泥饼现状的桑皮纸料放入特制的塑料桶中，加入适量的清水并搅拌待到发酵。先把桑皮浸泡在水池中沤制一段时间，要运用生物发酵法脱胶来去除桑皮中包含的半纤维素和杂质成分。桑皮料生纤维造纸，必须要对刚剥的皮料在水池中沤制，便于脱去桑皮有色的外皮和纤维中的果胶。桑皮沤制有助于提高蒸煮的效率，能够改善手工纸张的质量。

（三）入模

用固定的帘式模具放置在灌满水的坑中，将发酵好的纸浆原料浇入帘模上，用特制的木棍子搅拌。该工序的关键作用是能够把纸浆均匀的铺设在帘模上。[9] 入模阶段首先准备好纸模框，其放入特制的水槽中，用水瓢将塑料桶内发酵好的桑皮纸浆用力搅拌后注浇筑模具中，双手旋转打浆棒并充分搅拌（使纤维分布均匀），使纸纤维在水中分散并漂浮。浇筑的纸浆浓度要适中，合格的纸浆流液中纤维是丝丝相连。（图 7）

（四）晾晒

将帘模拿出后，一纸一帘（一模一纸），双双支撑放置在庭院中光照充足的地方晾晒。一般夏天，1 ～ 2 个小时就可以完成晒干工序。入模完成的湿纸成型过滤水以后，仍保有水分，其纸张没有足够的强度，必须将桑皮纸干燥脱水处理才能揭纸。（图 8）

（五）揭纸

把专用木制工具置于容器中水抽取纸浆，其间不断地用手摇晃，使得纸浆能够均匀地铺放在模具的适当地方。待干燥后，取下木块和木片，把其放在一个大木板上，并用绳子系紧，然后用手轻轻挤压，直至纸面完全被挤破为止。取出做好的模具（未脱模），置于有光照处晒干，晾干后，把纸从模具上撕下，即可获得整张桑皮纸。

图7　入模桑皮纸浆

图8　晾晒

新疆桑皮纸表面不一定平滑，一部分桑皮纸还需要打磨抛光。该工序要先用手按一下纸面，并轻轻拍打模具，使纸张更好脱模，这样有效防止揭纸时造成纸张的撕裂坏。

四、桑皮纸制作技艺传承与发展的困境

自20世纪90年代以来，和田墨玉的桑皮纸技艺已经完全退出了维吾尔族手工艺人们的日常生活，随着时代变迁、社会进步以及科技的发展，和田维吾尔桑皮纸辉煌的时期已经过去，它失去了社会价值和实用价值，目前面临诸多发展的困境，主要体现在以下几个方面：

（一）内部因素

1. 桑皮纸制作工艺烦琐，不能量产

桑皮纸的制作需要经历浸泡、剥皮、蒸煮、摧捣、发酵、入模、晾晒、揭纸等8道工序，每个工序需要花费大量的时间。如果一味强调“古法”，现代机械一律不使用，这种完全复古的做法在现代社会似乎有点不切实际。

2. 原材料不足

2002年和田地区掀起一阵砍伐桑树的热潮。人们认为，“首先，要大力发展经济。唯有砍桑树，大力发展林果业和核桃、红枣、杏子等农作物，和田的经济才得以迅速前进”。根据和田蚕桑科学研究所的资料，在和田地区，2002年有超过4/5的桑树被砍去。曾有桑树7000万株，现仅存1000余万株。桑皮纸世家第13代传人人比拉力·吐尔孙还说，“现在桑树已经不种植，是从农民手中购买”。桑皮纸生产是一种传统手工造纸工艺，原料主要来源于桑树皮、树皮和树叶等。原材料大量匮乏，也导致桑皮纸开发陷入困境。

3. 传承情况堪忧

最初的桑皮纸生产技艺，在其继承与发展过程中，面临许多急需解决的难题。目前桑皮纸的保护与利用主要依靠政府的财政支持，但是其本身存在的缺陷决定了这种保护模式不可能长期坚持下去。从生产上看，第一方面是了解桑皮纸生产技术者寥寥无几，精通此艺的人就更少了，产量也较少，很难与工业化相匹敌、商品化市场经济竞争激烈。这与现代社会快节奏、高效率的生活方式形成了鲜明的对比。第二方面是手工艺类非物质文化遗产传承人老化现象普遍，培养下一代传承人也是当务之急。桑皮纸的制作工艺是一种传统手工技艺，其文化价值体现在其冗长而复杂的人工制作工艺上，人工做得又快又长，也很难创造出更多经济效益，也让更多人不能传承与发展这一文化传统。所以手工造纸技艺作为一种传统手工艺已经渐渐淡出人们的视线，其生存现状令人担忧。从而使其在市场中掌握话语权时，在激烈的市场竞争中逐步边缘化。

（二）外部因素

1. 家庭作坊式的手工生产模式导致桑皮纸产量低

由于手工造纸技艺的复杂性，造就了桑皮纸不能量产。据笔者调查目前在墨玉县从事桑皮纸制作的作坊仅有十来家，都是小型家庭式手工作坊，进行手工造纸的同时顺便销售。从桑树的浸泡到揭纸，每一步几乎都是手工一人亲力亲为，这样的方式造成桑皮纸不能量产，形成“物以稀为贵”的现象，有购买能力的人相对较少，从而

桑皮纸滞销，从另外一个方面来看，这也是越来越多的年轻人不愿意从事这种技艺的原因。

2. 销售渠道单一

新疆桑皮纸的销售目前多为线下销售，销售渠道较为单一，游客或者是其他人需要购买，大多是从墨玉县手工作坊农户处购买。笔者通过一些线上平台搜索“桑皮纸”，没有发专门销售新疆桑皮纸的店铺。反观，如果以“宣纸”作为关键词搜索，就会出现数百家网上店铺，多为“安徽宣纸”或“夹江宣纸”售卖，由此可见，相对桑皮纸，宣纸的售卖渠道更为完善，知名度也更高。

五、桑皮纸技艺传承与发展的建议

新疆桑皮纸制作技艺作为国家级非遗，应受到传承和发扬。在信息化、全球化等新的技术变革带来的社会环境下，新疆桑皮纸制作技艺的传承发展需要找寻与其相适应的传播渠道及推广方式，使现代媒介传播特征与非物质文化遗产文化形态相契合，多种传播媒介结合进行传承推广，使新疆桑皮纸在新时代焕发强大的生命力。

（一）政府等各部门的政策支持

新疆非物质文化遗产的保护需要一个“法”字，同时还需要按“章”办事。比如：2012 年，新疆国画院秘书长魏宝山和同事们携手国内外书画艺术家，开始致力于研究推广、传承利用新疆桑皮纸，首创“桑皮纸上的中国画”文化展览项目，逐步将桑皮纸与中国画、新疆文化旅游完美结合，研发出系列桑皮纸文创产品，使古老文明在天山南北重焕光辉，成为新疆非物质文化遗产保护传承领域的最大亮点。

以此案例为契机，地方部门的领导应与相关单位共同统一编纂新疆非遗旅游使用计划，以及特邀专家，传承主体等、旅游企业的介入，合理的审查和评价，确保利用规划的可操作性，不破坏非物质文化遗产的保护。其次是提高相关人员素养。非遗传承人及相关导游的自身素养，是直接导致外地游客感知程度高低的主要因素。政府应该利用好新疆非遗的自身独特优势，将文化旅游优势转化为经济优势。加强对非遗传承人的教育技能培训，让更多人参与到造纸技艺中，认识和了解非物质文化遗产的内涵和魅力。

（二）发挥传承人的主观能动性

传承人不仅掌握着制作桑皮纸的高超工艺传统，更是在实践过程中保留了桑皮纸的悠久历史文化积淀。文化创意产业仍应注重对传承人的保护，可以文字、影像等方式做相关记录，特别是传承人的口述，更加会丰富了桑皮纸生产工艺文化价值。

（三）以研学教育为主要形式在各类校园进行推广

《中华人民共和国非物质文化遗产法》第三十四条提出，“学校应当按照国务院教育主管部门的规定，开展相关的非物质文化遗产教育”[10]。学习非物质文化遗产相关知识不但可以培养学生的民族精神，也能提高学生的基本素质。首先可以邀请非遗传承人及从事相关工作的人士前往学校，作相关主题讲座，对新疆桑皮纸进行宣传推广。其次是发挥高校的优势资源。大学是桑皮纸生产工艺文化深度开发的场所，善用高校教授、学者们设立的特殊的研究所和培训基地，发挥专家作用，运用并参考现有学术成果，深入理解并彰显非物质文化遗产各个方面的价值。在现代市场经济要求下、培养高素质的复合型传承人才势在必行。

（四）发展书画和书法用纸

2014年至2017年国家艺术基金和自治区文化产业专项扶持资金，先后大力支持新疆国画院传承、保护、利用桑皮纸。近千位全国知名画家应邀用桑皮纸创作，举办“桑皮纸上的中国画——全国美术作品巡展”，创建“桑皮纸上的农民画”麦盖提县写生基地、阿瓦提县写生基地，研发桑皮纸衍生系列文创产品。在社会各界的关心和支持下，新疆桑皮纸和“桑皮纸上的中国画”，也成为新疆对外文化交流的一张名片、一个品牌，得到国家和自治区有关领导的点赞，受到国内外文化艺术界的关注和好评。

（五）重视媒体的传播

新疆桑皮纸的销售、流通渠道都十分单一，缺少线上购买渠道，线下购买行为的实现也十分困难，主要是墨玉县当地的自营门店，其他地方并无专门销售店铺。“酒香也怕巷子深”，新疆桑皮纸的传播应建立统一的品牌形象，开拓新媒介渠道，促进其向更广阔的社会空间传播，在传播过程中为大众熟知。建立线上的传播渠道。(图9)

第一，充分运用微信、微博等自媒体平台，开通微信公众号和微博账号，这些平台可以实现文字、图片、视频以及直播的展示方式，提高桑皮纸的认知度。第二，借助短视频平台，将桑皮纸制作技艺或者文化创意产品做成微记录视频，也可通过直播的方式展示桑皮纸造纸过程，提高桑皮纸文化的可观性、趣味性。抖音短视频平台用户年轻化，可以使受众潜移默化地感受桑皮纸魅力，从而提高桑皮纸的文化影响力。第三，开设天猫、京东店铺，微信公众号设立购买链接、抖音挂小黄车增加消费者的购买机会。第四，可以进行游戏交互设计，如《桑皮造纸术》动画片、《中国古代造纸》互动游戏体验。《桑皮造纸术》动画片采用MG动画等形式，讲述桑皮纸制作工艺的流程，通过生动的表现手法让受众尤其是中小学学生以最直观的方式了解造纸术的前世今生。《中国古代造纸》互动游戏是一款科普中国古代造纸术的产品，着重介绍蔡侯纸及桑皮纸的起源、技术步骤和后续发展，同时“一起来造纸”的小游戏让青少年能够亲身体验整个造纸术的神奇过程。

线上的宣传平台可以跨时间空间传播，弥补线下销售平台的不足。线下开展体验式造纸文化旅游，一种是原汁原味的，游客可以进入真实的桑皮纸造纸工坊，亲身体验造纸过程，过后可以将自己亲手抄造的纸张带回，增加传承人与参观

图9　桑皮纸展销厅

者的交流互动。另一种是利用现代科技展示技术在各地建立线下体验基地，如VR虚拟现实技术，可以让大众观看到桑皮纸技艺和文化产品的虚拟现实场景，更加生动立体地感受这项手工艺术，给受众沉浸式的感观体验。另外还可以和各地博物馆以及文创店合作，展出新疆桑皮纸和文化产品；建设新疆桑皮纸文化创意体验馆等。(图 10)

图 10　桑皮纸制作场景复原（和田地区博物馆展厅）

新疆处于丝绸之路的重要位置，在世界文化交流及传播方面，起到了比较积极的作用。对新疆维吾尔族手工桑皮纸制作技艺的研究与探讨，有利于发掘其非遗的文化内涵。从造纸技艺到造纸术，桑皮纸能够展现出中华优秀文化中的结晶。我们需要注重传承和发扬非物质文化遗产，让非物质文化遗产真正“活”起来，展现其非遗的魅力。

---

[1] 李晓岑. 新疆墨玉县维吾尔族手工造纸调查 [J]. 西北民族研究，2009 (3).

[2] 叶俊士. 汉晋时期西域精绝国农业生产考述 [J]. 农业考古，2020 (4).

[3] 王茜. 试论纸和造纸术在新疆的传播 [J]. 中央民族大学学报，1995 (2).

[4] 潘吉星. 中国科学技术史·造纸与印刷卷 [M]. 北京：科学出版社，1998.

[5] 张学津. 北方地区传统手工造纸工艺研究 [D]. 上海：复旦大学，2013.

[6] 孙宝，李钟凯. 中国造纸植物原料志 [M]. 北京：中国轻工业出版社，1959.

[7] 卢红，左少纯，吴丽莉，等. 新疆维吾尔庭院桑文化内涵与文化经济模式思考 [J]. 蚕学通讯，2014 (3).

[8] 李建琴，顾国达，邱萍萍，等. 我国蚕桑生产效率与效益的变化分析——基于107个蚕桑基地县的调查 [J]. 中国蚕业，2012 (4).

[9] 郭晓彤. 新疆桑皮纸的工艺特点及其当代发展研究 [D]. 乌鲁木齐：新疆艺术学院，2022.

[10] 新华社. 中华人民共和国非物质文化遗产 [EB/OL]. https：//www. gov. cn/flfg/2011-02/25/content_1857449. htm2011-02-25/2022-10-20.

《博物馆探索》征稿启事

为适应文博事业发展的新内容、新趋势和新要求，提升文博学术研究水平，搭建学习交流的平台，推动河南文博事业的创新发展，河南博物院结集出版《博物馆探索》(原《河南博物院院刊》)，每年两辑。刊物栏目如下：

1．考古探索（考古资料及相关理论方法研究）

2．博物馆实践（博物馆学理论方法与实践探索研究）

3．展览评议（以国内外原创性展览为主要研究对象）

4．文物研究（馆藏及考古出土文物研究）

5．史学发微（历史文化研究）

6．博物馆史研究（中国博物馆历史发展研究）

7．文化遗产与保护（物质、非物质文化遗产的保护研究）

8．艺文园地（艺术史、艺术作品等方面研究）

9．书刊评价（考古文博类图书推介）

现将投稿要求和具体格式启事如下：

1．投稿文章，敬请提供电子文本，提供文章的关键词、中文摘要及作者简介（工作单位、职称、主要研究方向、邮政编码、联系方式等）。投稿时请标明“投稿《博物馆探索》”。

2．来稿要求文字精练、标题准确、层次清晰、观点鲜明，图文并茂。引文核对准确，注释一律放在文末并注明出处，注释的格式参照国际标准；图片请提供600dpi以上的清晰大图，图表请注明名称、来源。

3．自收稿之日起，编辑部将在3个月内给作者答复来稿处理意见，如在此期限内未收到采用通知，作者可另行处理稿件并告知我刊。稿件恕不退还，请自留底稿。

4．凡向本刊投稿，稿件录用后即视为授权本刊，并包括本刊关联的出版物、网站及其他合作出版物和网站。

5．在不改变原意的前提下，本刊有权对来稿进行必要的文字处理。

6．所有稿件应为作者独创，不得侵犯他人著作权或其他权利，如有侵权，由稿件署名人负责。

7．本刊已许可中国知网以数字化方式复制、汇编、发行、信息网络传播本刊全文。本刊支付的稿酬已包含中国知网著作权使用费，所有署名作者向本刊提交文章发表之行为视为同意上述声明。如有异议，请在投稿时说明，本刊将按作者说明处理。

通讯地址：河南省郑州市农业路8号河南博物院研究部　　邮编：450002

电话：0371—63511064　　电子信箱：hnbwyyk@163. com

《博物馆探索》编辑部